KB267074

정권별 재벌정책과 그에 대한 평가

정권별 재벌정책과 그에 대한 평가

문인철 · 함시창 · 서은숙 · 김희수

한국학술정보㈜

목 차

제1장

재벌정책에 대한 평가를 시작하며

우리나라 경제정책 중 재벌정책만큼 사회적 이슈가 된 제도도 없다. 크게 재벌을 옹호하는 입장과 재벌을 인정하더라도 소유·지배구조를 개선하자는 입장으로 나누어진다.

전자는 재벌 중심으로 경제정책을 폈기 때문에 우리나라 경제성장이 촉진되었고 국제경쟁력을 갖추었다고 주장한다. 그래서 재벌을 도와주지는 못할망정 왜 자꾸 규제하려드는가라고 말한다. 나아가 우리나라 산업경쟁력은 충분한데 금융경쟁력이 없는 것은 산업자본과 금융자본이 분리되어야 한다는 현실에 맞지 않는 금산분리원칙 때문이라고 주장한다.

반면에 재벌이 성장의 주역인 건 맞지만 적은 지분으로 재벌 총수가 수십 개의 계열사를 개인기업 다루듯이 마음대로 할 수 있고, 계열사는 환상형 출자로 이어져 있기 때문에 한 기업만 도산해도 그룹 전체가 도산할 수 있다고 지적한다. IMF 외환위기가 바로 그것을 증명한다고 할 수 있다.

여러 논쟁에도 불구하고 재벌들은 우리경제의 중추적인 세력이다. 여전히 한 재벌에 문제가 생긴다면 국가경제에 큰 피해를 주게 된다. 그래서 사회 모두 재벌의 흥망에 노심초사한다. 재벌 총수가 범법자가 되어도 이러한 기업에 대한 영향이 아니라 국가경제에 대한 영향 때문에 일반인 같은 벌칙을 가하지 못한다. 재벌을 어떤 관점에서 보든지 상관없이 우리나라 사회 전체가 재벌의 볼모가 되어 있다는 점은 부정하기 어렵다.

정권차원에서도 마찬가지이다. 정권 초에는 대부분 의욕을 가지고 재벌개혁을 시도한다. 그러나 말 그대로 시도로 끝나는 경우가 대부분이다. 재벌이 투자를 하지 않으면 국가경제가 어려워지고, 국가경제가 힘들어지면 정권은 조바심을 낼 수밖에 없다.

전두환정권 때 재벌정책이 처음 시행된 이래 노태우정권은 출범 때부터 재벌친화적이었다. 반면 그 이후의 김영삼, 김대중, 노무현정권은 정권 초에 강력한 재벌개혁을 부르짖었다. 그렇다고 재벌들이 숨죽이고 지켜만 보고 있었을까. 만약 그 정도의 재벌이라면 수십 년에 걸쳐 수 많은 논쟁이 지속되지 않았을 것이다.

김영삼정권 이래 노무현정권까지 정권출범 첫해에 설비투자가 대폭 감소하는데 이는 재벌들의 집단적이고 의도적인 정권 길들이기라는 의혹이 있다. 설비투자 통계를 보면 정권이 출범한 해에는 예외 없이 설비투자가 대폭 하락하였다. 김영삼정권이 출범한 1993년에는 전년도에 비해 설비투자 증가율이 0.3%에 불과하였는데, 1년 뒤인 1994년에는 23.9%나 증가한다.

김대중정권이 출범한 1998년에는 IMF 외환위기 영향으로 전년에 비해 설비투자 비율이 38.8%나 감소하다가 다음 해에는 36.3%가 증가한다. 노무현정권이 출범한 첫해에도 전년에 비해 크게 감소하는 공통적인 현상이 발생한다. 반면에 노태우정권이 출범한 1988년에는 이와 달리 설비투자가 감소하지 않고 전년도에 비해 12.6%의 증가세를 보인다.

재벌들이 정권 초에 정권 길들이기를 하는 것이냐에 대한 확증은 더 많은 자료와 심층 분석을 해 보아야 되겠지만 몇 가지 시사점을 도출할 수 있다.

먼저, 재벌개혁을 주창한 대통령들의 취임 첫해에 공통적으로 투자가 크게 낮아지는 것이 과연 우연의 일치냐는 것이다. 김영삼정권, 김대중정권, 노무현정권 모두 재벌개혁을 취임 첫해에 화두로 삼은 것이 공통인데, 모두 취임 첫해에 설비투자가 줄어든 것은 우연이든 아니든 재벌들이 설비투자를 꺼린 것은 분명하다고 하겠다.

둘째, 김영삼정권, 김대중정권은 정권 초에는 재벌개혁을 강하게 추진하다가 결국 투자 감소 등 경제수지가 악화되니까 바로 재벌친화적인 정책으로 선회하는데, 이는 재벌들이 집단적으로 정권 길들이기를 한 것이라는 의혹을 지울 수 없다고 하겠다.

이제 재벌들은 경제계에서뿐만 아니라 사회 전반적으로 막강한 힘을 발휘하고 있다. 우리 경제는 재벌을 빼놓고는 경제를 논할 수 없다.

재벌이라는 용어도 사용자마다 다르게 사용한다. 언론이나 일반인은 재벌이라고 말하고 사용하지만, 재벌정책을 다루는 공정거래법에는 재벌이라는 단어가 하나도 없다. 법률상으로는 재벌 대신 대규모기업집단이라고 한다.

재벌의 어원은 2차 세계 대전 이전의 일본에만 존재했던 기업이고 이제 선진국 그 어디에도 없는, 있다면 아주 후진적인 나라에서나 있는 기업체제이기 때문에 재벌을 옹호하는 사람들은 재벌이라는 단어에 대해 거부감을 가진다. 그래서 그룹이나 대기업집단 등으로 표현하려 한다. 그리고 대기업집단을 다국적기업이나 미국, 일본의 대기업과 동일시하려 한다.

하지만 분명한 것은 재벌은 우리나라에만 존재하는 독특한 기업체제이다. 선진국은 한 기업이 커져서 다양한 사업을 독립적으로 하는 기업은 있지만 우리처럼 한 사람이 마음대로 조정하는 소유도 하고 경영도 하는 재벌체제는 없다. 또한 일본의 대규모기업집단을 비교하는 이도 있지만 일본의 재벌은 2차 대전 패전 이후 맥아더 사령부에 의해 해체되었다. 세계대전을 일으키게 된 원인 중의 하나로 지목하였기 때문이다. 일본경제가 소수의 재벌에 의해 독점되었기 때문에 이들이 군부와 결탁하여 무리한 결정을 할 수 있었다고 맥아더 점령군사령부는 판단한 것이다. 재벌해체 이후 결성한 대규모기업집단은 모두 독립경영을 하고 있다. 우리나라에서 일본의 이러한 대규모기업집단이라는 명칭을 그대로 가져왔기 때문에 현재의 일본의 대기업과 동일시하는 오해를 빚기도 한다.

하지만 성격이 전혀 다르다. 일본의 기업집단이 소유와 경영이 분리되어 있고 독립경영을 한 반면 우리나라의 재벌은 소유와 경영이 일치되어 있고 계열사가 독립경영을 하지 않고 있다. 그래서 외국의 유명 사전에도 예전에는 빅 비지니즈 그룹(big business group)이라고 게재되었지만 10여 년 전부터는 재벌(chaebol, gaebol)로 등재되어 있다.

재벌 중심의 경제체제이다 보니 재벌이 참여하지 않는 산업은 그 경쟁력에 대해 불안해한다. 산업자본과 금융자본을 분리시켜 재벌들이 제1금융권에 진입하지 못하자 일부 언론이나 학자, 공무원들이 안달이났다. 재벌이 참여해야 경쟁력이 커지는데 재벌이 참여하지 않기 때문에 우리나라 은행의 국제경쟁력이 떨어진다는 것이다. 갈수록 정부나 국민들의 재벌의존도가 높아지고 있다. 재벌이 바로 대한민국의 경쟁력이 되고 있는 것이다.

이처럼 우리나라는 세계 유례없는 재벌경제체이다. 이렇다 보니 재벌정책을 시행하는 나라는 우리나라밖에 없다고 해도 과언이 아니다. 본 연구에서는 우리나라에서 실시한, 실시하고 있는 거의 모든 재벌정책을 망라하여 살펴보기로 한다.

제2장에서는 정권별로 재벌정책이 어떻게 변화되었는지를 공정거래법의 개정사를 중심으로 알아본다. 연구 대상이 되는 정권은 재벌정책이 구체적으로 법을 통해 시작되었던 전두환정권부터 시작하여 노태우정권, 김영삼정권, 김대중정권을 거쳐 노무현정권까지이다.

제3장에서는 재벌정책에 대한 주요 제도에 대해 정권별로 어떻게 변화하는지를 알아보았다. 그 내용은 대규모기업집단 지정제도, 업종전문화제도, 지주회사제도, 출자총액제한제도, 상호출자금지제도, 부당내부행위 규제제도, 금융·보험회사의 의결권제한제도, 채무보증 제한제도, 금융산업법 제24조 등이다. 제2장과 제3장은 재벌정책사로 보아도 무방할 것이다.

제4장에서는 정권별로 재벌정책에 대한 평가를 내린다. 그 기준은 효율성(efficiency)과 적절성(adequacy), 정책의 일관성(consistency)이다. 이러한 기준에 따라 전두환정권부터 노무현정권까지 평점을 매기기로 한다.

제5장에서는 향후 재벌정책의 시사점에 대해 설명한다.

본 연구에서는 재벌에 관한 많은 통계가 수록되어 있다. 이 자료는 거의 100% 공정거래위원회의 자료임을 밝힌다. 공정거래위원회에서 매년 발행하는 공정거래백서를 비롯하여, 공정거래위원회 20년사, 공정위 홈페이지에서의 정책자료 및 보도자료 등에서 자료를 모았다.

연구과정에서 느낀 것은 십여 년 전과 비교할 때 자료의 공개 비중이 아주 높다는 것이다. 예전에는 공정위의 국회 제출자료나 특정 언론이 심층 보도한 자료가 고작이었는데 이젠 공정위가 자체적으로 공개한 자료만으로도 연구하기에 부족함이 없었다.

제2장

정권별 재벌정책의 변화

01 1960~1970년대 공정거래정책

우리나라의 재벌정책이 법률로서 그 틀이 만들어지고 제도적으로 실시된 것은 1981년 공정거래법이 제정된 이후의 일이다. 따라서 공정거래법을 빼고 재벌정책을 논할 수 없다.

공정거래법이 시행되기 이전에도 법을 제정하기 위한 시도가 있었다. 1961년 이후의 고도성장과정에서 발생한 독과점 문제에 대한 비판이 제기되면서 공정거래법 제정을 위한 시도가 4차례나 있었으나 모두 좌절되었다. 1975년에는 공정거래법의 전신인 「물가안정 및 공정거래에 관한 법률」이 제정되었지만, 이름만 있었지 제 역할을 하지 못했다.

공정거래제도의 도입노력은 1980년 12월 「독점규제 및 공정거래에 관한 법률」의 제정으로 1964년 법 제정을 위한 1차시도 이후 17년 만에 그 결실을 본 것이다. 이렇게 힘들게 법률이 제정된 것을 강조하기 위해서 4번의 시도와 실패과정을 소개하기로 한다.[1] 공정거래법의 입법은 1964년, 1966년, 1969년 및 1971년의 4차례에 걸쳐 국회에 제출되었으나 국회에서 통과되지 못하고 좌절되었다.

---

1) 공정거래위원회, 「시장경제창달의 발자취」－공정거래위원회 20년사－, 2001.7. 에서 발췌하여 정리.

1) 1차시도: (1964년의 시도)

경제개발 5개년계획이 추진되면서 독과점문제가 처음으로 국민의 관심과 비판을 불러일으키게 되었다. 그 계기는 1963년에 발생한 이른바 '삼분폭리 사건'이라는 경제파동이었다. 이 사건은 시멘트, 밀가루 및 설탕을 생산하는 소수의 대기업들이 독점시장을 형성하고 담합을 통해 공동으로 가격과 시장을 조작한 데서 비롯되었다. 당시 그렇지 않아도 물가가 급등세를 보이고 있었는데, 이러한 독과점의 폐해가 노출되자 정치·사회적으로 그 규제의 필요성에 대한 여론이 높아졌다. 그리하여 정부는 '삼분' 제조업체들에게 카르텔 행위를 즉시 중지하도록 지도하는 한편, 독과점의 폭리를 억제하고 공정거래를 보장하기 위한 방안을 강구하게 되었다.

경제기획원 종합기획국 물가과를 중심으로 소비자보호와 물가억제 및 부당거래규제 등을 위한 독과점 규제방안을 모색해 오다가 1964년 3월 당시 서울대학교 상과대학의 '한국경제연구소'에 공정거래제도에 관한 연구를 위촉하였다. 동 연구소는 주로 네덜란드의 경쟁법을 참고로 하여 공정거래법 시안을 작성하여 그해 7월에 보고하였고, 이를 토대로 경제기획원은 '공정거래법 기초위원회'를 구성하여 9월 24일에 공정거래법 초안을 발표하였다.

그러나 당시 우리 사회는 경제건설에 대한 의욕이 사회전반에 확산되어 특정전략산업을 우선적으로 발전시키자는 불균형성장주의가 우세하였으며, 소비자 후생증진을 궁극적인 목표로 하는 공정한 경제질서에 관한 인식이 부족하였던 경제상황에서 업계를 중심으로 한 공정거래제도 반대론이 우세하였기 때문에 국무회의에 상정되지도 못하고 무산되었다.

2) 2차시도: (1966년의 입법시도)

제1차 경제개발 5개년계획의 실시로 경제개발이 본격적으로 추진되면서 1964년부터 이른바 '개발인플레이션' 조짐이 나타나기 시작하였다. 일부 공산품의 공급부족, 수출진흥책에 따른 유동성 증가 등의 요인에 의해 물가가 급등하였다. 이에 따라 정부는 독과점품목에 대한 규제를 강화하는 등 물가관리정책을 추진하였으나, 곧 그 한계를 느끼고 가격기구를 통한 자유가격형성에 의존하는 가격현실화 쪽으로 정책방향을 전환하였다. 민간에서도 국내 주요 기업인들이 자율적으로 「경제윤리강령」을 채택하는 등 외견상으로는 정부의 시책에 적극 호응하였다. 그러나 독과점의 폐해방지를 기업의 도덕상에만 의존하는 것은 무리이므로 이를 제도적으로 확보할 수 있는 공정거래법제의 존립이 필요하다는 논의가 다시 본격화되었다.

정부는 1966년 4월 다시 전문 44조의 공정거래법안을 작성하여 국무회의를 거쳐 국회에 제출하였다. 이 법안은 공정하고 자유로운 경쟁을 확보하여 일반소비자의 이익을 보호함과 동시에 국민경제의 건전한 발전에 기여함을 목적으로 하고 있는데, 폐해규제원칙에 원인금지주의를 가미한 성격이었다. 그리고 이 법안에 의하면 공정거래위원회의 기능을 대폭 축소시켜 동 위원회를 경제기획원장관의 자문적 심의기관으로 하고, 경제기획원장관이 행정적인 권한을 갖고 동법을 운영한다는 것이었다.

그러나 업계에서는 이 법안이 너무 광범위한 기업통제를 목적으로 하고 있으며 이로 인하여 기업 활동이 저해될 우려가 있다고 하면서 법 제정을 강력히 반대하였다. 이 법안은 우여곡절을 겪으면서 1966년 7월 14일 국회에 제출되었으나 거의 논의가 이루어지지 않은 채 시간을 보내다가 1967년 6월, 6대 국회의 회기만료로 자동적으로 폐기되었다. 정부는 그해 8월 거의 동일한 내용의 법안을 다시 제출하였으나 역시 업계의 강력한 반대활동 등으로 좌절되었다.

3) 3차시도: (1969년의 입법시도)

1968년 국회의 '외자도입 특별 국정감사' 실시과정에서 차관업체의 폭리문제가 거론되었는데 특히 신진자동차공업(주)의 코로나 승용차를 둘러싼 독과점횡포 문제가 주요 현안으로 등장하였다. 1968년 10월 14일, 박정희 대통령이 박충훈 부총리로부터 당면 경제동향에 관한 보고를 듣는 자리에서 당시 큰 물의를 일으키고 있던 독과점업체의 폭리문제와 관련하여 "독과점규제 법안을 마련하여 국회에 제출하여 통과시키도록 하라"는 지시를 내림으로써 독점규제를 위한 입법화 노력이 활발하게 진행되었다. 그리하여 경제기획원은 그해 12월 19일 이른바 「독점규제법시안」을 성안하였고, 1969년 2월 10일 공청회를 개최하였으며 이를 토대로 일부 수정한 「독점규제법안」을 4월 8일 국회에 제출하였다.

법안이 국회에 상정되자 또다시 논란에 휩싸였다. 우리 경제의 당면과제는 기업자본의 축적과 재화공급의 촉진에 있으며 독점규제입법은 아직 시기상조라는 업계의 적극적인 반대에 밀려 7대 국회가 만료되는 1971년 6월까지 제대로 심의도 못한 채 회기종료로 자동 폐기되었다.

4) 4차시도: (1971년의 입법시도)

1970년대 초에 들어서면서 세계경제는 스태그플레이션이 계속되는 가운데 미국이 월남전 전비조달을 위해 통화증발을 계속하자 이에 따른 달러가치의 불안 등으로 국제통화질서의 동요가 심화되는 한편, 자원보유국들이 카르텔 결성을 통하여 가격과 공급량을 자의적으로 조절하려는 움직임이 나타났다. 이와 때를 같이하여 그동안 순탄한 고도성장을 지속해 오던 우리 경제도 1971년에 들어서면서 상당한 물가불안의 조짐을 보였다. 이에 대해 정부는 강력한 물가안정책을 발표하였으나 그해 6월 28일 대폭적인 환율인상과 국내 유가 인상조치를 단행함으로써 경제의 안정기조는 근본적으로 흔들리게 되었다.

이러한 물가충격에 대처하기 위하여 정부는 물가안정책의 일환으로 1969년 국회에 제출되었다가 회기만료로 자동적으로 폐기되었던 「독점규제법안」을 근간으로 보완한 새로운 「공정거래법안」을 성안하여 9월 29일 공청회를 거쳐서 10월 15일 국회에 제출하였다. 그러나 이 법안 역시 1972년의 10월 17일 비상조치로 국회가 해산될 때까지 별다른 진전을 보지 못하고 폐기되었다.

이상에서 보듯이 정부는 1970년대 초반에 이르기까지 독과점의 폐해로 인해 사회적 물의가 빚어지거나 물가가 불안할 때마다 독과점규제와 소비자보호를 위하여 공정거래법의 제정을 추진하는 움직임을 보여왔다. 그러나 공정거래법 제정의 필요성에 대한 정부의 의지가 확고하지 않은 상태에서의 업계의 반대는 공정거래법의 도입을 쉽게 무산시키는 결과를 가져왔다.

5) 물가안정법의 제정(1975.12.31.)

1970년대 초반부터 세계경제는 국제통화질서의 불안 등으로 차츰 동요하기 시작했다. 특히 1973년 10월 중동전 발발로 제1차 석유파동을 겪게 되면서 비산유국들의 국제수지가 악화되고 보호무역주의가 확대·강화됨으로써 스태그플레이션 현상이 더욱 심화되었다. 우리 경제도 1974년에 들어서면서, 이러한 국제경제정세의 영향으로 생산의 위축, 물가의 앙등, 국제수지의 악화 등 매우 어려운 시련을 맞게 되었다. 이른바 경제의 '삼중고'로 표현되었던 당시의 시련은 1960년대 이후 가장 심각한 것이었으며, 한편으로는 우리 경제의 구조적인 취약성을 부각시킴으로써 생산구조의 균형적 고도화, 산업조직의 합리적 개편, 기업의 대외적응력 제고 등 경제구조 및 산업체질 개선의 필요성을 한층 더 인식게 하는 계기가 되었다. 정부는 이에 대처하기 위해 새로운 정책조정을 하지 않을 수 없었다.

정부는 국민생활의 안정을 위하여 1971년 1월 14일 이른바 「대통령 긴급조치 3호」를 선포하고 서민생활의 보호에 역점을 두는 한편, 중소기업지원강화 등 건전한 기업활동의 촉진을 도모하고자 하였다. 이어 같은 해 5월에는 산업체질의 개선을 위하여 여신관리에 있어서 계열기업군에 대한 종합관리제의 실시, 기업공개의 촉진을 통한 기업소유의 분산, 과도한 금융편중의 제정 등 건전한 기업풍토의 조성을 위한 종합적인 시책을 마련하였다. 한편, 자원파동에 따른 세계적인 인플레이션 현상은 1975년에 들어서면서 국제 원자재가격의 안정과 더불어 점차 진정되는 기미를 보이고 있었다. 하지만 우리나라는 물가가 계속 상승하였는데, 이는 1974년 말에 있었던 환율인상에 일부 기인하기도 했지만 다른 한편으로는 종전의 물가대책이 개별가격에 대한 직접통제방식을 유지해 왔기 때문에 그동안 해소되지 못했던 원가상승압력이 현재화되고 있었다.

이처럼 물가불안이 가시지 않은 가운데 1975년 후반으로 들어서면서, 그동안 간혹 물의를 일으켜 왔던 독과점의 폐해에 대해 일부 언론 등에서 지적하였다. 즉 독과점 기업들은 제품개발·포장·광고·선전·판매 확장 등 시장점유율 확대를 위한 비가격경쟁을 하면서도 제품가격결정에 있어서는 정부의 가격통제에 따르는 등 실질적으로 동일보조를 취하면서 가격인상을 일삼고 있었기 때문에 이들 제품가격이 전체 물가를 자극하는 주요 요인이 되고 있었다. 이러한 상황하에서 정부는 그해 9월에 종전의 공정거래법 제정방침을 다소 변경하여 물가통제를 탄력적으로 운영할 수 있도록 함과 동시에 경쟁제한행위 및 불공정거래행위를 구체적으로 규정하여 보다 효과적으로 물가안정을 도모하고자 하였다. 그리하여 물가당국은 당시 시행되고 있던 「물가안정에 관한

「법률」과 1963년 이후 10여 년 동안 빛을 보지 못했던 공정거래법안들의 내용을 참고하여 새로운 법안 작성을 서둘렀다.

이렇게 추진된 정부당국의 「물가안정 및 공정거래에 관한 법률안」입안은 10월 중순 마무리되었다. 그 후 1975년 12월 18일에는 동 법률안이 국회 본회의에서 통과되어 12월 31일에 공포되었고, 전문 제32조 부칙 제4조로 구성된 「물가안정 및 공정거래에 관한 법률」이 1976년 3월 15일부터 시행되었다.

그러나 이 법은 제대로 시행되지도 않은 채 운영되다가 1980년 공정거래법이 만들어지면서 없어지게 되었다.

6) 공정거래법의 입법추진

정부는 물가안정을 위한 근원적인 해결책으로 긴축정책을 추진함과 아울러 공정거래법 제정을 위한 준비에 착수하여 그동안의 경험과 물가안정법 운용과정에서 드러난 제반 문제점을 토대로 「공정거래제도의 개선방안」이라는 보고서를 1979년 9월 작성하였다.

이 보고서에서는 물가안정법의 운용이 관련규정의 미비로 경쟁제한행위를 제대로 규제하지 못하고 불공정거래행위의 규제에 치우쳐 있다고 밝히면서, 그 결과 독과점제도가 심화되었다고 지적하였다. 또한 이 보고서는 물가안정법이 물가에 관한 규제 중심의 성격과 공정거래에 관한 경쟁촉진적 성격의 이율배반적인 것을 동시에 규정하고 있음을 지적하고, 그 대책으로 현행법을 개정·보완하는 방안과 새로운 공정거래법을 제정하는 방안이 제시될 수 있으나, 법체계의 명확성과 제도운영의 실효성을 제고하기 위하여 공정거래법을 새로 제정하고 현행법은 공공요금 등의 규제를 목적으로 하는 국민생활안정법으로 전환시키는 것이 바람직하다는 결론을 내리고 있다.

정부가 공정거래제도 개선을 위한 작업을 진행하는 동안 국내의 정치·경제적 여건도 공정거래제도 개선에 유리한 방향으로 전개되고 있었다. 정치적으로 10·26사태 이후 대다수 국민들은 과거와는 다른 새로운 질서를 기대하게 되었으며, 경제면에서도 정부주도에 의한 경제운용이 아닌 좀 더 자율적인 경제체제를 바라고 있었다.

1980년 들어 제5공화국의 헌법개정작업이 착수되면서 새 헌법에는 새로운 경제질서 창조를 위한 이념을 천명하기 위해 기업의 독점금지조항을 신설하기로 방침을 결정하였다. 이와 같이 공정거래제도의 개선 필요성에 공감하는 분위기가 조성되자 정부는 공정거래법 제정 작업에 본격적으로 착수하여 그해 9월 새로운 독과점 형성의 방지와 재벌 대기업들의 횡포를 규제하는「독점규제 및 공정거래에 관한 법률」을 연내에 제정할 방침을 표명하였으며, 이에 따라 특별입법을 추진하게 되었다.

공정거래법이 약 1년 동안의 준비작업을 거쳐 일사천리로 진행된 것은 그동안 몇 차례 사행착오를 거친 것도 영향이 없었다고는 할 수 없다. 그러나 그보다 더 본질적인 것은 새로운 5공화국의 철권정치에서 아무도 반대를 할 수 없었던 정치적인 분위기가 더 큰 역할을 했다고 보여진다.

02 전두환정권의 재벌정책(1981.02.~1988.02.)

제5공화국인 전두환정권은 정치적으로 많은 비판을 받고 있다. 그런데 제5공화국의 철권정치가 한편으로는 빛을 발한 경우가 있다. 바로 공정거래법의 제정이다. 앞에서 보았듯이 4번의 시도와 물가안정법이 있었지만, 정부는 어느 정도 의지가 있었다 하더라도 업계, 특히 재벌들의 반대에 부딪쳐 제대로 실행할 수가 없었다. 이처럼 재벌의 반대는 정책을 만드는 과정에서도 당시에 큰 힘을 발휘하고 있었다. 물론 현재에는 그렇지 않다고 단정 지을 수는 없지만, 어쨌든 재벌의 반대로 공정거래법 제정이 되지 못하였다고 볼 수 있다.

전두환정권은 법률 제정을 밀어붙였다. 당시에는 국민뿐만 아니라 기업들도 정부가 하는 일에 대해 대놓고 반대할 수가 없었기 에 공정거래법의 제정은 큰 반대 없이 순조롭게 진행되었다.

1) 공정거래법의 주요 내용

1980년 12월 새로운 독과점형성의 발지와 국민경제의 균형발전을 추구하는 「독점규제 및 공정거래에 관한 법률」이 제정되었다. 그 주요내용은 다음과 같다.

① 부당한 가격의 결정·유지 및 변경행위, 상품의 판매 또는 용역의 제공을 부당하게 조절하는 행위, 다른 사업자의 사업활동을 부당하게 방해하는 행위, 부당한 가격의 동조적 인상행위를 엄격히 규제하고 있다.

② 시장구조상의 새로운 독과점화를 방지하기 위하여 기업합병, 주식취득, 임원겸임, 영업의 양수 등에 의한 기업결합이 경쟁을 저해하는 경우에는 이를 규제한다.

③ 사업자 간에 이루어지는 가격·수량·설비의 제한이나 거래 지역 분할 등에 관한 담합행위는 이를 등록하여야만 할 수 있도록 하고, 등록 내용을 위반하는 경우에는 이를 시정하되, 불황극복이나 산업합리화를 목적으로 하는 카르텔의 경우에는 이를 예외적으로 허용하고 있다.

④ 사업자단체에 대해서는 그 활동이 경쟁제한적일 경우에 이를 금지하도록 하였으며 이를 위하여 설립 및 해산에 관한 신고의무를 부과하고 있다.

⑤ 관계부처가 경쟁을 제한하는 법령을 제정·개정하는 경우나 경쟁을 제한하는 행정명령 또는 처분을 하고자 할 때에는 경제기획원 장관과 사전협의를 거치도록 하고 있다.

⑥ 외자도입법에 의한 차관, 합작투자 및 기술도입계약과 기타 수입 대리점계약 등 국제계약에 있어 불공정거래행위 또는 경쟁제한을 내용으로 하는 경우에는 이를 수정 또는 변경토록 하고 있다.

⑦ 재판매가격유지행위와 거래거절·차별가격 등 불공정거래행위를

금지하고 있다. 여기서 불공정거래행위는 모든 사업자에게 공통적으로 적용되는 일반불공정거래행위와 특정사업 또는 특정 분야에만 적용되는 특수불공정거래행위로 구분되며, 후자에는 경품류 제공에 관한 불공정거래행위, 하도급거래상의 불공정거래행위, 유통업계의 할인특별판매행위에 대한 불공정거래행위 등이 지정·고시되어 있다.

⑧ 동법의 운영기구로 공정거래위원회를 두고 있고, 위반사건의 조사 및 사건 심사를 전담하기 위하여 심사 관제를 두고 있다. 공정거래위원회는 공정거래법에 규정된 중요 사항과 이 법에 위반되는 사항에 대하여 경제기획원장관의 결정, 처분에 앞서 심의, 의결하는 필수적 심의기관으로, 위원장 1인을 포함한 5인의 위원으로 구성되는데, 3인은 상임으로 2인은 비상임으로 되어 있다. 공정거래위원회는 위반사건을 조사하고 시정조치할 뿐만 아니라, 적용제외 법률의 제정, 불공정거래행위 등의 범위 및 기준을 정하는 점에서 준입법적 기능을 담당하고 있다. 또 위반사건 조사를 전담하기 위해 동법에 심사 관제를 도입한 것은 위반사건에 대하여 심사와 의결을 이원화시켜 위반사건을 공정하고 신중하게 처리하려는 데 그 목적이 있다.

2) 재벌정책의 도입

1980년 12월 「독점규제 및 공정거래에 관한 법률」이 제정되었으나 공정거래법 제정 이후에도 재벌의 팽창은 지속되었다. 이에 따라 재벌의 경제력집중을 보다 효과적으로 억제할 수 있는 제도적 장치가 필요하게 되었다.

공정거래법이 제정된 지 6년이 경과한 1986년 말 마침내 정부는 제1

차 공정거래법개정을 통해서 재벌의 출자를 규제할 수 있는 경제력집중 억제시책을 도입하였다. 차기 대통령 선거가 다가옴에 따라 대통령 선출방식을 놓고 여야대립은 격화되고 있었고, 대통령직선제에 대한 국민의 요구는 점점 거세지고 있었다. 이러한 배경에서 경제력집중 억제시책은 당시로서는 혁신적이라 할 수 있는 국민연금제도·최저임금제도와 함께 국회를 통과하였다. 이듬해인 1987년에는 6·29선언이 발표됨으로써 전두환정권의 철권정치는 그 기세가 크게 약화되었다.

경제력집중 억제시책은 1987년 4월부터 시행에 들어갔다. 이 시책은 기업으로 하여금 무리한 기업 확장보다는 내실 있는 기업성장에 주력하게 함으로써 재벌의 과도한 경제력집중을 억제하고 국민경제에 활력을 제고하며, 균형발전을 도보하려는 취지에서 도입되었다. 제9차 헌법개정에서는 헌법적 논란을 불식시키기 위해서 '균형 있는 국민경제와 경제의 민주화'가 헌법 제119조에 구체적으로 명시되었다.[2] 이리하여 경제력집중 억제시책은 헌법에 근거를 둔 제도로서 자리잡게 되었다.

3) 경제력집중 억제시책의 개요

경제력집중의 억제를 위한 제도적 도구는 크게 지주회사금지와 대규모기업집단의 출자규제로 나누어 볼 수 있다. 경제력집중은 대규모의 기업집단에서 볼 수 있는 현상이므로 출자규제가 입법의 초점이었으나, 지주회사가 기업집단의 형성수단이 된다는 이유에서 함께 규제하게 된 것이다. 기업결합을 억제하기 위한 제도 또한 경제력집중과 관련되나

---

2) 제119조 ① 대한민국의 경제질서는 개인과 기업의 경제상의 자유와 창의를 존중함을 기본으로 한다. ② 국가는 균형 있는 국민경제의 성장 및 안정과 적정한 소득의 분배를 유지하고, 시장의 지배와 경제력의 남용을 방지하며, 경제주체 간의 조화를 통한 경제의 민주화를 위하여 경제에 관한 규제와 조정을 할 수 있다.(제9차 개정헌법, 1987.10.29.)

1986년의 개정 전에도 이미 이러한 제도가 마련되어 있었다. 다만 개정 전에는 일정한 거래 분야에서 경쟁제한의 효과가 있는 기업집단만을 규제함에 대해서 경제력집중의 억제를 위해 새로 추가된 기업집단 관련규정들은 경쟁제한 효과에 대한 추가적 판단 없이 일정한 규모 이상의 기업집단을 규제대상으로 하고 있다는 점이 다르다.

지주회사금지는 제8조에서 규정하고 있고, 기업집단에 대한 규제는 제2조(기업집단과 계열회사의 개념), 제9조(상호출자의 금지), 제10조(출자총액제한), 제11조(금융보험회사의 의결권제한), 제13조(주식소유현황 등의 신고), 제14조(대규모기업집단의 지정), 제16조(시정조지), 기타 부수적인 절차규정으로 구성되어 있다. 대규모기업집단으로 지정된 집단의 계열회사에 대해서는 상호출자가 금지되고 회사별로 출자총액과 채무보증이 제한된다. 그리고 금융·보험회사가 소유하는 계열주식은 기업지배에 활용되지 못하도록 의결권행사가 제한된다.

① 대규모기업집단 지정

경제력집중을 억제하는 입법의 발상은 다수의 기업으로 구성된 재벌, 즉 기업집단에 경제력이 집중되는 현상에 초점을 맞춘 것이므로 그에 맞는 규제대상을 먼저 특정해야 할 것이다. 과거 재벌이라 통칭되던 기업그룹을 '기업집단'이라는 법개념으로 수용하고 이를 규율대상으로 삼았다. 공정거래법상 기업집단이라 함은 동일인(법인 또는 자연인)이 사실상 사업 내용을 지배하는 2개 이상의 기업을 뜻하며, '사실상 지배' 여부는 주식의 소유관계 등 시행령이 정하는 몇 가지 기준에 의하여 판단된다. 그리하여 어느 2개 이상의 기업이 동일 기업집단으로 파악되면 공정거래법상의 규제대상으로서 일차적인 요건을 구비하게 되는 것이다.

기업집단을 규제대상으로 하더라도 기업집단은 수 개의 기업이 단일한 지배력하에 결속되어 있다고 하는 현상에 불과하고, 그 자체가 법인격을 갖는 것이 아니므로 기업집단을 겨냥한 각종의 구체적인 법적 구속은 그 소속기업을 대상으로 할 수밖에 없다. 그리하여 공정거래법은 단일 기업집단의 소속기업들을 계열회사라는 개념으로 규정하고 있다.

기업집단에 대한 출자규제는 일부 기업집단에 경제력이 집중되는 현상을 시정하자는 것이므로 기업집단이라 하더라도 그 규모가 영세한 것은 규제할 가치가 없고, 경제력의 집중이 현저하거나 우려되는 대규모의 기업집단이 규제의 대상이 된다. 그러므로 공정거래법은 기업집단에 소속된 회사들의 자산 총액(금융·보험회사는 자본총액과 자본금 중 큰 금액)이 30위 내에 속하는 기업집단을 대규모기업집단이라 하고, 이들만을 적용대상으로 하였다.

대기업집단 기준은 1986년 도입 당시 자산 총액 4천억 원 이상의 32개 기업집단이 대규모기업집단으로 지정되었다. 그러나 경제성장으로 기업집단의 자산이 증대됨에 따라 대규모기업집단으로 지정되자 기업집단 수가 대폭 증가 1992년에는 78개 집단(1,056개 계열사)이 대규모기업집단으로 지정되었다. 관리의 효율성을 위해 1993년부터는 자산 총액 합계 순위가 30위 안에 포함되는 기업집단이 대기업집단으로 지정되었다.

한편, 대규모기업집단 중에는 금융업, 보험업을 영위하는 회사들만으로 구성된 집단이나 금융·보험회사가 지배주주인 집단도 있다. 이들 집단을 다른 기업집단과 똑같이 취급하여 출자를 규제한다면 금융·보험회사의 자산운용이 심한 제약을 받거나 그 지배구조가 왜곡될 염려가 있다. 따라서 금융·보험회사만으로 구성된 대규모기업집단과 금융·보험회사가 지배주주인 대규모기업집단은 공정거래법상의 대규모기업집단에서 제외시켰다. 대규모기업집단의 요건을 구체화함으로써 일단 규제대상이 명확해졌다고 하겠으나, 어느 집단이나 총자산의 규모는 수시로 변동하므로 법적용 시마다 총자산의 규모를 파악하는 것은 불가능한 일이다. 또 법적용 시 어느 기업이 어느 집단에 속하느냐에 대한 분쟁의 소지가 있다. 그러므로 공정거래법에서는 적용대상을 안정적으로 파악하기 위하여 대규모기업집단을 지정하고, 이를 상당 기간 지속적으로 규율하는 방법을 사용하고 있다.

② 지주회사 설립금지

지주회사(holding company)란 일반적으로 타 회사의 주식을 주된 자산으로 소유하면서 그 회사를 지배하는 것을 주된 사업 내용으로 하는 회사를 말한다. 공정거래법에서는 다른 회사를 지배할 목적으로 소유하는 주식이 자산 총액의 100분의 50 이상인 회사를 지주회사로 규정하고 있다.

지주회사를 금지하는 이유는 지주회사를 통해서 경제력집중이 심화될 수 있기 때문이다. 지주회사는 다른 회사의 사업지배를 목적으로 하고, 소액의 자본으로 다수의 기업을 소유할 수 있어 불합리한 경제력집중의 수단으로 악용될 가능성이 있다는 것이었다. 기업집단의 출자규제는 일정 규모 이상인 기업집단의 계열사만을 대상으로 하나, 지주회사의 설립금지는 기업집단의 여부, 회사의 규모 여하에 관계없이 일체 금지되었다. 예외적으로 법률에 의해서 그리고 외자도입법에 의한 외국인이 투자사업을 영위하는 경우 다수의 내국인이 소유하는 지분의 의결권을 통일적으로 행사할 필요가 있으므로 내국인 지분을 소유하는 지주회사를 설립할 수 있게 하였다.

그러나 1999년 4월부터는 지주회사 설립이 제한적으로 허용되고 있다. IMF의 경제위기의 극복을 위해서 기업구조조정이 시급한 과제로 부각되었고, OECD와 IBRD 등도 기업경영의 투명성 제고, 구조조정 촉진 등을 위해 지주회사제도 도입을 권고하였다.

③ 상호출자금지

상호출자란 두 개의 회사가 서로의 주식을 인수하거나 취득하여 소유하는 것을 말한다. 상호출자를 하고 있는 기업 간에서 서로 상계되는 지분만큼은 실제 자금의 도입이 없는 가공적인 출자이므로 근본적으로 회사법에서도 경계하는 바이다. 나아가서 당해 회사들은 이 같은 가공의 출자에 근거하여 서로 기업의 지배력을 교환 소유함으로써 진정한 출자자들을 소외시키는 폐해를 야기한다. 과거 대규모기업집단들은 상호출자의 이러한 기능에 착안하여 출자 없이 기업을 지배하고 경제력을 집중 장악하는 양상을 보여 왔다.

대규모기업집단의 상호출자가 전면적으로 금지됨으로써 새로이 대규모기업집단으로 지정된 재벌 계열사들에게는 1년간의 유예기간을 주어 상호출자분을 처분하도록 하였다. 대규모기업집단의 계열회사들이 이에 위반하여 상호출자를 한 경우에는 공정거래위원회가 주식의 처분 등 시정조치를 명할 수 있고 시정될 때까지 상호출자된 주식은 의결권의 행사가 정지된다. 아울러 위반행위에 대해서는 벌칙이 적용되며 과징금을 병과할 수 있다. 회사의 합병이나 영업의 양수에 의해 제3의 회사와 상호출자한 결과가 되거나, 채권의 실행을 위해 제3의 회사의 주식을 취득함으로써 상호출자한 결과가 생길 수 있는데, 이는 상호출자규제의 동기와 무관하므로 허용하되 6개월 내에 처분하도록 규정하고 있다.

④ 출자총액제한제도

출자총액제한제도는 간접적 순환출자방식에 의해 대규모기업집단이 무분별하게 확장하는 것을 막으려는 데 그 목적이 있다. 직접적 상호출자규제만으로는 순환적인 출자에 의해 기업집단의 팽창을 막을 수 없기 때문이다. 이 제도에 따르면 대규모기업집단의 소속회사는 순자산액 대비법이 정한 일정비율 이상을 초과하여 다른 회사의 주식을 취득 소유하는 것을 금하고 있다. 여기서 다른 회사라 함은 계열회사뿐 아니라 비계열회사도 포함된다. 순자산액은 총자산에서 부채와 다른 계열회사로부터 출자받은 금액을 공제하는 방식으로 계산된다. 이는 부채와 다른 계열사로부터 조달한 자금으로 자기 능력에 벗어나 무리하게 계열사를 확장해 가는 것을 막기 위함이다. 위반 시 공정거래법상의 시정명령이 행해지고, 과징금이 부과되는 등 상호출자금지를 위반할 때와 같다. 출자 총액의 예외로는 공업발전법, 조세감면규제법에 의한 합리화계획·합리화기준에 의하여 주식을 취득한 경우, 신주발행·주식배당으로 주식을 취득한 경우, 담보권의 실행이나 대물변제의 수령에 의하여 주식을 취득하게 된 경우를 규정하였다.

출자총액한도는 이 제도가 도입된 1987년에는 순자산의 40% 이하에서 1995년부터는 순자산의 25% 이하로 기준이 강화되었다. 그러다가 IMF 외환위기 시절인 1998년 2월 출자총액한도는 폐지되었다. 그러나 동 제도 폐지 이후 순환출자가 대폭 증가하는 등 부작용이 심각하여 이듬해 2001년 4월 1을 시행일로 다시 부활되었다.

⑤ 부당내부거래 행위규제

내부거래는 동일 기업집단 소속 계열기업 간의 거래를 의미한다. 내부거래는 거래조건이 독립기업과 차별이 없으면 위법이 아니다. 구체적으로 부당내부거래라 함은 회사가 특수 관계인이나 다른 회사에 대하여 상품, 용역, 자금, 자산, 인력 등을 무상으로 제공하거나 현저히 유리한 조건으로 거래함으로써 공정한 거래를 저해할 우려가 있는 행위를 말한다.

부당내부거래가 규제되는 이유는 기업집단 계열회사 간의 지원행위가 퇴출 및 진입장벽을 형성하고 계열기업과 독립기업 간의 공정경쟁 기회를 박탈하는 등 자유롭고 공정한 시장경제질서를 저해하기 때문이다. 시장경제체제에서는 기업들은 자기의 경영능력과 기술력을 바탕으로 가격·기술품질·서비스 경쟁을 하고 그 과정에서 비효율적인 기업들은 도태되고 경쟁력 있는 기업은 살아남으며, 새로운 기업이 시장에 진입하게 된다. 그 결과 자원이 최적 배분되어 기업과 국가경제의 효율성이 제고됨으로써 국민경제가 발전한다. 그러나 계열회사 간의 지원행위는 경쟁력 없는 부실기업이나 한계기업의 퇴출을 지연시킬 뿐만 아니라 기업집단의 계열사가 속한 시장에 진출비용 또는 위험을 높여 신규진입을 억제한다. 또한 지원객체의 사업능력을 증대시켜 자기의 경영상 효율과 무관하게 당해 시장에서의 지위를 유지 또는 강화하게 한다. 결과적으로 독립 중소·중견기업들은 불리한 지위에 서게 되어 시장에서의 공정한 경쟁기회를 누릴 수 없게 된다.

아울러 기업집단 계열회사 간의 지원행위는 우량기업의 경쟁력 제고를 위해 사용되어야 할 자원을 한계기업 등의 생존에 사용하게 함으로써 자원의 비효율적 사용을 유도한다. 또한 출자와 채무보증을 연결고리로 이러한 비효율성이 다른 계열사로 전파될 경우 기업집단 전체가 부실화되어 국민경제 전체의 피해로 직결된다. 또한 기업집단 계열회사 간 지원행위는 비공개로 이루어지기 때문에 소액주주와 채권자의 이익이 부당하게 침해된다면 투자기피가 만연되어 건전한 자본시장이 발전될 수 없다.

부당내부거래 규제는 1992년 7월 1일 내부지침인 「대규모기업집단의 불공정거래행위에 대한 심사기준」이 제정된 후 본격적으로 이루어졌다. 초기에는 상품·용역거래만이 대상이었으나, 1996년 이후에는 새로운 법조항 신설로 자금·자산·인력의 부당지원으로 적용범위가 확대되었다.

⑥ 금융·보험회사의 의결권 제한

금융 및 보험업을 영위하는 대기업집단 소속 계열사는 금융·보험회사가 취득 또는 소유하고 있는 국내계열사 주식에 대하여 의결권을 행사할 수 없다. 이 규제는 금융기관의 공공성이 재벌에 의해서 훼손되는 것을 막고 금융기관이 재벌의 계열 확장에 이용되는 것을 차단하는 데 취지가 있다.

국내의 주요 재벌기업은 대체로 하나 이상의 금융 또는 보험회사를 소유하고 있으면서 이들 회사의 자금력을 바탕으로 계열회사의 주식을 집중적으로 소유하고 있다. 원래 금융·보험회사는 일반대중이 예탁한 자금을 운영하는 기관이므로 이러한 타인의 예탁자금이 계열 확장이나 계열 강화를 위한 수단으로 이용되어서는 안 될 것이다. 그러나 한편 주식투자는 금융보험회사의 주요한 자산운영 수단이고, 계열회사의 주식이라 해서 자산운영의 대상에서 제외시킬 수는 없으므로 금융·보험회사가 소유하는 계열회사의 주식에 대해 의결권을 제한함으로써 금융·보험회사가 계열 확장이나 계열 강화의 수단이 되는 것을 막은 것이다.

⑦ 채무보증제한제도

채무보증제한제도는 대규모기업집단 소속 계열회사가 은행 및 제2금융권을 포함한 국내 금융기관의 여신과 관련하여 국내 계열회사에 대하여 행하는 지급보증액수를 제한하는 제도이다.

채무보증제한한도는 ① 상호채무보증에 의해 재무구조가 불건전하게 될 가능성을 방지하고, ② 채무보증의 교환으로 인해 계열사 간의 상호의존관계가 심화되어 동반부실될 위험을 축소하고, ③ 신용도나 사업성에 상관없이 금융시장에서 대기업집단 계열회사로의 여신집중현상을 심화시켜 중소기업의 여신이용을 제약하는 부작용을 제거하기 위해 도입되었다.

이 제도가 도입된 1993년 4월부터 1996년 3월까지 대기업집단 소속 계열기업들은 자기자본의 200% 범위 내로 지급보증을 축소하여야 했다. 채무보증제한제도 도입으로 1993년 4월 자기자본 대비 342.4%에 달했던 30대 기업집단의 채무보증은 경과 기간이 종료된 1996년 4월 현재 55.9%로 축소되었다.

4) 제1차 공정거래법 개정

(1) 개정배경

1986년 공정거래법 1차 개정에 의해 등장한 경제력집중 억제제도는 재벌의 팽창수단이 될 수 있는 거래나 관행에 제약을 가하는 것이었다. 과거에도 재벌에 대한 비난은 지속되어 왔지만 제도화되지는 못했다. 따라서 이 시기에 경제력집중 억제제도의 도입은 당시의 경제·사회적 상황과 무관하지 않다.

당시는 정치·경제의 민주화가 급속히 확산되기 시작하는 시기였다. 이에 따라 국민들은 균형성장과 배분에 대한 관심이 높았고, 정부도 이러한 국민적 관심에 부응하여 균형성장을 정책목표로 삼았다. 재벌이 균형성장의 최대 장애가 되어 왔다는 인식하에 정부는 경제력집중 억제에 초점을 맞추었고, 외형팽창의 주요 수단이었던 무분별한 계열화 확장을 제한하기 위하여 상호출자를 규제하였다. 그리하여 공정거래법은 그동안 혼동상태에 있던 재벌의 경제력집중에 대한 사회일반의 비판과 문제해결의 시도에 있어 보다 이성적인 접근을 가능케 하는 법적 토대를 제공하게 되었다.

(2) 주요 개정 내용

공정거래법 1차 개정에서 가장 중요한 부분은 경제력집중 억제를 위한 제도를 신설한 것이다. 우리나라의 경제력집중은 대규모기업집단들이 자기자본의 뒷받침 없이 부채에 의해 무분별하게 기업을 확장함에 따라 심화되어 왔다. 이로 인해 기업재무구조가 매우 악화되었으며, 특정 대주주가 계열회사 전체를 사실상 지배하고 있어서 자본주의적인 건전한 기업활동 및 소유와 경영의 분리를 기대할 수 없었다. 따라서 1차 개정에서는 기업집단이 자기자본의 뒷받침 없이 기업을 확장하는 주요 수단을 제한하는 규정을 도입하였는데 이는 구체적으로 다음과 같다.

첫째, 새로운 지주회사의 설립을 금지하며, 기존회사가 지주회사로 전환하는 것도 금지하는 조항을 신설하였다. 왜냐하면 지주회사는 다른 회사의 사업지배를 목적으로 하고, 소액의 자본으로 다수의 기업을 소유할 수 있기 때문에 불합리한 경제력집중의 수단이 될 가능성이 크기 때문이다.

둘째, 대규모기업집단의 계열회사 간 직접상호출자를 전면 금지하는 조항을 신설하였다. 현행 상법에 의하면 자기 회사의 주식 40% 이상을 소유하고 있는 회사에 출자하는 것을 금지하고 있으나 실효성이 거의 없었으며, 특히 상법의 경우 기업집단의 개념을 도입하는 것이 사실상 불가능하기 때문에 공정거래법에서 이를 제도화하였다.

셋째, 대규모기업집단 계열회사가 타 회사에 출자할 수 있는 총액을 순자산의 40%로 제한하는 규정을 신설하였다. 이는 우리나라의 대다수 기업집단들이 직접상호출자보다는 행렬형, 환산형 등 복잡한 형태의 출자구조를 갖고 있으므로 직접상호출자 규제만으로는 간접상호출자에 의한 불합리한 기업 확장을 억제하기가 곤란하기 때문이다.

넷째, 기존의 기업결합의 제한규정을 보완하여 개별기업의 주식취득 신고기준을 10%에서 20%로 상향조정하고, 대규모기업집단에 의한 경쟁제한적인 기업결합의 감시를 강화하였다. 주식취득 신고기준의 상향은 과도한 행정수요를 줄임과 동시에 실질적인 기업소유관계의 변화는 최소한 20% 이상의 지분으로서 가능하다는 현실적 인식에 바탕을 둔 것이다. 그리고 기존 공정거래법에서는 개별회사별로 경쟁제한적인 기업결합을 규제하였으나 제1차 개정을 통해 기업집단별로 경쟁제한적인 기업결합을 규제하고자 하였다.

다섯째, 공동행위 제도를 개선하였다. 공동행위 등록제를 인가제로 전환하여 부당한 공동행위에 대한 관리를 강화하였다. 인가 없이 행한 공동행위에 대해서는 경제기획원장관이 시정조치를 내릴 수 있도록 하고, 부당공동행위를 통해 참여사업자들이 부당이득을 취한 경우 이를 환수할 수 있도록 과징금제도를 신설하였다. 한편 예외대상인 공동행위 범위를 확정하여, 기존의 불황극복 또는 산업합리화 사유 이외에 중소기업의 경쟁력 향상, 산업구조조정, 거래조건의 합리적 개선을 위해 필요한 경우에도 공동행위를 허용할 수 있도록 하였다.

여섯째, 시장지배적 지위 남용금지 규정과 관련하여 종래에는 시장점유율이 50% 이상인 사업자만이 가격남용행위 규제대상자이었으며, 나머지 시장지배적 사업자는 가격의 동조적 인상 규제대상자였다. 제1차 개정에서는 가격의 동조적 인상 규제조항을 삭제하는 대신, 모든 시장지배적 사업자를 가격남용행위 규제대상으로 포함시켰다.

일곱째, 사업자단체 활동에 대한 감시를 강화하기 위해 사업자단체 활동지침의 제정·운용 근거를 마련하였으며, 공정거래법을 상습적으로 위반하는 단체에 대해서는 경제기획원장관이 이를 해산할 수 있도록 하였다.

5) 제2차 공정거래법 시행령 개정(1987.4.1.)

제1차 공정거래법 개정(1986.12.31.)에 따라 시행령도 개정되었다.

첫째, 대규모기업집단 규제제도 신설에 따른 관련조항이 신설되었는데 먼저 '기업집단의 범위'는 기업집단 소속회사를 동일인이 단독 또는 친족 등과 합하여 발행주식 총수의 30% 이상 소유하거나 지배력을 행사하는 회사라 하였고, '특수 관계인'은 당해 회사를 사실상 지배하는 자로서 회사 이외의 자, '지주회사의 범위'는 다른 회사의 사업 내용을 지배할 목적으로 소유하는 주식의 대차대조표상 장부가액의 합계액이 당해 회사 자산 총액의 50% 이상인 회사, '대규모집단의 범위'는 기업집단 소속회사들의 진전 사업 연도 대차대조표상 자산 총액 합계액이 4천억 원 이상인 기업집단, '주식소유현황 등의 신고'는 대규모기업집단 지정 통지일로부터 30일 이내 등의 내용을 신설하였다.

둘째, 시장지배적 사업자의 기준 중 시장점유율 기준을 이전에는 3 이하 사업자의 시장점유율 합계가 70% 이상이던 것을 75% 이상으로 변경하였다. 그리고 시장지배적 사업자 지정·고시방법을 보완하여 매년 1회 지정·고시하던 것을 지정·고시 후 추가·제외가 가능하도록 조항을 신설하였다. 또한 시장지배적 지위의 남용행위 등 가격의 동조적 인상조항 삭제에 따른 관련 조항을 폐지하였다. 나아가 시장지배적 사업자에 대한 과징금 징수 및 환급절차를 명료화하였다. 그 내용은 신설된 것으로서 사업자는 납부통지 받은 날로부터 60일 이내에 납부하여야 한다는 조항과 과징금 환급대상자는 손해배상금을 지급한 날부터 30일 이내에 신청하여야 한다는 조항을 신설하였다.

셋째, 법상 기업결합 신고기준 보완에 따른 기업결합신고 관련조항을 명료화하였다. '주식을 소유하게 된 날'이라 함은 주권교부일, 주금납일 기일의 익일, 지분양수 효력이 발생한 날을 말한다고 하였고, '임원이 겸임일'이라 함은 임원이 겸임되는 회사의 주주총회 또는 사원총회에서 임원의 선임이 의결된 날을 말한다고 하였다. 또한 기업결합 신고대리인 지정 조항을 신설하여 대리인에 의한 신고가 가능하도록 하였다.

넷째, 공동행위 인가 신청 내용의 공시조항을 신설하였는데 그 내용은 경제기획원장관이 공동행위의 인가, 또는 변경신청 내용을 공시하는 경우에 포함하여야 할 조항이다.

다섯째, 법상 부당한 공동행위제한 예외관련 조항을 보완하였는데, 보완한 내용은 산업합리화를 위한 공동행위의 요건, 불황극복을 위한 공동행위의 요건, 산업구조조정을 위한 공동행위의 요건, 중소기업의 경쟁력 향상을 위한 공동행위의 요건, 거래조건의 합리화를 위한 공동행위의 요건, 공동행위의 한계 등이다.

03 노태우정권의 재벌정책(1988.02.~1993.02.)

1) 제2차 공정거래법 개정(1990.1.13.)

(1) 개정배경

1988년 제6공화국 출범 이후 경제의 공공성·자율성에 대한 국민 각계각층의 인식이 높아져 공정거래법의 시행에 대한 국민적 관심이 높아졌으며, 국회에서도 여야 구분 없이 재벌에 의한 경제력집중의 억제, 공정거래질서 확산을 위한 공정거래기능의 강화와 공정거래조직의 확대개편을 내용으로 하는 공정거래법 개정을 주장하였다. 한편 1988년 제6공화국의 경제정책 방향에 대한 의견집약을 위하여 한시적으로 구성·운영된 경제구조조정 자문회의에서도 경제력집중 완화와 경쟁촉진을 위해 공정거래위원회의 지위격상과 권한강화를 대통령에게 건의하였다. 이러한 상황에서 1989년 1월 전국 10개 대형 백화점들의 부당표시 및 허위과장광고행위 등(소위 "사기세일")에 관해 공정거래정책면에 있어서 처벌규정이 미흡하다는 여론이 각계에서 강력히 제기되었다.
이러한 각계의 의견에 따라 여야 정당 모두가 공정거래법의 강화와 공정거래조직 개편을 내용으로 하는 법 개정을 논의하게 되었다. 1989

년 초반 여야 각 정당이 각각 공정거래법 개정안을 제출한 것은 극히 이례적인 일로서 당시의 공정거래정책에 대한 관심을 상징적으로 보여 주는 것이었다.

(2) 주요 개정 내용

경제력집중 억제시책의 강화를 위하여 대규모기업집단 소속 금융·보험회사 간 상호출자를 추가로 금지시키고 상호출자 예외허용 항목을 축소시켰으며, 대규모기업집단 소속 계열회사의 상호출자 및 출자총액 제한 위반행위에 대한 과징금 제도를 실시하였다.

2) 3차 시행령 개정(1990.4.14.)

대규모기업집단에서 제외되는 기업집단 범위를 추가하였다. 종전에는 금융업 또는 보험업만을 영위하는 기업집단, 금융업 또는 보험업을 영위하는 회사가 법 제2조 제2항에서 규정한 동일인인 경우의 기업집단 등 둘이었으나 정부투자기관관리 기본법에 의한 기업집단과 공공적 법인이 동일인인 기업집단 둘을 추가하였다.

3) 제3차 공정거래법 개정(1992.12.8.)

(1) 개정배경

공정거래법은 경제의 기본질서규범으로서 80년 제정·시행된 이래 경제 전반에 걸쳐 공정경쟁에 대한 인식의 확산과 독과점 시장구조의 개선, 경제력집중의 완화 및 거래행태의 공정화에 기여하였다.

그러나 여전히 한국경제는 독과점 시장의 비중이 높고 경제력집중 문제가 해소되지 못하고 있었으며 경쟁제한적인 제도와 관행이 상존하고 개방화·국제화 등 대내외 여건도 크게 달라질 것으로 전망되어 지속적인 제도개선이 필요한 실정이었다.

특히 개방화·국제화 추세에 대응하여 국제경쟁력을 확보하기 위해서는 산업조직과 기업경영을 효율화하고 내실화해야 하며 이를 위해서는 과다한 기업소유집중의 분산을 촉진시켜 나가면서 기업의 전문독립 경영체제를 확립할 필요성이 제기되었다. 이를 위해서는 우선 선단식 경영방식의 연결고리가 되고 있는 계열회사 간 상호채무보증을 축소해 나가는 것이 시급하다는 판단 아래 대규모기업집단 소속 계열회사 간 채무보증제한제도를 도입하고 출자규제제도를 보완하는 것을 골자로 한 3차 법 개정을 추진하게 되었다.

1990년대 들어 국제화·개방화가 급속히 진전됨에 따라 치열한 국제경쟁 속에서 살아남기 위해서는 경제력집중 억제를 보다 효과적으로 추진하고 공정한 경쟁질서를 정착·확산시킬 필요가 있었다. 이에 따라 정부는 경제력집중 억제시책의 효과적인 추진을 위해 상호채무보증 제한제도의 도입과 국제경쟁력 강화를 위한 출자규제제도의 보완을 주요 골자로 한 공정거래법 제3차 개정을 추진하였다. 동법 개정안은 재계와 학계뿐만 아니라 국민 각계각층의 지대한 관심 속에 의견수렴을 거쳐 1992년 11월 11일 국회를 통과해 1992년 12월 8일 공포되었다.

(2) 주요 개정 내용

제3차 법 개정의 주요 내용은 다음과 같다.

대규모기업집단 계열회사 간의 채무보증 제한제도를 도입하였다. 이는 대규모기업집단 소속 계열회사가 국내 금융기관의 여신과 관련하여 국내 계열회사에 대하여 행하는 채무보증의 총액을 당해 회사 자기자본의 200%를 초과하지 못하도록 제한하는 것으로, 시행 당시 200%를 초과한 계열회사 채무보증은 3년간 해소유예기한을 부여하였다.

출자총액제한의 예외인정대상을 확대하였다. 출자총액제한제도는 대규모기업집단이 순환출자 방식에 의해 계열기업을 무리하게 확장하여 경제력집중을 심화시키는 것을 방지하기 위한 제도이나, 경우에 따라서는 산업경쟁력 강화를 위하여 불가피한 투자가 제약되거나 부득이하게 출자한도를 초과하는 사례가 있는 것으로 지적되었다. 이에 따라 출자총액제한제도의 엄격한 운영이 우리 기업의 국제화·개방화 추세에 장애요인이 되지 않도록 부품생산 중소기업과의 기술협력관계 유지를 위한 출자 기타 산업의 국제경쟁력 강화를 위하여 필요한 경우에는 5년간 한시적으로 출자총액제한의 예외를 인정하였다.

4) 제4차 시행령 개정(1993.2.20.)

제3차 공정거래법 개정(1992.12.8.)에 따라 시행령이 개정되었다.

기업집단의 범위조항을 보완하였다. 종전에는 발행주식 총수의 30% 이상 소유하고 있는 회사(최다출자자에 한함)이던 것을 최다출자자인 경우에 한하고 최다출자자가 합의·계약 등에 의해 소유주식에 대한 주주권행사가 제한되어 임원의 임면 등 당해 회사 경영에 영향력을 행사할 수 없는 경우에 제외하도록 명시하도록 개정하였다. 또한 동일인이 친족·비영리법인·계열회사·사용인과 합하여 회사를 지배하는 경우에 기업집단에 포함되던 종전의 내용을 동일인이 친족·비영리법인·계열사·사용인 모두와 합하여 지배하는 회사가 있을 수 있으므로 이런 경우의 회사를 기업집단의 범위에 포함시켰다.

업무의 효율성을 위해 채무보증제한 대규모기업집단을 대규모기업집단과 일치시키는 조항을 신설하였고, 채무보증제한 제외대상 조항에 인수관련 보증과 국제경쟁력 강화를 위하여 필요한 경우에 보증 조항을 신설하여 요건을 보다 더 구체화하였다.

여신관련 금융기관 중 대통령령으로 정하는 금융기관을 '시설대여업에 의한 시설대여회사'로 지정하였다.

주식소유현황 등 신고 시기를 현실화하였다. 종전에는 대규모기업집단 소속회사는 주식소유현황 등 신고서를 매년 3월 말까지 제출하여야 했으나, 결산주총이 완료되는 시기(3월 말)와 지정(통상 4월 1일)을 감안하여 지정 이후 제출하도록 시기를 현실화하여 신고서를 매년 4월 말까지 제출하도록 하였다.

채무보증현황 신고관련 조항을 신설하여 매년 4월 말까지, 채무보증명세서 등 금융기관확인서를 첨부하도록 하였다.

대규모기업집단 지정과 관련하여 종전에는 매년 1회 지정하여 통지하였으나, 법집행의 실효성을 제고하기 위하여 지정·제외 등 변동사항을 매월 1회 동일인 및 당해 회사에 통지토록 보완하였다.

법 개정에 따라 법집행을 명료화하기 위해 의결권 행사금지주식 지정기준을 신설하였는데 그 순서는 다음과 같다. 법 제10조(출자총액제한) 제1항의 규정을 위반하여 새로이 취득한 주식, 법 위반일 현재 가장 최근에 취득한 주식, 계열회사 주식이다.

04 김영삼정권의 재벌정책(1993.02.~1998.02.)

1) 제4차 공정거래법 개정(1994.12.22.)

(1) 개정배경

4차 개정의 특징은 경제력집중 억제에 대한 정부의지를 부각시키면서 국가경쟁력 강화시책을 공정거래차원에서 뒷받침한 것이라고 할 수 있다. 1986년 1차 개정에 의해 출자총액제한, 상호출자금지 등 경제력집중 억제시책이 공정거래법에 도입된 이래 30대 대규모기업집단이 차지하는 국민경제상의 비중이 점차 하락하였으나 만족할 만한 수준에는 이르지 못하였다. 또한 소수의 대주주가 직접 또는 계열회사를 통하여 높은 지분을 보유함으로써 기업의 소유와 경영을 지배하는 상태가 지속되고 있었다. 대규모기업집단 소속회사의 내부지분율이 점차 낮아지고는 있었으나 1994년 4월 현재 42.7%에 달하고 있었다. 이러한 개인 및 가족 중심의 소유형태는 대규모기업집단 계열회사의 기업공개 비율이 회사 수 기준으로 26.6%에 불과한 점에서도 잘 나타났다.

이러한 대규모기업집단을 중심으로 한 경제력집중 현상의 지속은 부의 편중에 따른 사회적 형평문제와 함께 자원의 비효율적 배분으로 국민경제 전체의 효율성을 저하시키는 결과를 초래하게 된다. 경제력 집중에 따른 이러한 문제뿐만 아니라 여신관리 규정상 기업투자 및 부동산취득 승인제도가 10대 계열기업군으로 축소되는 등 여신관리제도의 완화에 따른 경제력집중 심화가능성에 대비할 필요도 있었던 것이다.

또한 그동안 도로·항만 등 사회간접자본시설의 부족으로 유통비용이 증가해서 제품의 원가를 상승시키고 이러한 가격상승이 우리의 국제경쟁력을 약화시킨다는 지적이 줄곧 제기되었지만, 국가의 투자재원이 한정되어 제대로 사회간접자본 부족을 해결하지 못하고 있었다. 막대한 투자자금을 감당할 기업들은 대부분 대규모기업집단을 중심으로 한 대기업들이므로 이들 기업의 사회간접자본시설 확충사업관련 출자에 대해 타 회사 출자제한제도의 적용을 한시적으로 배제할 수 있는 방안을 마련할 필요성이 제기되었다.

(2) 개정 내용

제4차 법 개정의 주요 내용은 다음과 같다.

첫째, 경제력집중 억제시책을 지속적으로 추진하기 위해 대규모기업집단 소속회사의 타 회사 출자한도를 현행 순자산의 40%에서 25%로 인하하였다.

둘째, 대규모기업집단 소속회사 중 주식소유의 분산 및 재무구조와 관련하여 일정 요건을 충족시키는 회사에 대해서는 출자총액제한 규정을 배제키로 하고 그 구체적 기준은 시행령에 위임하였다. 종전의 공정거래법은 자산 총액 기준으로 대규모기업집단을 지정한 후 소속 계열회사에 대해서는 일률적으로 출자총액한도를 적용함으로써 소유분산 및 재무구조 개선에 대한 적극적인 유인장치가 없었다는 점을 보완하기 위한 것이었다.

2) 제5차 공정거래법 시행령 개정(1995.4.1.)

제4차 공정거래법 개정(1994.12.22.)에 따라 시행령이 개정되었다.

대규모기업집단 지정기준을 개선하였다. 종전에는 자산 총액 순위 1위부터 30위까지인 기업집단을 대규모기업집단으로 지정하였으나 경제력집중 억제의 핵심과제인 소유분산을 유도하기 위해 자산 총액 순위 30위까지의 기업집단이라도 소유분산 및 재무구조가 우량한 기업집단은 대규모기업집단에서 제외하도록 하고 선정기준을 정하였다. 선정기준은 내부지분율 20% 미만(동일인 및 특수 관계인은 10% 미만), 자기자본비율 20% 이상, 자본금 기준 기업공개비율 60% 이상 등이다. 또한 주요 계열사가 법정관리 중인 기업집단은 지정의 실효성이 없는 점을 감안하여 지정에서 제외토록 하는 조항을 신설하였다.

산업의 국제경쟁력 강화를 위한 출자로서 위원회가 인정한 경우 7년 이내에서 예외 인정하도록 규정에 업종전문화 관련 출자를 포함시켰다. 상장법인인 비주력기업은 동일기업집단 내 주력기업(업종을 전문화하도록 선정된 기업)의 신주를 취득하는 경우와 상장법인인 주력기업(1~5대 기업집단은 제외)은 동일기업집단 내 동일업종 영위기업(전업률 70% 이상)의 신주를 취득하는 경우 등이다.

법에서 SOC 제1종 시설 출자에 대한 출자제한 규정적용을 배제토록 함에 따라 관련절차 규정을 마련하였다. 또한 법에서 소유분산우량회사에 대하여 출자총액제한규정을 배제토록 정함에 따라 선정기준을 소유분산 및 재무구조개선 유인효과와 현실적인 달성 가능성을 함께 고려하여 마련하였다. 선정기준은 상장회사의 경우 기업공개여부이고, 내부지분율 15% 미만(동일인 및 특수 관계인은 8% 미만), 자기자본비율 20% 이상으로 하면서 주력기업은 제외하였다.

3) 제5차 공정거래법 개정(1996.12.30.)

(1) 개정배경

5차 개정의 직접적인 계기는 92년 제3차 공정거래법 개정 시 도입된 채무보증제한제도의 경과 기간이 96년 3월 말로 만료됨에 따라 새로운 채무보증한도의 설정이 필요하게 되었기 때문이다.

또한 공정거래제도에 대한 국제적인 논의의 본격화, 즉 경쟁라운드 (CR)에 대비하여 국내제도를 정비하는 등 국내 대응태세의 정비가 필요하였기 때문이며, 이 밖에도 공정거래제도에 대한 국민들의 관심이 높아지고 공정거래사건이 증가함에 따라 위원회 운영의 투명성과 효율성을 제고하기 위한 제도적 보완책을 마련할 필요성이 제기되었기 때문이다.

(2) 주요 개정 내용

금융·보험사업자에 대한 공정거래법의 적용제외 범위를 축소하였다. 종전까지는 금융·보험사업자에 대해서는 경쟁제한적 기업결합 제한규정의 적용을 배제하여 왔으나, 금융자율화, 금융기관의 대형화, 금융시장의 개방화 등 환경이 급변함에 따라 금융기관을 이용한 경쟁제한적 기업결합의 가능성이 높아지고, 특히 대규모기업집단이 계열 금융기관을 이용하여 계열기업을 확장하는 등의 문제점이 발생할 가능성이 높아지게 되어 금융·보험사업자도 경쟁제한적인 기업결합금지 및 신고 대상에 포함하게 된 것이다. 이를 위하여 금융·보험사업자에 대하여 공정거래법의 적용을 제외토록 규정하고 있던 특례조항을 삭제하고, 출자총액제한, 채무보증제한 등 금융·보험업의 특성을 감안하여 예외인정이 필요한 사항은 관련조항에서 예외인정토록 하였다.

또한 대규모기업집단 소속 회사의 계열사에 대한 채무보증한도를 축소하였다. 93년 4월 1일부터 대규모기업집단 계열회사 간 채무보증제한제도가 시행되어 대규모기업집단 계열회사 간 채무보증비율이 제도 시행 전에 비해 대폭 축소된 것은 사실이다. 그러나 대규모기업집단 계열회사 간 채무보증은 금융기관의 편중여신을 초래하고, 한계 계열기업의 퇴출을 저해하며, 계열기업의 연쇄도산의 위험성이 높아지는 등 그 폐해가 크기 때문에 채무보증한도를 현재보다 대폭 축소 또는 폐지해야 한다는 지적이 있어 왔다. 이에 따라 98년 3월 말까지 채무보증한도를 자기자본의 100% 이내로 축소하고, 2001년 3월 말까지는 완전해소하는 방안을 추진하였으나 기업에 미치는 충격 등을 감안하여 일단 98년 3월 말까지 자기자본의 100% 이내로 축소토록 하고, 완전해소 일정은 다음 번 법 개정 시 반영하기로 하였다.

뿐만 아니라 계열회사를 포함한 다른 사업자에 대하여 부당하게 자금·자산·인력을 지원하는 행위를 금지하였다. 기업집단의 부당지원행위는 계열회사 간 상호교차적 보조행위로 계열 내 한계기업의 퇴출을 저해한다. 또 과도한 기업 확장으로 경제력집중을 심화시키고, 계열 외 기업과의 공정한 경쟁을 저해하므로 반드시 시정되어야 할 사항이다. 그러나 종전까지는 규제대상이 상품 및 용역거래에 한정되어 있어 내부지원효과가 큰 자산 및 자금을 통한 부당한 지원행위에 대해서는 그 규제가 미흡한 것이 사실이었다. 이번 법 개정에서는 부당하게 특수관계인 또는 다른 회사에 대하여 가지급금·대여금·인력·부동산·유가증권·무체재산권 등을 제공하거나 현저히 유리한 조건으로 거래하여 특수 관계인 또는 다른 회사를 지원하는 행위를 불공정거래행위의 한 유형으로서 추가하여 이를 규제토록 하였다.

(3) 기업결합제한제도의 정비

우선 경쟁제한적인 기업결합제한제도의 적용 범위를 확대하였다. 종전까지는 일정규모(자본금 50억 원 또는 자산 총액 200억 원) 이상의 회사가 행하는 경쟁제한적인 기업결합만을 금지대상으로 하고 있었기 때문에, 소규모회사가 경쟁을 제한하는 기업결합을 하는 경우에는 규제가 곤란하였다. 특히 대규모기업집단 소속 소규모회사의 기업결합은 경쟁을 저해할 가능성이 큼에도 불구하고 규제대상에서 제외되는 문제가 있었다. 또한 미국·일본·독일 등 선진국에서도 모든 경쟁제한적 기업결합을 원칙적으로 금지하고 있고 다만, 소규모기업의 결합은 신고대상에서 제외하고 있어, 개방화시대에 있어 제도를 국제적 기준에 맞도록 정비할 필요가 있었다. 이에 따라 이번 법 개정에서는 기업결합 제한대상에서 규모기준을 삭제하여 기업규모에 관계없이 모든 경쟁제한적 기업결합을 금지토록 하고 다만, 일정규모(자산 총액 또는 매출액이 1,000억 원) 이상의 회사에 대해서만 신고의무를 부과토록 하였다.

4) 제6차 공정거래법 시행령 개정(1997.3.31.)

(1) 개정배경

「독점규제 및 공정거래에 관한 법률」의 개정(1996.12.30. 법률 제5235호)에 따라 기업결합의 신고대상, 탈법행위의 유형 및 기준, 부당공동행위 자진신고자에 대한 면책기준, 불공정거래행위의 유형 및 기준, 과징금부과 및 징수절차 등 시행령에 위임된 사항을 규정하고, 기업집단의 계열회사 기준 및 친족의 독립경영인정기준, 소유분산 우량회사 및 소유분산 우량기업집단의 인정기준 등의 규정을 보완·개선하기 위하여 제6차 시행령개정(1997.3.31. 대통령령 제15328호)을 추진하게 되었다.

(2) 주요 개정 내용

① 기업활동의 자율성 제고를 위한 제도개선

ⅰ) 친족의 계열분리 요건을 명료화

대규모기업집단의 친족 간 자연스런 계열분리를 유도하기 위하여 계열분리 인정기준(독립경영인정기준)을 명확히 하였다. 종전의 시행령에 따르면 동인의 친족이 경영하는 회사는 원칙적으로 계열회사에 포함시키고, 주식 또는 재산소유관계에 비추어 동일인이 당해 회사의 사업 내용을 지배한다고 인정할 수 없는 경우에만 예외적으로 기업집단에서 제외하였다. 그러나 많은 기업집단에 있어서 실질지배권이 설립자로부터 2세, 3세로 이양됨에 따라 친족의 계열분리 요건을 구체화하여 계열분리의 투명성을 제고하는 한편, 친족 간의 경쟁을 촉진하는 경영체제로의 이행을 도모할 필요성이 크게 증가하였다. 이에 따라 동일인 측과 친족 측 상호 소유지분이 상장의 경우에는 3% 미만, 비상장의 경우에는 10~15% 미만이고, 최근 1년간 매입·매출거래 의존도가 50% 미만이며, 상호임원겸임 등이 없을 경우에는 계열분리를 인정토록 하였다.

ⅱ) 계열회사 판정기준의 투명성 제고

기업집단의 계열회사 기준을 구체적으로 규정함으로써 계열회사 판정기준의 투명성을 제고하였다. 종전 시행령상 기업집단의 계열회사 기준은 동일인 측이 "지분이 30% 이상 최다출자자"이거나, "기타 임원의 임면 등으로 당해 회사의 경영에 영향력을 행사하고 있다고 인정되는 경우"로 규정되어 있을 뿐, "기타 임원의 임면 등으로 당해 회사의 경영에 영향력을 행사하고 있다고 인정되는 경우"에 대해서는 구체적인 규정이 없었다. 금번 시행령 개정에서는 이를 구체화하여 동일인 측이 대표이사를 임면하거나 임원의 50% 이상을 선임할 수 있는 경우, 주요 의사결정이나 업무집행에 지배적인 영향력을 행사하고 있거나 인사교류 등이 있는 경우로 명확하게 규정함으로써 계열회사 판정에 있어서의 객관성을 제고토록 하였다.

iii) 소유분산 우량기업집단의 지정기준 보완

대규모기업집단 지정에서 제외되어 출자총액제한, 채무보증제한 등을 적용받지 않는 소유분산 우량기업집단의 지정기준을 현실성 있게 보완하였다. 「동일인과 특수 관계인(계열회사 제외)」 소유 합계지분 계산 시 동일인이 회사인 경우에는 당해 회사의 지분은 제외하여 계산하도록 하고, 동 요건을 종전 10% 미만에서 5% 미만으로 강화함으로써 동일인의 실질적인 소유분산을 유도하였다. 한편 계열회사를 포함하는 내부지분율 요건은 적대적 M&A에 대응할 수 있도록 종전 20% 미만에서 25% 미만으로 완화하였다. 또한 계열회사 전체의 재무제표 등 재무현황 및 거래내역을 나타내는 서류의 작성·제출을 요건으로 추가하였다.

iv) 협력중소기업에 대한 출자총액제한 예외인정 범위 확대

대규모기업집단 소속 회사가 원료 또는 부품을 생산·공급하는 중소기업과 협력관계의 유지를 위한 경우 또는 산업구조의 조정을 위하여 일부 사업을 중소기업에 양도하기 위한 경우로서 당해 중소기업 지분의 20% 이내 취득 또는 소유하는 경우에 출자총액제한의 예외로 인정하였다. 종전까지는 당해 중소기업 지분의 10% 범위 내에서 허용하였으나, 중소기업의 구조개선과 대기업과의 협력관계를 통한 생산성 향상을 위해서는 대기업의 협력중소기업체에 대한 출자제한의 완화가 필요하다는 점을 반영하여 20%로 상향조정하였다.

② 경제력집중 억제시책의 실효성 제고를 위한 기준 보완

ⅰ) 소유분산 우량회사의 지정 기준 보완

출자총액제한을 받지 않는 소유분산 우량집단의 지정요건의 개선뿐만 아니라, 소유분산 우량회사의 지정기준을 현실성 있게 보완하였다. 자기자본비율은 소유분산 우량회사의 재무구조의 건실화를 유도하고 당해 회사가 기업집단 내에서 지주회사의 역할을 하는 것을 방지하기 위해 20%에서 25%로 상향조정하였다. 또한 소유분산 우량회사의 내부지분율 요건(15%)은 M&A가 활발하게 이루어지고 있는 추세에 비추어 볼 때, 안정적인 경영권을 확보하는 데 한계가 있다고 보고, 이를 20%로 상향조정하였다. 그리고 소유분산우량회사의 요건 중의 하나인 "주력회사 등이 아닌 회사" 요건은 삭제하는 한편, 회계장부 등의 투명성 제고를 위해 주식회사의 외부감사에 관한 법률에 의하여 증권관리위원회가 지명한 외부감사인에 의한 감사보고서를 제출할 것을 요건으로 추가하였다.

ⅱ) 탈법행위 유형의 구체화

지금까지 공정거래법상의 탈법행위 금지규정은 선언적 규정으로만 운영되어 왔으나, 1996년 12월 법 개정 시 탈법행위 금지규정의 실효성을 제고하기 위하여 탈법행위 유형 및 기준을 시행령에서 마련하도록 하였다. 이에 따라, 이번 시행령 개정에서는 탈법행위의 유형으로 대규모회사가 기업내부조직을 이용하여 신규사업이나 중소기업 분야에 진출하여 경쟁을 제한하는 행위, 공익재단 등 비영리법인을 통해 타 회사 주식을 소유하여 사실상 지주회사로서 활동하는 행위 등으로 구체화하였다.

iii) 부당지원행위 규제강화

1996년 12월 법 개정 시 자산·자금·인력 관련 부당지원행위가 불공정거래행위의 유형으로 추가됨에 따라 그 유형 및 기준을 시행령에 규정하게 되었다. 부당한 지원행위의 유형을 부당한 자금지원, 부당한 자산지원, 부당한 인력지원으로 구분하고, 부당하게 가지급금·대여금, 유가증권, 무채재산권, 인력 등을 무상 또는 상당히 낮거나 높은 대가로 거래하거나 상당한 규모로 제공하는 행위를 금지하였다.

iv) 기업결합 특수 관계인 범위 보완

기업결합과 관련하여 계열회사나 친인척은 아니지만 경영을 지배하려는 공동의 목적을 가지고 당해 기업결합에 참여하는 자를 기업결합 특수 관계인에 포함시켰다. 종전까지는 특수 관계인의 범위가 기업집단의 동일인 및 동일인과 일정한 관계에 있는 자(친족, 계열회사 등)로 규정되어 있어, 미편입계열사, 협력사 등 제3자와 공모하여 이루어지는 기업결합은 경쟁을 제한할지라도 규제가 불가능하였다.

5) 금융산업의 구조개선에 관한 법률의 전문개정: 금산법 제24조(1997.1.13.)

삼성생명이 1993년 6월경부터 기아자동차 주식을 1,662,280주를 매입한 것을 시작으로 1993년 말을 기준으로 삼성생명 8.0%, 삼성화재 1.6%, 삼성증권 0.04% 등 계열 금융기관들이 연합하여 기아자동차 주식 9.6% 이상을 확보하는 사건이 일어났다.

이 사건과 관련하여 당시 재무부장관은 국회 재무위 국정감사에서 30대 재벌계열 보험, 단자, 종금사의 상장주식 보유한도는 현행대로 발행주식의 10% 이내로 하되, 의결권을 행사할 수 있는 주식보유는 5% 이내로 제한하겠다고 답변하였다. 그리고 의결권 제한은 시행령 개정을 통해 시행하고, 공정거래법 개정을 통해 재벌의 기업 확장에 대한 대책을 마련하기로 하였다.

「금융산업의 구조개선에 관한 법률」(이하 금산법)은 1997년 1월 13일에 「금융기관의 합병 및 전환에 관한 법률」이 전면 개정되면서 명칭이 바뀐 법이다. 금산법의 취지는 법 제1조 목적 조항에 나와 있듯이 금융기관의 합병·전환 또는 정리 등 금융산업의 구조개선을 지원하여 금융기관 간의 건전한 경쟁을 촉진하고 금융업무의 효율성을 높임으로써 금융산업의 균형 있는 발전에 이바지하는 것이다.

금산법이 재벌정책의 일환으로 인식된 것은 바로 제24조의 내용 때문이다. 일단 1998년 1월 8일에 만들어진 금산법 제24조의 내용을 보기로 한다.

제5장 금융기관을 이용한 기업결합의 제한

제24조(다른 회사의 주식소유한도)

① 금융기관 및 그 금융기관과 같은 기업집단에 속하는 금융기관(이하 "동일계열 금융기관"이라 한다)은 다음 각호의 1의 행위를 하고자 할 때에는 대통령령이 정하는 기준에 따라 미리 금융감독위원회의 승인을 얻어야 한다. 다만, 당해 금융기관의 설립근거가 되는 법률에 의하여 인가·승인을 얻는 경우에는 그러하지 아니하다.〈개정 1998.1.8.〉
  1. 다른 회사의 의결권 있는 발행주식 총수의 100분의 20 이상을 소유하게 되는 경우
  2. 다른 회사의 의결권이 있는 발행주식 총수의 100분의 5 이상을 소유하고 동일계열 금융기관 또는 동일계열 금융기관이 속하는 기업집단이 당해 회사를 사실상 지배하는 것으로 인정되는 경우로서 대통령령이 정하는 경우

② 제1항에서 "기업집단"이라 함은 독점규제 및 공정거래에 관한 법률 제2조

　　제2호의 규정에 의한 기업집단을 말한다.

③ 금융감독위원회는 제1항의 규정에 의한 승인을 함에 있어서는 당해 주식
　　소유가 관련시장에서의 경쟁을 실질적으로 제한하는지의 여부에 대하여
　　미리 공정거래위원회와 협의하여야 한다. 제1항 단서의 규정에 의하여 인
　　가·승인 등을 하는 경우에도 또한 같다.〈개정 1998.1.8.〉

제6장 보칙

제24조의2(다른 법률과의 관계)

　　금융기관의 합병 및 전환, 부실금융기관에 대한 조치, 금융기관의 청산 및
파산 등에 관하여 이 법에서 정하는 것을 제외하고는 당해 금융기관의 영업
의 인가·허가 등의 근거가 되는 법률과 「상법」·「비송사사건절차법」 기타
관계법령의 규정에 따른다.(본조 신설 1998.9.14.)

05 김대중정권의 재벌정책(1998.02.~2003.02.)

1) 제6차 공정거래법 개정(1998.2.24.)

(1) 개정배경

IMF 경제위기를 조속히 극복하고 경제재도약의 발판을 마련하기 위해서는 시장경제원리의 작동과 기업들의 강도 높은 구조조정이 요구되었다.

이와 관련하여 결합재무재표의 조기도입, 기업경영의 투명성 제고 및 기업지배구조의 선진화 그리고 M&A 활성화 등으로 종래의 대규모 기업집단에 의한 무분별한 사업다각화가 억제될 수 있는 여건이 조성되고 있는 반면, 출자총액제한이 신규 유망사업으로의 진출, 기업분할 등 기업들의 자율적인 구조조정에 장애요인으로 작용하고 외국기업에 비해 국내기업을 역차별하는 문제가 제기되어 출자총액제한제도에 대한 전반적인 필요성이 대두되었다.

또한, 대규모기업집단 계열회사를 연쇄 도산시키고 금융기관도 함께 부실화시키며 기업들의 구조조정에 걸림돌로 작용하고 있는 계열사 간 채무보증도 조속히 해소되어야 한다는 인식이 널리 확산되고 있었다. 이에 따라 1998년 2월 9일 출자총액제한제도의 폐지, 신규채무보증의 금지 및 기존 채무보증의 2000년 3월 말까지 해소 등을 내용으로 한 개정 법률안을 발의하였고, 동 법률안은 1998년 2월 15일 제188회 임시국회에서 통과되었다.

(2) 주요 개정 내용

① 출자총액제한제도의 폐지

대규모기업집단 소속회사에 적용되고 있는 출자총액제한제도(당해 회사 순자산의 25% 이내에서 타 회사 주식의 취득 또는 소유)를 폐지하였다.

② 신규채무보증의 금지 및 기존 채무보증의 해소

계열사 간 신규채무보증을 1998년 4월 1일부터 금지하였다. 다만, 전면금지에 따른 업계의 부작용을 최소화할 수 있도록 산업합리화 및 기업의 국제경쟁력 제고를 위해 필요한 경우 등 불가피하거나 폐해가 적은 채무보증은 예외를 인정토록 하고 기존 채무보증의 기회연장을 위하여 재약정하는 경우에는 2000년 3월 말까지 신규채무보증으로 보지 않기로 했다.

또한 기존채무보증의 해소에 대해서는 원칙적으로 2000년 3월 말까지 모두 해소토록 하되, 대통령령이 정하는 경우로서 금융감독원장이 해소시한의 연장을 요청하고 공정거래위원회가 이를 인정한 경우에는 2001년 3월 말까지 해소토록 유예기간을 1년 더 부여하였다. 한편 1998년부터 2000년까지의 기간 중에 신규로 지정되는 기업집단에 대해서는 기존 기업집단과의 형평성을 고려하여 2001년 3월 말까지 해소토록 해소 기간을 1년 더 부여하였다. 2001년 이후에 신규로 지정되는 기업집단에 대해서는 지정일로부터 1년 내에 채무보증을 해소토록 하였다.

2) 제7차 공정거래법 시행령 개정(1998.4.1.)

(1) 개정배경

출자총액제한제도의 폐지, 채무보증제한제도의 강화 등을 주된 내용으로 하는 「독점규제 및 공정거래에 관한 법률」의 개정(1998.2.24. 법률 제5528호)에 따라, 동법에서 위임하고 있는 사항을 구체적으로 정하고 그동안 대규모기업집단 지정제도 운영과정에서 나타난 일부 미비점을 보완하기 위해 제7차 시행령 개정(1998.4.1. 대통령령 제15767호)이 있었다.

(2) 주요 개정 내용

① 기존 채무보증 해소시한 연장사유의 규정

1998년 개정법에서 2000년 3월 말까지로 정한 채무보증 해소시한의 연장사유를 시행령에서 정하도록 규정함에 따라 영 제17조의7에서 그 사유를 ① 2000년 3월 31일 현재 기존 채무보증의 해소를 위한 피보증회사의 합병·매각 또는 유상증자가 진행 중이거나 ② 2000년 3월 31일 이전에 피보증회사에 대하여 회사정리·화의 또는 파산이 신청되어 해소시한 현재 이들 절차가 종료되지 않은 경우 ③ 기타 이에 준하는 경우로 규정하였다.

② 대규모기업집단 지정제도의 투명성 제고

ⅰ) 대규모기업집단 지정 제외요건의 구체화

종전에 소속회사가 회사정리절차개시를 신청한 기업집단에 대해서는 대규모기업집단 지정에서 제외할 수 있도록 하고 있었으나 구체적인 제외기준이 명시되어 있지 않던 문제점이 있었다.

이에 따라 이번 시행령개정에서는 과거 심결례를 통하여 형성된 기준에 따라 회사정리절차개시를 신청한 회사의 자산 총액 비중이 50% 이상인 경우로서 공정거래위원회가 인정하는 경우로 제외요건을 구체화하였다.

ⅱ) 대규모기업집단 지정일의 명시

종전에는 대규모기업집단을 매년 1회 지정하도록 하였을 뿐 지정일을 구체적으로 명시하지 않고 있어 대규모기업집단 지정을 전제로 하고 있는 여타 후속조치(예, 기업집단결합 재무재표 작성대상 통보일은 5월 말)의 예측가능성 및 안전성이 저해될 우려가 있었다. 이러한 문제점을 감안하여 그동안의 실무관례에 따라 매년 4월 1일로 지정일을 명시하였으며, 기업의 결산지연 등으로 인해 부득이하게 기한 내 지정이 곤란해질 경우가 있을 것을 감안하여 그러한 경우에는 4월 15일까지 지정하도록 하였다.

한편, 종전에는 대규모기업집단으로 지정된 기업집단의 소속회사가 회사정리절차개시를 신청한 경우 연도 중에 지정 제외가 기능한지 여부가 다소 불분명하였으나, 개정 시행령에서는 그 사유가 발생한 때에 지정 제외할 수 있도록 하는 근거를 명시함으로써 법해석상 논란의 여지를 제거하였다.

③ 기타 제도운용상 미비점 및 법 개정에 따른 세부운용절차 보완

ⅰ) 대규모기업집단 지정제도 운영 및 제도변경에 따른
　　세부운용절차 보완

종전에는 대규모기업집단에 속하는 회사는 매년 4월 말까지, 신규로 지정된 대규모기업집단 소속회사는 지정일로부터 30일 이내에 채무보증 현황을 공정거래위원회에 신고하도록 하였으나 현실적으로 금융기관 확인 등에 상당한 시간이 소요되는 점을 감안하여 신고기한을 각각 30일씩 연장하였다.

또 출자총액제한제도의 폐지에 따라 순자산액 현황 등 불필요한 자료에 대한 제출의무를 삭제한 반면, 신규채무부증의 금지에 따라 종전 규정에 의한 자료제출 이외에 매년 1년간의 채무보증 변동현황 자료를 추가로 제출하도록 하였다.

그리고 출자총액제한제도가 폐지됨에 따라 동 제도를 원용하고 있던 제17조의2(산업의 국제경쟁력 강화를 위한 출자의 요건), 제17조의3(사회간접자본시설 관련 출자의 인정신청), 제17조의4(소유분산 우량회사의 요건 및 확인) 및 제23조의2(의결권행사 금지주식의 지정기준)를 모두 삭제하였다.

3) 제7차 공정거래법 개정(1999.2.5.)

(1) 개정배경

제7차 개정은 「국민의 정부」 출범에 따라 경쟁주창자로서 경쟁당국의 역할을 강화하기 위해 공정거래법·제도의 개선과 보완이 필요하였

기 때문에 시행되었다. 우리 경제가 당면한 경제위기를 빠른 시일 내에 극복하고 재도약의 발판을 마련하기 위해서는 기업의 구조조정을 조속한 시일 내에 마무리하고 경제 각 분야에 시장경제원칙을 확립하는 것이 시급한 과제이다. 이를 위해 시장경제의 정착을 위한 기반을 마련하고 기업의 구조조정이 법과 제도의 틀 내에서 원활히 추진될 수 있도록 여건을 조성하는 작업은 시장경제의 창달을 본연의 임무로 하는 공정거래위원회가 중심적 역할을 담당해야 함에도 불구하고 한계가 있었다. 그것은 금융기관을 매개로 복잡·다양하게 이루어지고 있는 부당지원행위를 효과적으로 차단하고 시장경제로의 이행과정에서 증가할 것으로 예상되는 각종 위법행위를 효율적으로 감시·규율하기에는 제도적 장치가 미비한 것이 사실이었다. 또한 그동안 경제력집중에 대한 우려 때문에 금지해 오던 지주회사의 설립문제도 기업 내외의 감시체제가 마련됨에 따라 이를 제한적으로 허용하여 기업구조조정 과정에 지주회사가 지닌 장점을 활용할 수 있도록 해 줄 필요성이 대두되었다.

이와 관련 세계은행(IBRD)도 한국경제의 위기극복을 위해 구조조정차관(SAL)을 제공하면서 그 조건으로 구조조정과정에서 경쟁당국의 기능과 역할이 제고될 수 있도록 공정거래법의 개정을 권고한 바 있다.

이에 따라 공정거래위원회는 법률가, 교수, 시민단체 대표 등 민간전문가와 재경부, 법무부 등 관계부처 공무원으로 구성된 민관합동위원회를 구성하고, 동 위원회는 법 개정 건의안을 마련하여 공정거래위원회에 건의하였다. 공정거래위원회는 민관합동위원회의 개정 건의안을 토대로 공정거래법 개정안을 마련하여 여당과의 협의를 통해 동 법률안을 개혁입법 차원에서 여당공동 발의의 의원입법으로 추진하게 되었다. 1998년 11월 초 국회에 제출된 동 법률안은 국회에서의 심의를 거쳐 1999년 1월 6일 국회를 통과하여 1999년 2월 5일자로 공포되었다.

(2) 개정방향

첫째, 경쟁질서가 경제활동 각 영역에 확산될 수 있도록 법적용이 배제되는 사업자 범위와 행위유형을 축소하였다. 둘째, 기업들이 지주회사의 장점을 활용하여 구조조정을 보다 원활히 추진할 수 있도록 지주회사의 설립을 제한적으로 허용하고, 기업의 구조조정에 장애가 되는 30대 기업집단 계열사 간 부당지원행위를 효과적으로 차단하기 위해 금융거래정보요구권을 2년간 한시적으로 도입하였다. 셋째, 시장경제로 이행하는 과정에서 증가할 것으로 예상되는 담합행위, 시장지배적지위 남용행위 등 법위반행위를 효과적으로 감시·규율하기 위해 관련조항을 개선하였다. 넷째, 공정거래사건 관련자의 권리구제를 원활히 하도록 이의신청 절차를 개선하고 이해관계인의 자료열람요구권을 신설하였다. 마지막으로 구조조정과정에서 증가하고 있는 기업결합에 대한 심사를 보다 효과적으로 처리하기 위해 예외인정기준을 명확히 하는 등 기업결합 심사제도를 보완·개선하였다.

(3) 주요 개정 내용

① 기업구조조정의 촉진

ⅰ) 지주회사의 제한적 허용

기업들이 지주회사의 장점을 최대한 활용하여 구조조정을 원활히 추진할 수 있도록 지주회사의 설립을 제한적으로 허용하였다. 그동안은 경제력집중의 심화에 대한 우려 때문에 외국인투자사업을 위한 목적 외에는 지주회사의 설립을 금지해 왔었다. 그러나 최근 시장개방의 가속화로 경쟁압력이 제고되고 결합제무재표 도입 등 기업경영에 대한 감시체제가 갖추어짐에 따라 지주회사의 설립을 허용하더라도 경제력집중이 심화될 소지는 크게 축소된 것이 사실이다. 이에 따라 기업들이 구조조정과정에서 비주력회사의 분리·매각, 외자유치 촉진 등 지주회사가 가지는 순기능을 충분히 활용할 수 있도록 그 설립을 허용한 것이다.

다만, 지주회사의 폐해가 나타나지 않도록 그 설립요건을 엄격하게 제한하였다. 우선 지주회사가 과도한 외부차입으로 자회사를 확장해 나가는 것을 방지하기 위해 지주회사의 부채비율을 100% 이내로 제한하고, 개별회사에 대한 지분율을 50% 이상으로 유지토록 하였다. 그리고 대기업이 금융기관을 사금고화하는 것을 막기 위해 하나의 지주회사에 금융회사 및 비금융회사를 동시에 두지 못하도록 하였다. 또한 지주회사가 다단계에 걸친 출자방식으로 많은 회사를 거느리는 것을 방지하기 위해 원칙적으로 손자회사를 두지 못하도록 하였다.

ii) 부당지원행위 조사를 위한 금융거래정보요구권 한시적 도입

또한 기업의 구조조정에 장애가 되는 계열사 간 부당지원행위를 효과적으로 차단하기 위해 30대 기업집단 계열사 간 부당지원행위에 국한하여 2년간 한시적으로 공정거래위원회가 금융기관의 장에게 금융거래정보의 제출을 요구할 수 있도록 하였다. 이는 계열사 간 부당한 자금, 자산 지원행위가 대부분 금융기관을 매개로 하여 우회적으로 이루어지고, 갈수록 그 수법이 교묘해지고 있어 금융거래정보가 없이는 사실상 부당지원행위 조사가 불가능하다는 현실인식에 기초한 것이다. 실제 5대 그룹 부당지원행위 조사과정에서도 금융기관을 매개로 한 우회적인 계열사 지원혐의를 포착하고도 금융기관이 금융실명법의 규정을 들어 자료제출을 거부하는 바람에 더 이상 조사를 진행할 수 없는 사례가 있었다.

그러나 새로 도입되는 금융거래 정보요구권은 금융실명법의 금융거래 비밀보호라는 취지를 최대한 존중하기 위해 극히 엄격한 요건하에

운용토록 하였다. 우선 금융거래정보를 요구할 수 있는 대상을 30대 기업집단 계열사 간 부당지원행위의 상당한 혐의가 있는 경우에 한정하고, 절차적으로도 거래자의 인적사항, 사용목적, 요구하는 거래정보의 내용을 기재한 문서에 의하도록 하였다. 또한 금융기관이 공정거래위원회에 금융거래정보를 제공하는 경우에는 10일 이내에 제공한 정보의 주요 내용, 사용목적, 제공받은 자 및 제공일자 등을 명의인에게 서면으로 통지하도록 하고, 공정거래위원회가 금융기관에 대하여 금융거래정보를 요구하는 경우 그 사실을 기록하고 금융거래정보를 요구한 날로부터 3년간 동 기록을 보관토록 하는 한편, 금융거래정보를 제공받은 자가 그 자료를 타인에게 제공 또는 누설하거나 목적 외의 용도로 이용하는 경우에는 3년 이하의 징역 또는 2천만 원 이하의 벌금에 처하도록 하였다.

4) 제8차 공정거래법 시행령 개정(1999.4.1.)

(1) 개정배경

제8차 독점규제 및 공정거래에 관한 법률 시행령의 개정은 이에 앞서 개정된 법률의 시행과 규제완화 차원에서 추진되었다. 법률의 개정(1999.2.5. 법률 제5813호)으로 지주회사가 제한적으로 허용됨에 따라 그 세부규정을 마련하고, 기업결합의 예외인정요건과 시장지배적지위 남용행위의 유형을 명시함과 동시에 과징금 부과기준과 기업결합 위반에 대한 이행강제금의 부과절차를 구체화하여 법 위반에 대한 제재수단의 투명한 운영을 도모하였다. 또한 행정규제기본법에 의한 규제정비계획에 따라 각종 보고 및 신고제도를 폐지하였다.

(2) 주요 개정 내용

① 기업구조조정을 유도하기 위한 제도개선

ⅰ) 지주회사의 제한적 허용에 따른 세부규정 마련

법적용 대상이 되는 지주회사를 자산 총액의 규모가 100억 원 이상인 회사로 하여 규모가 작은 지주회사는 공정거래법의 적용 대상에서 제외하였다.

공정거래위원회에 대한 지주회사의 설립 및 전환에 대한 신고 시기 및 절차를 다음과 같이 명시하였다.

〈표 2-1〉 지주회사 설립 및 전환에 대한 신고

신고 대상	신고 시기	지주회사 성립 시기
◦ 지주회사 설립	설립등기일로부터 30일 이내	설립등기일
◦ 지주회사 전환		
– 합병	합병등기일로부터 30일 이내	합병등기일
– 주식취득	당해 사업 연도 종료 후 4월 이내	사업 연도 종료 익일

지주회사에 대한 신고는 지주회사를 설립하고자 하는 자 또는 지주회사로 전환하고자 하는 자이며, 신고의무자가 2인 이상인 경우에는 신고대리인을 허용하였다. 신고를 할 때에는 지주회사·자회사·손자회사의 명칭, 재무현황, 주주현황, 주식소유현황, 사업내용 등을 제출토록 하였다.

금융·보험업과 밀접한 관련이 있는 회사로서 금융지주회사가 예외적으로 소유할 수 있는 비금융·보험회사의 범위를 다음 네 가지 유형으로 명시하여 산업자본과 금융자본의 결합을 방지하였다.

– 금융회사 또는 보험회사에 대한 전산·정보처리 등의 역무를 제공

하는 것을 목적으로 하는 회사
- 금융회사 또는 보험회사가 보유한 부동산 및 기타 자산을 관리하
  는 것을 목적으로 하는 회사
- 금융·보험업과 관련된 조사·연구를 목적으로 하는 회사
- 기타 금융회사 또는 보험회사의 고유업무와 직접 관련되는 사업을
  영위하는 회사

법 규정상 다단계에 걸친 지배범위의 확대를 방지하기 위하여 일반
지주회사의 자회사는 당해 자회사의 사업 내용과 밀접한 관련이 있는
경우 외에는 다른 회사를 지배할 수 없도록 하고 있다. 이에 따라 시행
령에 관련다각화 차원에서 일반지주회사의 자회사가 예외적으로 지배
할 수 있는 다른 회사(소위 손자회사)의 요건을 다음과 같이 정하였다.

- 자회사 생산제품의 판매, 유지·관리·보수 등의 역무제공, 자회사
  에 대한 원재료 공급 등 사업 내용이 자회사와 밀접한 관련이 있
  는 회사
- 다른 회사를 지배하고 있지 않은 회사

ii) 회생이 불가능한 회사와의 기업결합 요건 명시

법 개정으로 예외인정대상 기업결합의 요건이 '산업합리화' 또는 '국
제경쟁력 강화'를 위한 기업결합에서 '효율성 증대효과가 경쟁제한으로
인한 폐해보다 큰 경우'의 기업결합이거나 '회생이 불가능한 회사와의
기업결합으로서 대통령령이 정한 요건에 해당하는 경우'의 기업결합으
로 개선됨에 따라 예외인정대상 기업결합 중 회생이 불가능한 회사와
의 기업결합 요건을 외국사례 등을 참고하여 다음과 같이함으로써 예
외인정의 범위를 제한하였다.

- 기업결합을 하지 아니하는 경우에는 그 회사의 자산이 당해 시장
  에서 퇴출될 수밖에 없고
- 당해 기업결합보다 경쟁제한성이 적은 다른 기업결합이 이루어지
  기가 어려운 경우

iii) 친족독립경영회사 계열분리 여건의 완화

업종특성이나 협력 또는 하청관계로 인해 특정회사와의 거래의존도
가 높을 수밖에 없는 경우를 감안할 때 거래의존도를 독립경영의 필수
요건으로 하는 것은 현실적으로 다소 무리한 측면이 있고, 거래관계는
단시일 내에 축소하기 어려워 다른 요건은 다 충족하면서도 거래의존
도 요건을 충족하지 못해 친족분리가 촉진되지 못할 수도 있으므로 거
래의존도 요건을 삭제하였다.

〈표 2-2〉 계열분리 여건의 변화

친족분리 요건	종 전	개 정
주식소유	◦동일인 측→독립경영자 측: 3%(비상장사 10%) 미만 ◦독립경영자 측→동일인 측: 3%(비상장사 15%) 미만	종전과 같음
임원겸임	◦임원겸임이 없을 것	종전과 같음
채무보증 자금대차	◦채무보증 및 자금대차가 없을 것. 다만, 거래에 수반하여 정상적으로 발생한 경우는 예외	종전과 같음
거래 의존도	◦최근 1년간 회사별 매·출입 상호 의존도가 50% 미만	삭 제
기 타	◦증선위 지명 감사인이 작성한 감사 보고서 제출	공인회계사의 확인을 거친 서류로 대체

또한 증권선물위원회 지명 외부감사인의 감사보고서 제출의무를 폐
지하였는데 이는 외부감리에 관한 법률의 개정으로 외부감사인의 책임

이 강화됨에 따라 기업의 이중감사에 따른 비용부담 요인이 되는 점을 감안한 것이다. 그 대신 보완책으로 계열분리 신청 시에 채무보증 및 자금대차 현황에 대해서는 공인회계사의 확인을 받도록 하였다.

5) 제9차 공정거래법 시행령 개정(1999.12.31.)

(1) 개정배경

99년 12월에 이루어진 제9차 공정거래법 시행령의 개정은 법률의 개정에 따라 이루어진 것이 아니라 법령의 운용과정에서 발생한 필요에 의해 추진된 것으로 사업구조조정을 위한 통합법인과 사회간접자본시설 투자사업법인 중 일정한 요건에 해당하는 회사를 기업집단의 범위에서 제외하는 것이 주요 내용이다.

먼저, 그룹 간 사업구조조정 추진과정에서 설립된 통합법인은 다수 출자자가 참여하고 있어 특정 출자자가 동 법인을 독자적으로 지배하기 어려운 경우가 대부분임에도 불구하고 시행령 제3조의 규정에 의해 30% 이상의 최다출자자가 2 이상인 경우 다수 기업집단의 계열사로 각각 편입됨에 따라 통합법인의 사업추진에 여러 가지 어려움이 발생하게 되었다. 예를 들어, 현대정공, 대우중공업, 한진중공업의 철도차량 사업부문을 통합하여 1999년 8월에 설립한 한국철도차량(주)의 경우 출자비율이 현대 : 대우 : 한진이 각각 4 : 4 : 2인 회사로서 현대 및 대우의 계열사로 모두 편입되었다. 현대우주항공과 삼성항공, 대우중공업이 각각 1 / 3의 지분을 출자하여 설립한 항공통합법인의 경우도 유사한 예이다. 이와 같이 하나의 통합법인이 2개 이상 기업집단의 계열사로 편입됨에 따라 각 기업집단의 부채비율의 감축 및 계열사 축소 등 재무구조 개선약정의 이행과 평가에 혼란을 초래하고, 결합재무제표를 작성할 때에도 여러 기업집단의 계열사로 포함됨에 따라 기업집단의 정확한 재무정보의 산출을 저해하며, 은행법상 동일차주에 대한 신용공여한도로 인하여 신규자금의 조달에도 차질을 초래하는 등 부작용이 우려되었다.

다음으로, 사회간접자본시설(SOC) 건설을 위한 민간투자사업은 그 위험도가 매우 크며, 정부 및 채권금융기관이 사업에 적극적으로 개입하는 경우가 많아 경제력 집중의 폐해가 초래될 가능성이 크지 않은 측면이 있다. 또한 다수 출자자가 콘소시움 형태로 참여하는 경우에는 30% 이상 최다출자자라 하더라도 현실적으로 당해 법인에 대한 독점적 지배권을 행사하기 어려운 것이 현실이다. 특히 사회간접자본시설에 대한 민간투자법에 의해 BTO[3], BOT 방식[4]의 경우 SOC시설이 즉시 또는 일정 기간 후 국가에 귀속하도록 되어 있어 SOC법인은 한시적 성격을 갖는다고 할 수 있다. 이러한 SOC법인이 대규모기업집단에 편입됨으로써 공정거래법상 채무보증이 금지되어 사업추진에 애로가 발생하는 경우가 있었다. 금융기관들이 당해 사업의 위험이 큰 것에 비해 이를 회피할 수단이 제한적이라는 이유로 출자자의 보증이 없는 대출을 기피하고, 외국에서도 SOC에 대한 대출에 대해서는 출자자의 보증을 요구하는 사례가 있는 실정이다.

---

3) BTO(Build－Transfer－Operate) 방식이란 SOC 시설의 준공과 동시에 당해 시설의 소유권이 국가 또는 지방자치단체에 귀속되며, 사업시행자에게 일정 기간의 시설관리운영권이 인정되는 방식을 말한다.
4) BOT(Build－Own－Transfer) 방식이란 사회간접자본시설의 준공 후 일정 기간 동안 사업시행자에게 당해 시설의 소유권이 인정되며 그 기간 만료 시 시설 소유권이 국가 또는 지방자치단체에 귀속되는 방식을 말한다.

(2) 주요 개정 내용

① 통합법인 및 SOC법인을 기업집단에서 제외

동일한 업종을 영위하는 2 이상의 회사가 사업구조조정을 위하여 자산을 현물출자하거나 합병 등의 방법으로 설립한 통합법인과 사회간접자본시설에 대한 민간투자법에 의한 민간투자법인 중 최다출자자가 2인 이상으로서 특정 출자자가 지배하고 있지 않는 회사를 기업집단의 범위에서 제외할 수 있도록 하는 규정을 신설하였다.

② SOC법인의 기업집단 계열 제외 요건완화

기존에는 국가, 지방자치단체, 정부투자기관 등이 20% 이상 출자한 민간투자 사업법인의 경우 다른 회사와 상호출자가 없고 다른 회사에 대하여 채무보증을 하거나 받은 것이 없는 경우에만 기업집단의 범위에서 제외할 수 있었으나, 민간투자사업법인의 출자자가 당해 법인의 채무를 보증한 경우에는 기업집단의 범위에서 제외할 수 있도록 하였다.

6) 제8차 공정거래법개정(1999.12.28.)과 제10차 시행령 개정(2000.4.1.)[5]

(1) 개정배경

1999년 8·15 대통령 경축사에서 기업구조개혁을 위한 3대 과제[6]의

---

5) 제8차 공정거래법 개정 내용과 제10차 시행령 개정 내용을 합해서 정리한 것임.

하나로 "계열사 간 순화출자 축소 및 부당내부거래 방지"가 제시되었다. 연이어 1999년 8월 25일 대통령 주재 「재계·정부·금융기관 간담회」에서 동 과제의 실천방안이 합의[7]됨에 따라 공정거래법 개정(8차 개정)을 추진하게 되었다.

개정 법률안은 1999년 11월 9일 국무회의를 거쳐 동년 12월 2일 국회에서 의결되어 2000년 4월 1일부터 시행되었다. 이러한 개정법률의 시행을 위하여 대통령령 개정(10차 개정)이 뒤따랐다.

(2) 주요 개정 내용

① 순환출자 억제를 위한 출자총액제한제도의 도입

ⅰ) 도입배경

본래 출자총액제한제도는 1987년 4월 대기업의 무분별한 계열 확장 및 경제력집중을 억제하기 위해 도입되었다. 대규모기업집단 소속회사의 타 회사 출자한도는 최초 도입 당시 순자산의 40% 이내에서 1995년 법률개정으로 순자산의 25% 이내로 강화되었다. 1997년 말 이후 외환위기 극복을 위한 4대 부문 구조조정 작업의 하나로 외국인의 적대적 M&A를 전면 허용함에 따라 국내기업에 대한 역차별을 해소하고 경영권 방어수단을 확충하기 위해 출자총액제한제도를 폐지하였다.

1998년 2월 출자총액제한제도를 폐지한 이후 대규모기업집단의 계열사 간 출자가 증가하고 내부지분율이 크게 높아졌다. 대규모기업집단의

---

6) 3대 과제는 ① 제2금융권 경영지배구조 개선 ② 순환출자 억제 및 부당내부거래 차단 ③ 변칙 상속 및 증여방지임.

7) 「재계·정부·금융기관 간담회」와 관련 합의 내용은 ① 공정거래법을 개정하여 출자총액제한제도를 도입하되 시행 시기는 2001년 4월로 한다는 것과 ② 1~10대 그룹 계열회사의 대규모 내부거래를 이사회 의결사항으로 하고 이를 공시토록 하는 제도를 도입한다는 것이다.

출자액은 1998년 4월 17.7조 원에서 1999년 4월 29.9조 원으로 12.2조 원이 증가하였는데 이는 전년 대비 68.9%가 증가한 것이었다. 특히 계열회사의 유상증자에 참여한 것이 8.2조 원으로서 출자 총액 증가분의 2 / 3를 차지하였다. 이러한 계열사 유상증자는 5대 기업집단(7.9조 원)에 편중되었다. 이에 따라 대규모기업집단의 평균 내부지분율은 1998년 4월 44.5%에서 1999년 4월 50.5%로 급격하게 높아지게 되었다.

특히, 동일인과 특수 관계인의 지분율은 감소한 가운데 내부지분율이 높아짐으로써 동일인이 적은 지분으로 계열사 간 순환출자를 통하여 많은 계열사를 지배하는 구조가 심화되었다. 또한 외부에서 유입되는 실질적 자본의 증가 없이 부채비율을 형식적으로 감축하였으며, 계열회사 유상증자 참여를 통해 한계기업을 지원함으로써 구조조정을 저해하는 부작용을 초래하였다.

이러한 문제점을 해소하고 무분별한 계열 확장을 억제하며, 핵심역량에 집중하도록 유도하는 등 구조조정 촉진을 위해서는 계열사 간 순환출자를 억제할 필요가 있어 불가피하게 출자총액제한제도를 다시 도입하게 되었다.

ii) 개정 내용

대규모기업집단에 속하는 회사(금융·보험회사, 지주회사 제외)는 당해 회사 순자산액(자기자본에서 계열회사의 출자금을 뺀 금액)의 25%를 초과하여 국내 다른 회사의 주식을 취득 또는 소유할 수 없도록 하였다. 여기에서 출자한도(순자산의 25%)는 제도의 실효성을 확보하고 전체 대규모기업집단의 순자산 대비 출자 총액 비중이 99년 말 현재 32.4%인 점을 감안한 것이다.

동 제도를 2001년 4월 1일부터 시행하되, 시행 당시 출자한도를 초과한 회사와 시행 이후 대규모기업집단 소속회사로 편입된 회사로서 편입당시 출자한도액을 초과한 회사에 대해서는 1년간 해소시한을 부

여함으로써 기업들로 하여금 점진적으로 출자한도 초과분을 해소토록
하였다.

출자총액제한의 일반적인 예외로는 기존 지분비율에 따라 유상증자
에 참여하는 경우(2년 이내), 담보권의 실행 또는 대물변제의 수령에
의하여 주식을 취득하는 경우(6월 이내), 당시 순손실 등으로 순자산이
감소하는 경우, 사회간접자본시설(SOC)이 민간투자회사에 출자하는 경
우(20년 이내) 등을 두어 합리적인 법집행이 가능하도록 하였다.

특히, 출자총액제한제도가 기업구조조정, 외국인투자유치, 중소기업과
의 기술협력 등에 장애요인이 되지 않도록 세부적인 예외인정 요건을
시행령에 규정하였다.

먼저, 다음과 같은 출자는 기업구조조정을 위한 경우로 보아 출자총
액제한의 예외로 인정하였다.

- ◦ 사업구조조정 과정에서 중복·과잉투자 해소를 위해 설립된 통합
  법인에 대한 출자
- ◦ 동종 업종을 영위하는 회사를 인수하여 2년 이내에 합병이 예정된
  경우의 출자
- ◦ 계열회사를 매각하고 그 대금으로 핵심역량 강화를 위해 핵심사
  업부문에 해당하는 회사에 출자하는 경우
- ◦ 물적 분할[8]에 의하여 설립되는 신설분할법인에 대한 출자
- ◦ 임직원 등이 설립하는 분할회사에 대한 지분율 30% 미만의 출자
- ◦ 친족 독립경영에 의한 계열분리 추진과정에서 분리되는 회사가
  소유하고 있는 다른 계열회사의 주식을 취득하는 경우
- ◦ 재무구조가 부실한 계열회사의 매각을 원활하게 하기 위하여 매
  각에 앞서 당해 회사의 재무구조개선을 위해 실시하는 유상증자
  에 참여하는 경우

---

8) 물적 분할이란 회사가 그 재산의 일부를 포괄 승계방식으로 신설되는 회사
(분할신설법인)에 양도하고 그 대가로 분할신설법인의 발행주식 100%를 취
득하는 형태의 회사분할을 말한다.(상법 제530의 12)

또한, 외국인투자의 유치를 위하여 특정 외국인 측이 지분 30% 이상을 보유하면서 최다출자자로 있는 외국인투자기업에 대한 출자를 예외 인정하였으며, 중소·벤처기업과의 협력관계 강화를 위하여 원료·부품 생산 중소기업 및 벤처기업에 대한 지분 30% 미만의 출자에 대해서도 예외를 인정하였다.

출자총액제한제도의 실효성 있는 집행을 위하여 법 위반의 경우에는 출자한도 초과금액의 10% 이내의 범위 내에서 과징금을 부과하고 출자한도 초과주식에 대한 의결권 행사를 제한하며, 3년 이하의 징역 또는 2억 원 이하의 벌금에 처할 수 있도록 하였다.

② 부당지원행위 근절을 위한 제도개선

ⅰ) 대규모 내부거래 이사회 의결 및 공시제도 도입

도입배경은 4차에 걸친 부당내부거래 조사결과, 관행적으로 이루어지는 부당지원행위가 광범위하면서도 뿌리 깊게 자리잡고 있으며, 그 수법도 점차 지능화되고 있어 사후에 조사·처벌하는 것만으로는 한계가 있어 이를 사전에 예방할 수 있도록 환경을 정비할 필요성이 대두되었다. 이에 따라 이해관계자에 의해 부당내부거래가 방지될 수 있도록 부당내부거래에 대한 이사들의 책임을 강화(내부통제장치)하고, 소액주주나 채권자 등에 의한 감시를 유도(외부 통제장치)하기 위한 제도를 도입하게 되었다.

다음 개정 내용을 보면, 자산 총액 순위가 1위부터 10위까지인 기업집단에 속하는 모든 회사가 일정규모 이상의 "대규모내부거래"를 하는 경우에는 의무적으로 이사회 의결을 거친 후 이를 공시토록 하는 제도를 신설하였다.

대규모내부거래는 10대 기업집단 소속회사가 특수 관계인을 상대방으로 하거나 특수 관계인을 위하여 자금·유가증권·자산을 제공 또는 거래하는 행위로서 당해 회사 자본금(이사회 의결일의 직전일의 자본금)의 10% 이상이거나 100억 원 이상을 거래하는 행위로 규정하였다. 이 경우 대규모내부거래 해당여부는 "동일한 거래상대방과의 동일한 거래대상에 대한 거래행위"를 기준으로 판단하며, 거래금액의 산정은 원칙적으로 자금, 자산 및 주식의 거래는 실제 거래금액을 기준으로 하고, 주식 외의 유가증권 거래는 당해 유가증권의 액면금액을 기준으로 하여 판단한다.

이사회 의결 및 공시를 하여야 하는 대규모내부거래의 유형은 다음과 같이 규정하였다.

- 가지급금, 대여금 등의 자금(회계처리상 계정과목 불문)을 직접 제공 또는 거래하거나 특수 관계인이 아닌 제3자를 통하여 간접적으로 자금을 제공 또는 거래하는 행위
- 주식, 사채 등 유가증권을 직접제공 또는 거래하거나 특수 관계인이 아닌 제3자의 중개 등을 통하여 간접적으로 유가증권을 제공 또는 거래하는 행위
- 부동산, 무체재산권 등의 자산을 제공 또는 거래하는 행위(자산은 유동자산, 고정자산, 채무보증 또는 담보를 제공하거나 제공받는 행위와 부동산의 임대차거래를 포함)

이사회 의결방법과 절차에 관해서는 상법 제3편 제4장 제3절 제2관(이사와 이사회)의 규정에 따라 하도록 하였다.

공시업무는 공정거래위원회가 증권거래법 제186조(상장법인의 신고·공시업무 등) 제1항의 규정에 의한 신고수리기관(금융감독위원회)에 위탁할 수 있도록 하고, 공시방법 등은 공정위가 공시위탁기관과 협의하여 정하도록 하였다. 공시 내용에는 거래의 목적, 대상, 상대방, 금액 및 조건, 거래상대방과의 동일 거래유형의 총거래잔액 등 주요 내용을 포함시키도록 하였다. 공시기기는 이사회 의결 후 1일 이내에 공시토록

하여 소수주주와 채권자 등 이해관계자가 신속하게 알 수 있도록 하였다. 한편, 공시사항이 증권거래법상의 신고·공시사항과 중복되는 경우로서 증권거래법에 따라 신고·공시하면 공정거래법상 공시의무를 이행한 것으로 보도록 하여 이중고시에 따른 기업의 부담이 발생하지 않도록 하였다.

금융·보험회사가 약관에 따라 행하는 금융거래행위에 대해서는 이사회 의결에 대한 특례를 인정하였다. 금융·보험회사(계열금융회사)가 일상적인 거래 분야에서 약관의 규제에 관한 법률 제2조(정의)에서 규정하고 있는 약관에 의해 대규모내부거래를 하고자 하는 때에는 이사회 의결을 거치지 아니할 수 있으나 공시는 하도록 하였다. 다만, 이 경우에도 당사자 간의 계약에 의한 사모사채 인수 등 특정 거래조건을 부기한 금융거래의 경우에는 이사회 의결을 거치도록 함으로써 제도를 회피하여 탈법적인 내부거래가 발생하지 않도록 하였다. 또한 분기별로 당해 분기 종료 후 익월 10일까지 거래대상, 거래상대방, 거래금액, 거래조건 등 주요 내용을 포함하여 공시토록 하였다.

동 제도의 이행을 확보하기 위하여 이사회 의결 및 공시를 하지 아니하거나 허위공시를 한 경우 과태료(회사: 1억 원 이하, 관련자: 1천만 원 이하)를 부과할 수 있도록 하였다.

ⅱ) 부당지원행위에 대한 과징금 부과한도 상향 조정

종전에 부당지원행위에 대한 과징금 부과한도가 낮아 부당지원 내용 및 정도에 상응하는 과징금을 부과하지 못하는 사례가 발생함에 따라 과징금 부과의 형평성과 실효성 제고를 위해 과징금 한도를 상향 조정할 필요가 있었다. 이에 따라 매출액의 2% 범위 안에서 부과하던 과징금을 매출액의 5% 범위 안에서 부과할 수 있도록 부과한도를 높였다.

③ 채무보증금지 관련제도의 개선

ⅰ) SOC 투자활성화를 위한 채무보증금지 예외인정 확대

사회간접자본시설(SOC)에 대한 민간투자를 촉진하기 위하여 민간투자 사업법인이 국내 금융기관에 대해 지고 있는 채무에 대하여 당해 민간투자사업법인의 출자자가 채무보증을 하는 경우 이를 채무보증금지대상에서 제외하는 조항을 신설하였다.

ⅱ) 탈법행위 방지를 위한 제도보완

채무보증 제한과 관련된 탈법행위를 엄중 차단하기 위해 다음과 같은 행위를 탈법행위의 유형으로 새로이 규정하였다.
- 자기 계열회사의 금융기관에 대한 기존의 채무를 면하게 함이 없이 당해 채무를 인수함으로써 사실상 채무보증과 동일한 효과를 발생케 하는 행위(중첩적 채무인 수)
- 비계열사로 하여금 자기의 계열사에 채무보증을 하게 하고, 대신 자기는 당해 비계열사에 채무보증을 하는 행위(교차보증)

④ 대규모기업집단 지정제외 범위 확대

대규모기업집단 지정 이후 소속회사의 변동으로 인해 기업집단의 자산규모가 최근 지정된 30위 기업집단 자산 총액의 70% 이하로 대폭 감소한 경우에는 그 사유가 발생한 때에 당해 기업집단을 대규모기업집단에서 제외할 수 있도록 하였다.

7) 제9차 공정거래법 개정(2001.1.16.)

(1) 개정배경

제9차 공정거래법의 개정(2001.1.16, 법률 제6371호)은 그동안 추진해 온 기업구조조정의 실효성을 보완함과 동시에 공정거래제도의 선진화를 도모한다는 명분으로 추진되었다. 주요 내용으로는 지주회사의 설립요건을 완화하여 지주회사가 구조조정의 수단으로 원활히 활용될 수 있도록 하였다. 그리고 부당내부거래에 대한 조사 실효성을 제고하기 위해 금융거래정보요구권의 시한을 연장하였다. 이와 함께 부당공동행위 조사에 협조한 자에 대해서도 면책규정을 적용할 수 있도록 하였다.

(2) 주요 개정 내용

① 지주회사제도의 효율적 운용

ⅰ) 지주회사의 자회사 지분율 요건완화

현행 규정상 지주회사는 원칙적으로 자회사에 대하여 발행주식 총수의 50% 이상을 보유하도록 하되, 자회사가 1999년 4월 1일(지주회사제도 시행일) 현재 상장법인인 경우에 한해 30% 이상 소유할 수 있도록 하고 있었다. 이에 대해 모든 상장법인 및 코스닥 등록법인에 대해 상장시점에 관계없이 자회사지분율 요건을 30%로 완화하여 지주회사의 지분보유 의무를 경감하였다. 이에 더하여 벤처기업을 자회사로 두는 벤처지주회사에 대해서는 자회사지분율 요건을 20%로 더욱 완화하여 벤처기업에 대한 자금공급이 원활히 이루어지도록 하였다.

ⅱ) 지주회사 행위제한의무 유예기간 적용대상 확대

기업구조조정 촉진을 위해 현물출자 방식 외에 상법상 회사분할을 통해 지주회사로 설립·전환하는 경우에도 부채비율제한 등의 행위제한의무 적용을 일정 기간 유예하였다. 즉 물적 분할, 인적분할 및 분할합병 등을 통해 분사화하는 경우 부채비율 제한은 1년간, 자회사 지분율 제한은 2년간 유예기간을 두었다.

8) 제11차 시행령 개정(2001.4.1.)

(1) 개정배경

제11차 공정거래법 시행령의 개정은 이에 앞서 개정된 법률의 시행과 제도보완 차원에서 추진되었다. 법률의 개정(2001.1.16, 법률 제6371호)으로 지주회사관련제도가 보완됨에 따라 세부규정을 마련하고, 부당공동행위 면책범위를 시행령에서 정하도록 함에 따라 그 요건과 감면범위를 명확히 규정하는 한편, 대규모내부거래의 이사회의결 및 공시제도 적용대상 범위를 당초 10대 그룹에서 30대로 확대하는 등 일부 제도를 보완하였다.

(2) 주요 개정 내용

① 지주회사 관련

중소규모의 지주회사가 보다 원활히 설립될 수 있도록 공정거래법상 신고대상이 되는 지주회사의 최저 자산 총액 기준을 당초 100억 원에서 300억 원으로 상향조정하여 규제의 범위를 축소하였다. 아울러 자회사 지분율 요건이 완화되는 벤처지주회사의 범위를 전체 주식가액 중 벤처자회사의 주식가액이 50% 이상인 지주회사로 정의하여 벤처지주회사의 범위를 폭넓게 인정하였다.

② 대규모 내부거래의 이사회의결 및 공시제도 적용대상 범위확대

부당내부거래 차단을 위해서는 공정위 조사와 함께 기업 스스로 자율감시기능을 통해 부당한 내부거래의 사전억제를 유도하는 것이 바람직하다. 또한 부당내부거래는 상위그룹뿐만 아니라 11~30대에서 더 심하게 발생하고 있다. 한 예로써 총자산 대비 적발된 부당내부거래 규모는 1~5대 그룹이 1.5% 수준인 점에 반하여, 10~30대 그룹은 10.5% 수준에 달하고 있다. 이러한 점을 감안하여 당초 10대 그룹에만 적용되던 대규모내부거래의 이사회의결 및 공시제도 적용대상 범위를 30대까지 확대하였다.

③ 대규모기업집단 관련

대규모기업집단에서 제외될 수 있는 회사의 요건으로 파산법에 의한 파산선고를 받아 파산절차가 진행 중인 회사를 새로이 규정하였다. 아울러, 매년 제출해야 하는 주식소유현황(4월 말)과 채무보증신고현황(5월 말)을 통합 운영함으로써 기업의 신고부담을 경감하였다. 양 신고는 공통적으로 회사의 일반현황을 제출토록 규정하고 있어 약 1달여 차이로 제출해야 하는 서류상의 중복이 있었는데, 이를 통합함으로써 기업의 신고부담이 다소 줄어들게 되었다.

9) 제12차 시행령 개정(2001.7.24.)

(1) 개정배경

제12차 시행령의 개정은 정부와 재계가 2001년 5월 31일 투자활성화 및 기업경영여건 개선 등을 위해 출자총액제한제도를 정비하기로 합의함에 따라 추진되었다. 기업구조조정의 촉진을 위하여 출자총액제한제도의 근본 틀을 훼손하지 않는 범위 내에서 출자총액제한의 예외인정 범위를 보완하고, 대규모기업집단의 계열사 제외요건을 추가하는 한편, 모법의 위임에 의거하여 출자총액제한 위반행위에 대한 과징금부과의 세부기준을 명확히 규정하였다.

(2) 주요 개정 내용

① 기업집단 계열제외 요건 완화

기업구조조정의 원활한 추진을 위해 회사정리절차가 진행 중이거나 채권금융기관의 합의에 따라 경영정상화가 추진 중인 회사로서 동일인 측의 주식처분 및 주주권이 법원 또는 채권금융기관에 위임됨으로써 동일인 측의 지배력이 실질적으로 차단되었다고 인정되는 회사는 대규모기업집단에서 계열 제외할 수 있도록 하였다.

② 출자총액제한의 예외인정 범위 보완

기업구조조정의 촉진을 위하여 영업양도의 방법을 통해 주식을 취득하는 경우도 5년간 예외를 인정하였다. 그리고 1998년 1월 1일~2001년

3월 31일 기간 중에 합병할 예정으로 주식을 취득한 경우 종전에는 주식을 취득한 날부터 2년간만 예외를 인정하였으나, 예외인정의 가산일을 다른 구조조정 관련 출자와 동일하게 출자총액제한제도의 시행일인 2001년 4월 1일로 하여 실질적으로 2년간 예외를 인정하도록 하였다.

이와 함께 기존 핵심사업부문의 역량강화뿐만 아니라 신규 핵심사업부문에 대한 출자도 5년간 예외로 인정하였다. 다만, 동 규정의 남용을 방지하기 위하여 기존 계열사 매각대금으로 신규 핵심사업부문에 출자하는 경우에만 예외를 인정하였다.

아울러 기업구조조정 과정에서 당해 기업의 적극적인 출자행위가 아닌 증여에 의해 수동적으로 주식을 보유하게 된 경우 2년간 예외를 인정하였다.

③ 출자총액제한 위반행위에 대한 과징금 부과기준 설정

출자총액제한 위반금액의 10% 이내에서 과징금을 부과할 수 있도록 규정된 모법에 의거 구체적으로 세분하여 부과기준을 설정함으로써 법집행의 예측가능성을 제고하였다. 채무보증제한 등 다른 경제력집중 억제시책에 대한 과징금 세부기준과 동일하게 출자총액제한을 위반하여 취득한 주식의 취득가액을 기준으로 10억 원 이하, 10억 원~100억 원 이하, 100억 원~1,000억 원 이하, 1,000억 원~1조 원 이하, 1조 원 초과 등 5단계로 부과기준을 설정하였다.

10) 제10차 공정거래법의 개정(2002.1.26.)

(1) 개정배경

제10차 공정거래법의 개정은 1997년 외환위기 이후 기업의 지배구조 개선 및 경영투명성 제고 등을 위한 각종 제도가 도입되어 기업 내·외부의 감시 장치가 강화되는 등 그동안 달라진 경제여건에 맞게 대기업집단정책을 개편하기 위해 추진되었다.

우선 자산 순위에 의해 일률적으로 규제하던 대규모기업집단제도를 행태별 규율방식으로 전환하였다. 아울러 지배력의 확장을 위한 과도한 출자행위는 계속 억제하되 기업의 경쟁력 강화 및 핵심역량으로의 집중을 위한 출자는 자유롭게 하는 한편, 기업구조조정을 촉진하기 위해 구조조정관련 출자의 예외인정 시한을 연장하는 등 출자총액제한제도를 개선하였다. 이와 함께 대기업집단에 속하는 금융·보험회사가 경영권 방어가 필요한 계열회사의 중요 사항에 대해서는 의결권을 행사할 수 있도록 하고, 불가피하게 지주회사로 전환되는 경우 행위제한의무에 대해 유예기간을 부여하는 등 제도를 개선하였다.

(2) 주요 개정 내용

① 지주회사의 행위제한 의무 유예기간 부여범위 확대

기업구조조정을 보다 원활히 추진할 수 있도록 1999년부터 허용해 온 지주회사의 설립 또는 전환에 따른 기업의 부담을 경감하기 위해 지주회사로의 전환 시 행위제한의무에 대해 유예기간을 보완하였다. 즉 자회사 주식가액의 상승에 따라 지주회사로 전환되는 경우 부채비율 100% 초과금지 의무는 지주회사로 전환된 날부터 1년간, 자회사 지분율(50%) 충족의무 및 자회사 이외에 지배목적의 다른 회사 주식소유 금지 의무는 지주회사로 전환된 날부터 2년간 유예하였다.

이와 함께 벤처주식회사가 벤처자회사 가액의 감소로 인하여 일반지주회사로 되는 경우에는 자회사 지분율(50%) 충족 의무를 일반지주회사로 전환된 날부터 1년간 유예하였다.

② 대기업집단 지정제도 개편

그동안 경제력집중에 따른 폐해를 시정하기 위해 자산규모를 기준으로 1위부터 30위까지 기업집단을 일률적으로 대규모기업집단으로 지정하여 상호출자 금지, 채무보증 금지, 출자총액제한 등과 같은 경제력집중 억제시책을 적용하였다.

그러나 상·하위 집단 간 경제력 격차가 큼에도 불구하고 모든 기업집단을 획일적으로 규제하는 것은 형평성에 문제가 있으며, 자산 순위에 의한 대규모기업집단 지정은 예측가능성이 낮아 기업경영에 부담으로 작용될 수 있다는 문제가 제기됨에 따라 2001년 8월 10일 여·야·정 경제정책협의회에서 대규모기업집단 지정제도를 개편하기로 합의하였다.

이에 따라 시장에 의한 기업감시체제로의 전환을 중장기 목표로 필요한 규제는 유지하고 과도한 규제는 합리적으로 개선한다는 기본방향 하에 30대 기업집단 일괄지정제도를 폐지하고, 상호출자, 채무보증, 출자 등 행태별로 규율대상 기업집단을 차등화하여 지정하는 방식으로 전환하였다.

③ 출자총액제한제도의 개선

계열사 간 거미줄식 출자를 통해 총수 1인이 수많은 기업을 선단식으로 경영하는 폐해를 차단하기 위해 2001년 4월부터 재시행된 출자총액제한제도에 대해 재계가 경영여건의 어려움을 이유로 폐지를 요구함에 따라 정부와 재계는 2001년 5월 31일 투자활성화 및 기업경영여건 개선 등을 위해 출자총액제한제도를 정비하기로 합의하였다.

정부와 재계는 수많은 논의와 토론을 거쳐 기업의 경쟁력 강화 및 핵심역량으로의 집중을 위한 출자는 자유롭게 하고 한도초과 출자의 해소부담은 완화하되, 기업의 경쟁력 강화에 기여하지 못하는 무분별한 외형 확장을 위한 출자는 제한하기로 제도의 개선방향을 마련하였다.

ⅰ) 출자총액제한의 적용제외 신설 및 예외인정 보완

기업의 경쟁력 강화와 핵심역량집중을 위한 출자는 자유롭게 허용하고, 지배력 확장과 관련이 적은 출자에 대해서는 예외를 확대하여 기업의 보다 자유로운 경영활동 여건이 마련될 수 있도록 출자총액제한의 적용제외대상을 신설하고, 예외인정대상을 보완하였다.

먼저 종전 예외인정대상이었던 사회간접자본시설에 대한 민간투자사업을 위한 출자를 적용제외대상으로 전환하였고, 공기업민영화 등 국가시책의 원활한 추진을 위해 공기업 민영화대상 회사 및 정부출자회사에 대한 출자를 적용제외대상으로 하였다.

또한 기업의 경쟁력 강화와 핵심역량 집중을 유도하기 위해 동종의 영업을 영위하거나 밀접한 관련이 있는 회사에 대한 출자를 적용제외대상으로 하였으며, 회사정리·화의·관리절차가 진행 중인 회사에 대해서는 출자총액제한제도의 적용을 배제하였다.

한편, 외국인투자촉진법에 의한 외국인투자기업에 대한 출자, 신산업의 국제경쟁력 강화를 위해 신기술을 기업화한 회사에의 출자 및 회사정리·화의·관리절차가 진행 중인 회사에 대한 출자에 대해서는 일정 기간 예외를 인정하는 등 예외인정대상을 보완하였다.

아울러 구조조정관련 출자의 경우 종전에는 1998년 1월 1일~2001년 3월 31일 기간 중에 발생한 출자에 대해서만 예외를 인정하였으나, 기업구

조정의 지속적인 추진을 독려하기 위해 2003년 3월 31일까지 2년간 예외
인정 시한을 연장하였다.

ⅱ) 순자산액 산정방식 및 취득주식가액 산정기준 조정

자본잠식 등 부실기업의 경우 자본 총액이 마이너스이기 때문에 순
자산이 '0'이 되어 보유하고 있는 모든 주식을 처분해야 한다. 이러한
부담을 경감하기 위해 순자산액의 산정방식을 "자본총액-당해 회사에
대한 계열회사의 출자금액"에서 "자본총액 또는 자본금 중 큰 금액-당
해 회사에 대한 계열회사의 출자금액"으로 변경하였다.

아울러 주식의 취득가격에 정부에 납부한 출연금이 포함된 경우에는
그 금액을 뺀 금액을 기준으로 출자 총액을 산정하도록 하였다.

ⅲ) 미해소 한도초과 출자에 대한 의결권 제한

종전에는 해소시한 내 미해소 한도초과 출자에 대해서는 주식의 처
분을 명할 수 있도록 되어 있었으나, 한도초과 출자의 해소를 위해 기
업들이 일시에 주식을 매각하는 경우 증시에 혼란을 야기할 우려가 있
는 점을 감안하여 출자총액제한 기업집단의 소속회사 또는 그에 편입
된 회사가 지정일 또는 편입일로부터 1년이 경과한 후에도 출자한도액
을 초과하는 주식을 계속 보유할 때에는 그 초과분에 대하여 처분명령
을 하는 대신에 의결권을 제한하기로 하였다.

그리고 의결권제한 대상 주식은 기업이 선정하여 공정거래위원회에
신고토록 하는 한편, 의결권 행사여부에 대한 감시의 실효성을 제고하
기 위해 의결권이 제한된 주식은 공시토록 하였다.

아울러 의결권행사 금지명령에 위반하여 의결권을 행사한 경우 의결
권 행사 주식 취득가액의 100분의 10 범위 내에서 과징금을 부과하고,
공시의무를 위반한 경우에는 1억 원 이하의 과태료를 부과할 수 있도
록 하였다.

④ 금융 · 보험사의 의결권제한 완화

산업자본에 의해 지배되는 금융기관이 산업자본의 계열 확장 내지 계열지배 강화의 확대재생산 통로로 이용되는 것을 차단하기 위해 대규모기업집단에 속하는 금융 · 보험회사는 자기 계열회사에 대하여 의결권을 행사하지 못하게 하였으나, 외환위기 이후 대규모 우량상장사들의 외국인 지분이 계속 늘어남에 따라 경영권방어 목적의 중요 결정사항에 대해서는 의결권을 행사할 수 있도록 하였다.

다만, 의결권 제한완화가 계열사에 대한 지배력 강화수단으로 악용될 소지를 방지하기 위해 경영권방어와 직접적으로 관련되는 임원임면, 정관변경, 합병 및 영업양도에 관한 사항에 대해서만 동일인과 특수관계인의 지분과 합하여 30%까지만 행사할 수 있도록 하였다.

⑤ 채무보증해소의무의 탄력적 운용

채무보증해소에 따른 기업의 부담을 경감하기 위하여 채무보증 해소시한을 채무보증제한 기업집단으로 지정된 날부터 1년 이내에서 2년 이내로 연장하고, 회사정리절차 또는 화의절차가 진행 중인 회사는 동절차가 종료될 때까지 채무보증 해소시한을 유예하였다.

11) 제13차 시행령 개정(2002.4.1.)

(1) 개정배경

제13차 시행령의 개정은 이에 앞서 개정된 동 법률의 시행과 제도보완을 위해 추진되었다. 법률의 개정(2002.1.26, 법률 제6651호)으로 자

산 순위에 따른 30대 기업집단 일괄지정제도가 행태별 규율방식으로
전환됨에 따라 상호출자금지, 채무보증금지 및 출자총액제한의 대상이
되는 기업집단의 범위를 정하는 한편, 출자 총액의 예외인정 및 적용
제외의 기준을 설정하였다. 이와 함께 지주회사의 최저 자산 총액 기
준을 상향조정하고, 사업자단체의 금지행위 위반에 대한 과징금 부과기
준을 상향조정하였다.

(2) 주요 개정 내용

① 지주회사의 최저 자산 총액 기준 상향 조정

경제력 집중이 폐해의 유발가능성이 적은 중소규모 지주회사에 대한
규제완화 차원에서 공정거래법상 신고대상이 되는 지주회사의 최저자
산 총액 기준을 당초 300억 원에서 1,000억 원으로 상향조정하여 규제
의 범위를 축소하였다.

② 기업집단 지정제도 개편

법률의 개정으로 자산 순위에 따른 30대 기업집단 일괄지정제도가
폐지되고 행태별 규율방식으로 전환됨에 따라 자산규모 2조 원 이상인
기업집단은 상호출자 및 채무보증제한 기업집단으로, 자산규모 5조 원
이상인 기업집단은 출자총액제한 기업집단으로 지정하고, 공기업집단도
규제대상에 포함하였다.

한편, 회사정리절차 또는 관리절차가 진행 중인 회사의 자산 총액의
합계액이 기업집단 전체 자산 총액의 50% 이상인 기업집단은 지정에
서 제외하였으며, 재무구조 건실화를 유도하기 위해 결합재무재표상 부
채비율이 100% 미만인 기업집단은 출자총액제한 기업집단에서 제외하

였다.(표 2-3참조)

〈표 2-3〉 기업집단별 지정제외 기준

집단별	자산규모	지정제외 기준	
		집단 지정 시	집단 지정 이후
상호 출자·채무보증제한	2조 원 이상	① 금융전업기업집단 또는 금융·보험사가 동일인인 기업집단 ② 회사정리절차 또는 관리절차가 개시되어 그 절차가 진행 중인 회사의 자산 총액 합계액이 기업집단 전체 자산 총액의 50% 이상인 기업집단 - 단, 그 회사를 제외한 회사의 자산 총액의 합계액이 2조 원 이상인 집단은 포함	① 집단지정 시 제외기준②의 사유에 해당하는 회사의 자산 총액의 합계액이 기업집단 전체 자산 총액의 50% 이상인 기업집단 - 단, 그 회사를 제외한 회사의 자산 총액의 합계액이 1조 4천억 원 이상인 기업집단은 제외 ② 소속회사의 변동으로 자산 총액의 합계액이 1조 4천억 원 미만으로 감소한 경우
출자 총액 제한	5조 원 이상	① 위 기준①과 같음 ② 위 기준②와 같음 - 단, 그 회사를 제외한 회사의 자산 총액의 합계액이 5조 원 이상인 집단은 포함 ③ 결합재무제표상 부채비율(금융업 또는 보험업을 영위하는 회사는 제외)이 100% 미만인 기업집단	① 위 기준①과 같음 - 단, 그 회사를 제외한 회사의 자산 총액의 합계액이 3조 5천억 원 이상인 기업집단은 제외 ② 소속회사의 변동으로 자산 총액의 합계액이 3조 5천억 원 미만으로 감소한 경우 ③ 지정일 이후 직전사업연도의 결합재무제표 또는 연결재무제표를 작성한 집단으로 부채 비율이 100% 미만인 기업집단

주) 기업집단의 자산규모는 동일인 기업집단 소속 국내회사들의 직전사업연도 대차대조표상의 자산 총액(금융·보험회사는 자본금 또는 자본 총액 중 큰 금액) 합계액 기준

③ 출자총액제한의 예외인정 및 적용제외 기준 설정

모법의 개정으로 신산업의 국제경쟁력 강화를 위한 출자는 5년간 예

외가 인정되고 동종의 영업 또는 밀접한 관련 회사에의 출자는 적용이 제외됨에 따라 동 예외인정 및 적용제외의 구체적인 기준을 설정하였다.

예외인정 대상인 신산업은 정보통신산업, 생명공학산업, 대체에너지 및 환경산업으로 하고, 당해 신산업의 국제경쟁력 강화를 위해 다음의 신기술을 기업화한 회사(신기술을 이용하여 생산한 제품의 연간 매출액이 그 회사 총매출액의 50% 이상인 회사)의 주식을 취득하는 경우에 예외를 인정하였다.

- 정보화촉진기본법 제22조에 의해 지정된 정보통신우수신기술
- 기술개발촉진법 제6조에 의해 인정된 신기술
- 환경기술개발 및 지원에 관한 법률 시행령 제18조 제1항 제1호에 의해 지정된 환경신기술
- 외국인투자촉진법 제25조 제1항에 의해 신고된 도입기술
- 산업발전법시행령 제28조 제2항 제3호에 의해 인증받은 기술

한편, 적용제외 대상인 동종 영업에의 출자 경우 한국표준산업분류상 중분류를 기준으로 출자회사와 피출자회사의 영위업종의 동질성을 판단하되, 출자회사의 경우 최근 3개 사업연도 매출액의 25% 이상인 영업을 기준(해당 영업이 1개인 경우에는 2위이면서 매출액 비중이 15% 이상인 영업도 포함하고, 25% 이상인 영업이 없는 경우 매출액 비중이 가장 큰 영업기준)으로 하였다. 피출자회사의 경우에는 최근 3개 사업연도 매출액의 25% 이상이면서 최고 매출 비중인 영업만을 기준으로 하였다.

그리고 밀접한 관련회사는 최근 3개 사업연도 거래금액 기준으로 출자회사와 피출자회사 간 판매, 유지·관리·보수, 원재료·부품공급 등에 있어 50% 이상 거래관계에 있는 회사 또는 기타 출자회사가 관련시장에서의 사업수행을 위해 필수적인 설비 또는 용역을 공급하는 회사로 규정하였다.

이와 함께 동일인이 계열회사의 기업구조조정을 지원하기 위하여 동

일인 관련자가 아닌 자에게 무상으로 증여한 비상장주식을 취득 또는 소유하는 경우 2년간 예외를 인정하였다.

④ 한도초과 미해소 출자의 의결권제한 방법

한도초과 미해소 출자로 인해 의결권행사 금지명령을 받은 회사는 금지명령을 통지받은 날부터 10일 이내에 의결권행사 금지명령의 대상주식에 관한 내역을 공정거래위원회에 통지하여야 한다. 그리고 공정거래위원회가 의결권행사 금지주식을 결정하는 경우에는 출자한도의제액 내에서 취득한 주식 중 최근에 취득한 주식으로 하되, 지정일로부터 1년이 되는 날 이후에 취득한 주식은 제외하였다.

또한 의결권행사 금지대상 주식을 공정거래위원회에 통지한 날 또는 공정거래위원회로부터 의결권행사 금지대상 주식을 통지받은 날부터 5일 이내에 의결권행사 금지내역을 공시토록 하고, 공시 후 의결권행사 금지대상 주식에 변동이 있는 경우 변동사유가 발생한 날부터 10일 이내에 공정거래위원회에 변동내역을 통지하고 통지한 날부터 5일 이내에 변동사항을 공시토록 하였다.

⑤ 채무보증 제한대상 제외범위 확대

공기업 민영화의 원활한 추진을 위하여 공기업의 구조개편에 따른 분할로 인해 신설되는 자회사가 모회사인 공기업의 보증을 인수하는 경우에 모회사가 자회사에 대해 행하는 재보증은 채무보증 제한대상에서 제외하였다.

12) 금산법 개정(2000.1.21.)

금산법이 1997년 3월부터 시행된 이래 금산법에 대한 벌칙조항이 없다는 입법미비점이 지적되었다. 그리하여 2000년 1월 21일, 벌칙 및 과태로 규정을 신설하여 금산법 제24조 위반에 대해 임원에 대해서는 1년 이하의 징역 혹은 1천만 원 이하의 벌금, 금융기관에 대해서는 2천만 원 이하의 과태료를 부과할 수 있도록 개정되었다.

김대중정권의 임기는 2003년 2월까지인데, 2003년 1월 삼성카드와 삼성캐피탈, 현대카드와 현대캐피탈의 합병과정에서 삼성의 에버랜드, 현대의 기아차, INI스틸 등이 금산법 제24조를 위반했다는 사실이 지적되었다.

06 노무현정권의 재벌정책(2003.02.~2008.02.)

1) 제11차 공정거래법 개정(2004.12.31.)

(1) 개정 이유

2003년 12월 말 확정발표된 「시장개혁 3개년 로드맵」에 따라 기업집단의 소유지배구조개선, 기업의 투명·책임경영 강화 및 시장경쟁의 제고를 추진하기 위해 필수적인 법적 기반을 마련하는 것이 필요하였다.

또한 법 위반행위를 신고한 자에 대한 포상금제도를 마련하여 일반국민이 기업의 불공정행위를 감시하는 기능을 확대할 필요성이 제기되었으며, 외국에서 발생한 가격담합 등 불공정행위로 피해를 입게 되는 국내 시장과 소비자 보호를 위해 외국기업에도 공정거래법을 직접 적용할 수 있는 법적 근거를 마련할 필요가 있었다.

이와 함께 카르텔 발생을 억제하기 위해 카르텔 과징금을 상향조정하고, 법 위반행위의 피해자가 바로 법원에 손해배상을 원활하게 청구할 수 있도록 하는 등 현행 제도의 운영상 나타난 일부 미비점을 보완할 필요성도 있었다.

(2) 주요 개정 내용

① 출자총액제한제도의 개선

기업 및 기업집단의 소유지배구조 개선과 투명경영을 유도할 수 있도록 기업지배구조 모범기업, 지주회사에 소속된 회사, 출자구조가 단순하고 계열회사 수가 일정 수 이하인 기업집단, 지배주주의 소유와 지배 간 괴리가 작은 기업집단 등 4가지 졸업기준을 도입하였다.

또한 출자총액제한제도의 적용제외 및 예외인정 제도를 보완하여, 민간이 소유권을 갖는 방식의 SOC투자법인 출자에 대한 적용제외를 신설하고, 2003년 3월 말 시한이 만료된 기업구조조정 출자에 대한 예외인정을 부활하는 한편, 기업구조조정·중소기업과의 기술협력·신산업 등 출자의 경우에는 최장 8년인 예외인정시한을 폐지하였다.

② 계열금융사의 의결권 행사한도 축소

자산 2조 원 이상 대기업기업집단 금융사의 계열사 주식에 대한 의결권행사 허용범위를 현행 30%에서 단계적으로 축소하여 2006년 4월 1일부터 25%, 2007년 4월 1일부터 20%, 2008년 4월 1일부터는 15%까지 축소되도록 하였다.

③ 지주회사제도 보완

지주회사 요건 충족을 위한 유예기간을 신설·확대하여 금융(일반)지주회사가 될 당시 소유하고 있던 비금융(금융)회사 주식에 대해서는 2년간의 처분유예기간을 신설하고, 부채비율(100%) 충족을 위한 유예기간을 현행 1년에서 2년으로 연장하였으며, 지주회사로의 전환유형 중 일부에 대해서만 인정하고 있는 유예기간을 모든 유형에 대해 인정하고, 비상장 합작회사에 대한 자회사 지분율 요건을 현행 50%에서 30%로 완화하였다.

또한 지주회사체제의 투명성 제고를 위해, 자회사 간 출자를 금지하고, 지주회사의 비계열회사 주식 5% 초과소유를 원칙적으로 금지하였다.

④ 금융거래 정보요구권 재도입

2004년 2월 시한 만료된 부단내부거래조사를 위한 금융거래정보요구권을 3년 시한으로 재도입하되, 금융거래정보 요구대상을 금융기관의 특정 점포로 한정하고, 요구권 발동 시 공정위 의결을 의무화하며, 발동요건을 위반하여 정보를 요구한 자에 대한 벌칙규정을 신설하는 등 요구권행사에 대한 통제장치를 강화하였다.

⑤ 대기업집단 소속 비상장·비등록 기업의 공시의무 강화

대기업기업집단 소속 비상장·비등록 회사에 대해 기업집단의 소유지배구조개선 및 경영투명성 제고에 필요한 사항을 공시하도록 하였다.

2) 16차 시행령 개정(2005.4.1.)

(1) 개정 이유

독과점규제 및 공정거래에 관한 법률 개정(법률 제7315호, 2004.12.31. 공포, 2005.4.1. 시행) 시 기업집단의 소유지배구조와 투명경영을 유도하기 위해 새로 도입한 내부견제시스템을 잘 갖춘 기업, 소유지배괴리도가 적은 기업 등 출자총액제한 대상에서 제외하는 졸업기준을 구체화하여 시장자율규제방식을 정착시키기 위한 여건마련이 필요하였다.

또한 시장감시를 통한 소유지배구조 개선 및 투명성을 높이도록 유도하기 위하여 상호출자제한 기업집단 소속 비상장·비등록회사에 대하여 소유지배구조 등 중요한 공시사항을 구체화할 필요가 있었다.

한편, 법 위반행위에 대한 국민의 신고를 적극적으로 유도하기 위하여 증거자료를 제출한 자에 대하여 포상금을 지급할 수 있도록 함에 따라 동법에서 위임한 사항을 정하고, 그 밖에 카르텔 감면제도 개선 등 현행제도의 운영상 나타난 일부 미비점을 개선·보완할 필요성도 있었다.

(2) 주요 개정 내용

① 지주회사제도 보완

현행 지주회사의 사업관련성 판단기준이 제조업을 기준으로 규정되어 있어 서비스업 및 정보기술 등은 사업관련성을 인정받기 곤란하고, 자회사와 사업관련 손자회사 간에 거래관계가 없는 경우에는 이를 적용하기 곤란한 문제점이 있어 사업관련 손자회사의 사업관련성 판단요건을 서비스업 등에도 적용할 수 있도록 그 내용을 보완하고, 자회사와 사업관련 손자회사 간에 거래관계가 없는 경우에도 사업관련성을 인정하는 기준을 추가하였다.

② 대기업집단시책의 보완

시장의 감시기능 강화를 통한 대기업집단의 투명성을 높이기 위하여 자산규모 2조 원 이상인 상호출자제한 기업집단 소속의 비상장회사·비등록회사의 소유지배구조, 재무구조 및 경영활동에 중요한 변동을 초래하는 사항을 공시하도록 하고, 계열분리요건의 하나인 채무보증요건에서 산업합리와 채무보증을 제외하였으며, 채무보증제한 기업집단이 사업시행자가 준공 후 사회기반시설의 소유권을 가지는 방식으로 민간투자사업을 영위하는 계열회사에 출자한 경우에는 동 계열회사에 대한 채무보증을 허용하고, 1년 이상 휴업 중에 있는 회사 등은 공시의무를 면제하였다.

③ 출자총액제한 기업집단 지정기준 상향조정

대규모기업집단이 계열회사 간 순환출자로 지배력을 확장하는 폐해를 방지하기 위한 출자총액제한제도의 기본원칙이 훼손되지 아니하는 범위 안에서 경제규모의 자연적 증가추세 등을 고려하여 출자총액제한 기업집단 지정기준을 현행 자산 5조 원 이상에서 자산 6조 원 이상으로 상향 조정하였다.

④ 출자총액제한 제도의 적용대상에서 제외되는 기업집단의 구체화

법률에서 새로 도입한 출자총액제한제도의 졸업기준을 구체화하여 기업집단의 자율적인 소유지배구조의 개선 및 투명경영노력을 유도하기 위해 집중투표에 의한 의결권행사, 서면에 의한 의결권행사, 사외이사후보추천위원회 및 사외이사후보추천자문단의 설치운영 등 내부견제시스템을 갖춘 기업, 계열회사 간 3단계 이상 출자가 없고, 계열회사의 수가 5개 이하인 기업집단으로서 계열회사 간 출자구조가 단순한 기업집단, 지배주주의 소유와 지배 간에 괴리가 적은 기업집단을 출자총액제한제도의 적용대상에서 제외하였다.

그리고 순환출자에 따른 소유지배구조 왜곡문제와 관련성이 없는 부채비율에 의한 졸업기준을 폐지하되, 동 기준에 따라 이미 졸업한 기업집단에 대해서는 1년간 출자총액제한 기업집단의 지정을 유예하였다.

⑤ 출자총액제한제도 예외인정제도의 보완

상시적인 기업구조조정을 촉진하고, 신산업 및 성장동력산업 출자를 통하여 고용을 창출하며, 벤처기업 활성화 및 기업의 경영활동에 대한 장애를 최소화하기 위하여 신산업의 인정요건인 신기술을 이용한 생산품의 매출액 비중을 100분의 50에서 100분의 30으로 완화하고, 차세대 10대 성장동력산업에 대한 출자를 출자총액제한제도의 예외로 인정하며, 원료·부품·소재 중소기업 및 벤처기업에 대한 예외인정 범위를 100분의 30에서 100분의 50으로 확대하였다.

3) 제18차 공정거래법 시행령 개정(2006.4.14.)

(1) 개정 사유

2004년 12월 공정거래법의 개정으로 기업집단의 소유지배구조를 스스로 개선해 나가도록 유도하기 위하여 일정한 요건을 충족하는 경우 출자총액제한을 받지 아니하는 제도가 도입되었는바, 그동안 동 제도의 운영과정에서 나타난 일부 미비점을 개선·보완하고, 일부 구조조정 대상기업에 대한 출자를 출자총액제한의 예외로 인정하여 구조조정을 차질 없이 마무리할 수 있게 한다는 것이었다.

(2) 주요 개정 내용

① 소유지분율 및 의결권 지분율에 따른 제외기준의 보완

현재 기업집단의 소유지분율 및 의결권지분율을 기준으로 하는 출자총액제한 기업집단의 제외기준은 사업 내용을 지배하는 자가 자연인인 기업집단만을 적용대상으로 함에 따라 사업 내용을 지배하는 자연인이 없는 기업집단은 그 지배력 남용문제가 없음에도 동 기준을 적용받을 수 없어 형평성의 문제가 발생하고 있다.

이에 따라 사업 내용을 지배하는 자연인이 없는 기업집단도 소유지분율 및 의결권 지분율에 따른 제외기준에 해당되면 출자총액제한을 받지 아니하도록 하였다.

② 구조조정 대상기업에 대한 출자의 예외인정

외환위기로 부실화된 구조조정 대상기업에 대한 출자를 출자총액제한의 예외로 인정함으로써 출자총액제한 기업집단소속 회사들이 매각절차에 쉽게 참여할 수 있도록 하였다.

출자총액제한의 예외를 인정하되, 무분별한 지배력 확장수단으로 악용되는 것을 방지하기 위하여 발행주식 총수의 100분의 30 이상을 국가가 소유하고 있는 정부출자기관이 100분의 30 이상의 지분을 가지고 있는 구조조정 대상기업에 대한 출자에 대해서만 제한적으로 출자총액제한의 예외를 인정하였다.

이는 출자에 대한 예외를 인정함으로써 구조조정 대상기업에 대한 매각이 원활히 이루어질 수 있을 것으로 기대하는 것이다.

③ 출자총액제한의 적용을 받지 아니하는 지배구조모범기업
   요건의 완화

내부거래위원회의 승인을 요하는 내부거래의 규모가 10억 원 이상으로 되어 있어 규모가 큰 기업의 경우에는 위원회의 심사대상이 너무 많으며, 4인 이상으로 구성되는 내부거래위원회의 위원을 모두 사외이사 중에서 선임하도록 하는 것이 기업에 부담이 되고 있는 것으로 보았다.

이에 따라 내부거래위원회의 승인을 요하는 내부거래의 규모를 100억 원 이상이거나 자본금 또는 자본총계 중 큰 금액의 100분의 10 이상인 경우로 상향 조정하고, 내부거래위원회의 위원 중 사외이사 수를 최소 3인 이상으로 하되, 위원 총수의 3분의 2 이상이 되도록 완화하였다.

이는 내부거래위원회의 승인을 요하는 내부거래의 규모 및 내부거래위원회의 구성요건을 완화함으로써 기업 스스로 기업지배구조를 개선하려는 노력을 기울일 것으로 기대한 것이다.

4) 금산법 제24조 개정(2007.1.26.)

2004년 4월 금융감독원은 금산법 위반에 대해 일제조사를 실시하여 13개 사례를 적발하였다. 그해 7월 금감원은 해당 금융기관에 공분을 보내 7월 말까지 법 위반에 대한 해소계획을 제출토록 지시했다.

〈표 2-4〉 금산법 위반 사례 13건(2004년 12월 현재)

재벌명	금융회사	주식보유 대상기관	취득일자	보유규모	취득경위	비 고
삼 성	삼성카드	에버랜드	'98.12.31.~ '99.4.17.	25.64%	-계열분리 및 실권주 취득	금산법 벌칙조항 신설 이전 취득
	삼성생명	호텔신라	'98.10.24.~ '99.8.27.	7.30%	-지분취득	금산법 시행 이 전 승인 ('98.12.5. 보감원, 생보510-23069 승인)
현 대	현대캐피탈	기아 자동차	'99.3.30.~ '04.5.28.	6.82%	-지분인수 및 유상감자	2005년 1말 현재 4.95% 보유
	현대캐피탈	INI스틸	'03.12.31.~ '04.6.30.	5.90%	-유상감자	
동 부	동부생명	동부건설	'97.3.24.~ '01.5.10.	9.46%	-지분취득	
	동부화재	아남 반도체	2002.7.25.	8.07%	-지분취득	2005년 3월 현재 2.9% 보유
	동부화재	동부건설	2001.3.26.	13.7%	-지분취득	
	동부화재	동부제강	2001.5.11.	7.7%	-지분취득	
기 타	쌍용캐피탈	아시아 신용정보	2003.3.30.	15.61%	-지분취득	
	흥국생명	태광산업	1997.10.16.	9.99%	-자산운용 목적	벌칙조항 신설 이 전 취득
	그린화재 해상보험	극동유화	2003.07.28.	14.89%	-유상증자 참여	2005년 3월 현재 4.99% 보유
	동양종합 금융증권	타이젬	2000.5.	9.90%	-동양메이저 의 합병에 따 른 지분취득	
	대우증권	델타 정보통신	2002.8.	68.10%	-구상권행사	불가피성 인정 (계좌도용사고처 리과정에서 주식 취득)

자료: 금감원, 국회 박영선의원실 발표자료, 2006.

삼성그룹의 삼성생명과 삼성카드는 이에 불복하는 내용을 보냈고, 동부그룹의 동부화재와 동부생명과 흥국생명은 법 개정 결과에 따르겠다고 했다. 그러나 정부가 입법예고한 내용에 따르면 2004년 현재 법 위반상태에 있는 금융기관에 대해 1997년 3월 이전에 취득한 것에 대해서는 모든 권리를 인정해 주고, 법 시행 이후 취득한 경우에는 의결권만 제한한다고 하자, 매각의사를 밝혔던 동부그룹과 흥국생명도 매각하지 않고 사태추이만 살피고 있었다.

이러한 과정에서 2004년 11월 재경부는 금산법 24조 위반 시 강제매각을 명령하되 현재 위반상태인 금융기관에 대해서는 의결권을 제한하는 내용의 개정안을 입법예고하여 2005년 7월 국무회의를 거쳐 국회에 제출했다.

박영선 의원은 2005년 6월 금산법 제24조 위반 시 강제매각을 명령하고, 현재 위반 금융기관에 대해서는 5년 내 단계적으로 매각하는 개정안을 제출했다.

그 후 이상민 의원의 소개의 입법청원과 심상정 의원이 제출한 법이 있는데, 이 안들은 제3자 매각을 명시하고 있으며, 매각 기간을 2년으로 규정한 점에 차이가 있다.

(1) 금산법 24조 개정에 대한 쟁점

① 법 시행(1997.3.) 이전에 한도초과 소유한 주식이나 법 시행 이후 2006년 말까지, 즉 법규위반에 대한 시정조치가 구비되지 않은 기간 동안 취득한 주식에 대해 사후적으로 시정(의결권 제한, 매각 등) 및 승인 조치를 소급 적용하는 것의 타당성에 대한 문제

② 사후적으로 시정 및 승인 조치를 소급 적용하는 것에 대해 정부안과 국회안은 첨예하게 대립

- 정부안(2005.7.15.) 부칙 5조는 주식소유한도 규정을 위반하여 금감위 승인을 얻지 않고 타 회사 주식을 소유하고 있는 동일계열 금유기관에 대해 신설되는 시정조치(이행강제금 등 포함)가 적용되지 않음을 규정

- 국회안 부칙 2조는 법 시행 당시 초과 소유분에 대해 금감위 승인을 얻지 못한 경우 5년 이내에 해당 주식을 매각하거나,(2005.6.1.) 사

후 승인을 신청하고 승인받지 못할 경우 2년 이내에 해당 주식을 매각 (2005.10.13.)할 것을 규정

◦소급적용이 타당하다고 보는 논리[9]

−첫째, 시정조치를 소급 적용하는 것은 부진정소급효의 입법이므로 소급입법금지 원칙에 위배되지 않는다. 대법원의 일관된 판례는 "이미 과거에 완성된 사실 및 법률관계를 규율의 대상으로 하는 진정소급효를 가지는 입법"만을 소급입법으로 보고 있다. 금산법 제24조의 위반 건은 법상 한도를 초과하여 계열사 지분을 매입한 것이며, 법상 한도를 초과하여 보유하고 있는 한 위법 상태가 지속되는 것이기 때문에 이미 종결된 사실관계라 할 수 없어 사후적으로 처분명령을 내려도 소급입법금지 원칙에 반하지 않는다.

−둘째, 시정조치를 소급 적용하는 것에 대한 반대논리는 재산권 및 법적 안정성 침해, 과잉규제 가능성 등에 기초를 두고 있으나, 동 문제는 명확성, 중대성, 비례성, 보완성 등 시정조치 발동요건에 관한 심사 절차를 둠으로써 해소 가능하므로 '소급적용 불가'의 논리로 이용되기 곤란하다.

여기서 명확성이란 금산법 제24조를 위반하는 기업결합행위가 명확히 포착될 수 있어야 함을 의미하는데, 이는 "타 회사 주식을 20% 이상 소유하거나 5% 이상 소유하면서 사실상 지배하는 경우"로서 명확하다.

중대성이란 상기 위반행위가 시장의 효율성, 공정성을 교란하여 불특정 다수 소비자나 경쟁사업자 등 특정 이해관계자의 경제적 이득을 저하시킬 정도로 중대함을 의미하는데, 동 이득의 저하 정도가 위반행위자의 재산권침해 정도보다 클 경우에는 시정조치의 소급적용이 정당화될 수 있다. 재산권 침해론의 핵심이 되는 주식매각명령은 위법행위와 연루되어 있는 자에 대해서만 효력이 있으며 불투명하고 복잡한 소유

---

9) 김동환, 금산법 개정 공청회 토론자료, 국회 재정경제위원회, 2006.2.14.

·지배구조를 이용하여 위법행위를 자행하는 것이 기업 자신은 물론 경제 전체에 치명적인 결과를 초래한다는 사실을 일깨워줌으로써 주식매각 → 주가하락 → 재산권 침해로 이어지는 일련의 사태가 발생하는 것을 미연에 방지하는 효과도 지닌다.

참고로 1960~70년대의 AT&T, IBM, 최근의 Microsoft 등에 내려진 주식매각(기업분할) 명령은 당해 기업들에게 적지 않은 부담을 부담케 하였지만, 이를 통해 미국의 기업과 시장은 세계에서 가장 공정하고 투명하게 변모되었고, 소송이 진행되는 과정에서 이들 기업의 주가가 하락하는 일은 결코 없었다.

비례성이란 시정조치의 내용과 정도가 상기 위반행위의 정도(즉 중대성의 정도)에 비례함을 의미하는데, 비례성 요건에 대한 심사는 과잉규제 등의 소지를 없애는 역할을 수행할 수 있을 것으로 기대된다. 의결권제한은 기본적으로 사전규제에 해당하는데, 의결권을 제한해도 위반행위가 중대한 결과를 초래했을 경우에는 사후적으로 주식매각 등의 조치를 취해도 비례성 원칙을 위배하는 것은 아니다.

보충성이란 주식매각, 의결권제한 등과 같은 특정 규제수단 외에 다른 대안이 없어야 함을 의미하는데, 금산법 제24조 위반행위의 수단이 주식소유나 의결권행사에 의한 지배인 한 주식매각, 의결권제한 등의 조치는 동 위법행위를 해소하는 직접적인 수단으로서 보충성 원칙을 위해하지 않는다.

－셋째, 법 시행당시 초과 소유분에 대해 금감위 승인을 얻지 못한 경우 사후승인을 신청하도록 하는 조치는 소급입법에 해당하지 않는다. 금산법 제24조 제1항의 단서규정은 금융기관 설립근거가 되는 법률(이하 금융법)에 의해 인가·승인 등을 얻은 경우에는 동법 제24조 제1항에 따른 승인이 필요 없다고 규정하고 있다. 하지만 과거 금감위의 승인을 받지 않았거나(예: 2002년 동부화재 등의 아남반도체 주식취득, 1999년 현대캐피탈의 기아자동차 주식취득, 1999년 삼성카드 등의 에버랜드 주식취득 등), 개별 금융법에 계열금융기관의 타 회사 주식소유

에 관한 인가·승인 규정이 없는 경우(예: 증권거래법, 여전법 등)에는 금산법 제24조 제1항의 단서규정이 적용되지 않는 것으로 보인다. 이때 금산법에 이한 사후승인은 사실상 최초의 승인으로서 소급입법에 해당되지 않는다.

°소급적용이 부당하다고 보는 논리[10]

금산법 제24조의 규정은 그 자체로도 몇 가지 헌법적 문제가 있으므로, 폐지되거나 대폭 개정되어야 한다. 원래 법 제24조는 "동일계열 금융기관이 연합하여 타 기업을 실질적으로 지배하려는 관계가 형성되는 경우에 이를 제한함으로써 금융자본의 산업자본 지배 가능성을 방지"하고자 하는, 기업결합 제한(금융기관을 이용한 지배력 확장 방지)에 주된 목적이 있다.

－첫째, 과잉금지의 원칙위반의 의심이 있다.

헌법 제37조 제2항은 국가작용의 한계로서 과잉금지의 원칙(비례의 원칙)을 채택함으로써 공권력의 과잉행사로 인하여 법치국가의 실질적 내용이 침해되는 일이 없도록 하고 있다. 주지하다시피, 과잉금지의 원칙은 목적의 정당성, 방법의 적절성, 피해의 최소성, 법익의 균형성을 그 내용으로 한다.(헌법재판소 1990.9.3 선고 89헌가95 결정 등 참조)

그런데 우선 금융기관의 자산건전성 보호라는 정책목적을 위하여 은행법, 보험업법 등 개별 금융관련법률에서 이미 계열회사 주식취득한도를 두고 있다. 나아가, 금융기관을 이용한 지배력 강화방지라는 정책목적을 위하여 공정거래법 제11조에서 상호출자제한기업집단 소속 금융·보험사 보유주식의 의결권 행사를 제한하고 있다. 이러한 점에 비추어 보면 법 제24조는 이중규제 내지 과잉규제라고 할 수 있다.

－둘째, 평등의 원칙위반의 의심이 있다.

이른바 금산분리에 입법목적이 있다고 하더라도 이는 요구불예금을

---

10) 황정근, 금산법 개정 공청회 토론자료, 국회 재정경제위원회, 2006.2.14.

취급하는 은행업의 경우에 타당할는지는 몰라도 업종별 규제필요성의 차이를 불문하고 보험사나 카드사 등의 경우까지도 일률적으로 은행업과 동일한 제한을 하는 것은 외국에 유사한 입법례를 찾을 수 없으려니와 헌법상 평등의 원칙에도 반한다.

특히 은행법, 보험업법 등에서 개별 금융기관이 15% 이내에서는 비금융업을 영위하는 타 회사 주식을 자유롭게 취득할 수 있도록 허용하고 있음에도 금산법에서는 동일 기업집단 소속 여러 금융회사의 타 회사 주식취득을 규제하면서 5% 이상 취득하는 것을 문제 삼는 것은 규제를 당하는 입장에서 보면 납득하기 어려운 과잉규제이다.

－셋째, 포괄위임입법금지 원칙 위반의 의심이 있다.

법 제24조 제1항은 계열금융기관이 타사의 의결권 있는 주식을 일정 비율 이상 취득하는 경우 '대통령령이 정하는 기준'에 따라 사전승인을 받으라고 규정하고 있다. 그런데 그 승인기준이 무엇인지를 법률에 구체적으로 정하지 않아 대통령령으로 규정될 내용 및 범위의 기본사항이 구체적이고 명확하게 규정되어 있지 아니하여 헌법 제75조의 포괄위임입법금지 원칙에 위반된다는 의심이 든다. 따라서 승인기준을 법률에서 구체화하는 것이 바람직하다.

－넷째, 증권거래법 등 타 법률을 위반하는 행위를 기업에 요구하는 등 법체계상 상충이 발생하는 문제점을 갖고 있다.

동일계열 금융기관이 금산법 제24조에 순응하기 위해서는 기업집단 소속 금융기관 간에 상호주식취득 현황 및 향후계획에 대한 정보를 교환해야 할 것이다. 심지어는 어느 금융기관이 얼마의 주식을 취득할 것인지를 협의하여 배분하는 행위까지도 있을 수 있다. 이런 행위가 상장주식을 대상으로 행해질 경우 증권거래법이 금지하고 있는 통정매매에 해당될 소지마저 있다. 결국 법 제24조는 금융기관으로 하여금 증권거래법 위반행위를 강제하는 결과를 낳을 수 있다.

(2) 법률 개정(2006.12.22.)

개정된 법률은 다음과 같다.

제5장 금융기관을 이용한 기업결합의 제한

제24조(다른 회사의 주식소유한도)

① 금융기관 및 그 금융기관과 같은 기업집단에 속하는 금융기관(이하 "동일계열 금융기관"이라 한다)은 다음 각호의 1의 행위를 하고자 할 때에는 대통령령이 정하는 기준에 따라 미리 금융감독위원회의 승인을 얻어야 한다. 다만, 당해 금융기관의 설립근거가 되는 법률에 의하여 인가·승인을 얻은 경우에는 그러하지 아니하다.〈개정 1998.1.8.〉

  1. 다른 회사의 의결권 있는 발행주식 총수의 100분의 20 이상을 소유하게 되는 경우

  2. 다른 회사의 의결권이 있는 발행주식 총수의 100분의 5 이상을 소유하고 동일계열 금융기관 또는 동일계열 금융기관이 속하는 기업집단이 당해 회사를 사실상 지배하는 것으로 인정되는 경우로서 대통령령이 정하는 경우

② 제1항에서 "기업집단"이라 함은 「독점규제 및 공정거래에 관한 법률」 제2조 제2호의 규정에 의한 기업집단을 말한다. 〈개정 2007.1.26.〉

③ 금융감독위원회는 제1항의 규정에 의한 승인을 함에 있어서는 당해 주식소유가 관련시장에서의 경쟁을 실질적으로 제한하는지의 여부에 대하여 미리 공정거래위원회와 협의하여야 한다. 제1항 단서의 규정에 의하여 인가·승인 등을 하는 경우에도 또한 같다. 〈개정 1998.1.8.〉

④ 제1항의 규정에 불구하고 다른 주주의 감자(減資) 등 대통령령이 정하는 부득이한 사유로 제1항 각 호의 규정에 해당하게 된 동일계열 금융기관은 그 사유가 발생한 날부터 대통령령이 정하는 기간 내에 금융감독위원회에 승인을 신청하여야 한다. 이 경우 금융감독위원회는 제6항의 기준에 따라 승인여부를 결정하여야 한다. 〈신설 2007.1.26.〉

⑤ 동일계열 금융기관이 다음 각 호의 구분에 의한 한도를 각각 초과하여

다른 회사의 주식을 소유하고자 하는 경우에는 제1항 및 제4항의 규정에 불구하고 다시 금융감독위원회의 승인을 얻어야 한다. 〈신설 2007.1.26.〉

1. 의결권 있는 발행주식 총수의 100분의 25
2. 의결권 있는 발행주식 총수의 100분의 33

⑥ 금융감독위원회는 제1항·제4항 및 제5항의 규정에 따라 동일계열 금융기관에 대하여 승인을 함에 있어 다음 각 호의 요건(이하 "초과소유요건"이라 한다)을 심사하여야 한다. 이 경우 심사를 위하여 필요한 때에는 해당 금융기관에 대하여 자료를 요구할 수 있다. 〈신설 2007.1.26.〉

1. 당해 주식소유가 다음 각 목의 어느 하나에 해당하는 회사가 아닌 다른 회사를 사실상 지배하기 위한 것이 아닐 것

   가. 금융업(「통계법」 제17조 제1항의 규정에 따라 통계청장이 고시하는 한국표준산업분류에 의한 금융 및 보험업을 말한다)을 영위하는 회사

   나. 「사회기반시설에 대한 민간투자법」 제8조의2의 규정에 따라 주무관청에 의하여 지정을 받은 민간투자대상사업을 영위하는 회사(「법인세법」 제51조의2 제1항 제6호에 해당하는 회사에 한한다)

   다. 「신용정보의 이용 및 보호에 관한 법률」에 따른 신용정보업 등 그 금융기관의 업무와 직접적인 관련이 있거나 그 금융기관의 효율적인 업무수행을 위하여 필요한 사업을 영위하는 회사

2. 당해 주식소유가 관련 시장에서의 경쟁을 실질적으로 제한하지 아니할 것

⑦ 금융감독위원회는 제1항·제4항 및 제5항의 규정에 따른 승인을 하지 아니하는 경우에는 대통령령이 정하는 기간 내에 신청인에게 그 사유를 명시하여 통지하여야 한다. 〈신설 2007.1.26.〉

⑧ 금융감독위원회는 동일계열 금융기관이 제1항·제4항 및 제5항의 규정에 따른 승인을 얻은 후 대통령령이 정하는 바에 따라 초과소유요건을 충족하는지 여부를 심사하여야 한다. 〈신설 2007.1.26.〉

⑨ 제1항 및 제5항 각 호의 발행주식의 범위 및 주식소유비율의 산정방법은 금융감독위원회가 정하여 고시한다. 〈신설 2007.1.26.〉

제6장 보칙

제24조의2 (시정조치 등)

① 금융감독위원회는 동일계열 금융기관이 제24조 제1항·제4항 또는 제5항의 규정을 위반하여 금융감독위원회의 승인을 얻지 아니하고 다른 회사의 주식을 소유한 경우에는 그 동일계열 금융기관에 대하여 다음 각 호의 어느 하나에 해당하는 조치를 할 수 있다.

1. 법 위반상태를 시정하기 위한 계획의 제출 요구 또는 그 계획의 수정 요구

2. 동일계열 금융기관에 대한 주의 또는 경고

3. 위반행위에 관련된 임원·직원에 대한 주의·경고 또는 문책의 요구

4. 위반행위에 관련된 임원의 해임권고 또는 직무정지의 요구

5. 소유한도를 초과하는 주식의 전부 또는 일부의 처분명령

② 동일계열 금융기관은 제24조 제1항·제4항 또는 제5항의 규정을 위반하여 금융감독위원회의 승인을 얻지 아니하고 제1항 및 제5항 각 호의 규정에 따른 주식소유 한도를 초과하여 소유하고 있는 다른 회사의 주식에 대해서는 의결권을 행사할 수 없다.

[본조신설 2007.1.26.]

[종전 제24조의2는 제24조의4로 이동 〈2007.1.26.〉]

제24조의3 (이행강제금)

① 금융감독위원회는 제24조의2 제5호의 규정에 따라 주식처분명령을 받은 동일계열 금융기관이 그 정한 기간 내에 그 명령을 이행하지 아니한 때에는 매 1일당 그 처분하여야 하는 주식의 장부가액에 1만분의 3을 곱한 금액을 초과하지 아니하는 범위 안에서 이행강제금을 부과할 수 있다.

② 이행강제금은 주식처분명령에서 정한 기간의 종료일의 다음날부터 주식처분을 이행하는 날까지의 기간에 대하여 이를 부과한다.

③ 금융감독위원회는 이행강제금을 징수함에 있어서 주식처분명령에서 정한 이행 기간의 종료일부터 90일을 경과하고서도 이행이 이루어지지 아니하는 경우에는 그 종료일부터 기산하여 매 90일을 경과하는 날을 기준으로

하여 이행강제금을 징수한다.

④ 이행강제금의 부과 및 징수 등에 관해서는 「금융지주회사법」 제65조 내지 제69조의 규정을 준용한다. 이 경우 "과징금"은 각각 "이행강제금"으로, "과징금 납부의무자"는 각각 "이행강제금 납부의무자"로 본다.

[본조신설 2007.1.26.]

제24조의4 (다른 법률과의 관계)

금융기관의 합병 및 전환, 부실금융기관에 대한 조치, 금융기관의 청산 및 파산 등에 관하여 이 법에서 정하는 것을 제외하고는 당해 금융기관의 영업의 인가·허가 등의 근거가 되는 법률과 「상법」·「비송사건절차법」 기타 관계법령의 규정에 따른다.

[본조신설 1998.9.14.]
[제24조의2에서 이동 〈2007.1.26.〉]

부칙 〈제8265호, 2007.1.26〉

제1조(시행일) 이 법은 공포 후 3개월이 경과한 날부터 시행한다.

제2조(다른 회사의 주식취득에 따른 사후승인에 관한 경과조치)

이 법 시행 당시 다른 주주의 감자(減資) 등 대통령령이 정하는 부득이한 사유로 제24조 제1항 각 호의 규정에 따른 주식소유한도를 초과하여 다른 회사의 주식을 소유하고 있는 동일계열 금융기관은 이 법 시행일부터 대통령령이 정하는 기간 내에 제24조 제4항의 개정규정에 따라 금융감독위원회에 승인을 신청하여야 한다.

제3조(다른 회사의 주식소유한도에 관한 경과조치)

이 법 시행 전에 제24조 제1항의 규정에 따라 금융감독위원회의 승인을 얻어 다른 회사의 주식을 소유하고 있는 동일계열 금융기관이 이 법 시행 당시 제24조 제5항의 개정규정에 따른 주식소유한도를 초과하여 다른 회사의 주식을 소유한 경우에는 같은 조 같은 항의 개정규정에 따라 금융감독위원회의 승인을 얻은 것으로 본다.

제4조(의결권 제한에 관한 경과조치)

① 법률 제5257호 금융기관의합병및전환에관한법률개정법률 시행 이후부터 이 법 시행 당시까지 제24조 제1항의 규정을 위반하여 금융감독위원회의 승인을 얻지 아니하고 다른 회사의 주식을 신규로 취득하여 소유하고 있는 동일계열 금융기관은 제24조 제1항 각 호의 규정에 따른 주식소유한도를 초과하여 소유하고 있는 다른 회사의 주식에 대하여 의결권을 행사할 수 없다.

② 법률 제5257호 금융기관의합병및전환에관한법률개정법률 시행 당시 제24조 제1항 각 호의 규정에 따른 주식소유한도를 초과하여 다른 회사의 주식을 소유하고 있는 동일계열 금융기관이 제24조 제1항 각 호의 규정에 따른 주식소유한도를 초과하여 소유하고 있는 다른 회사의 주식에 대해서는 의결권 행사를 제한하되, 그 적용을 2년간 유예하고, 이 법 시행 후 2년이 경과한 날부터 「독점규제 및 공정거래에 관한 법률」 제11조의 규정을 적용한다.

제5조(시정조치 등에 관한 경과조치)

① 법률 제5257호 금융기관의합병및전환에관한법률개정법률 시행 이후부터 이 법 시행 당시까지 제24조 제1항의 규정을 위반하여 금융감독위원회의 승인을 얻지 아니하고 다른 회사의 주식을 신규로 취득하여 소유하고 있는 동일계열 금융기관은 자발적으로 이 법 시행일부터 5년 이내에 제24조 제1항의 규정에 따른 주식소유한도에 적합하도록 하여야 한다.

② 금융감독위원회는 동일계열 금융기관이 제1항의 규정을 준수하지 아니하는 경우에는 제24조의2 제1항 제5호의 개정규정에 따라 그 한도를 초과하는 주식의 처분을 명하여야 한다.

제6조(벌칙 및 과태료에 관한 경과조치)

이 법 시행 전의 행위에 대한 벌칙 및 과태료의 적용에 있어서는 종전의 규정에 따른다. 다만, 제24조 제4항의 개정규정에 따른 부득이한 사유로 금융감독위원회의 승인 없이 다른 회사의 주식을 소유하고 있는 동일계열 금융기관이 부칙 제2조의 규정에 따라 대통령령이 정하는 기간 내에 승인을 신청한 경우에는 벌칙 또는 과태료를 부과하지 아니한다.

제7조(다른 법률의 개정) 여신전문금융업법 중 다음과 같이 개정한다.

제52조 제2항 중 "제24조"를 "제24조, 제24조의2, 제24조의3"으로 한다.

5) 제13차 공정거래법 개정(2007.4.13.)

(1) 주요 개정 내용

국회에서 여러 혼선을 겪다가 정부가 제출한 공정거래법 개정안이 2007년 4월 2일 국회 본회의를 통과하였다. 재벌정책의 많은 부분이 개정되었는데 그 내용은 다음과 같다.

여기에서 유념할 것은 개정된 내용을 설명하면서 문제점을 명시하고 있는데, 여기에서 문제점은 개정안을 제출하면서 공정위가 밝힌 문제점이라는 것이다. 공정위가 어떤 논리로 법 개정을 주장하였는지를 알아보기 위해서 그대로 소개한다.

① 지주회사의 상장자회사·손자회사 지분율 요건완화

ⅰ) 법 개정 전 현황

지주회사는 상장 자회사의 지분을 발행주식 총수의 30% 이상(비상장 자회사 지분은 50%) 소유해야 한다(공정거래법 제8조의2 제2항).

자회사도 상장 손자회사의 지분을 발행주식 총수의 30% 이상(비상장 손자회사 지분은 40%) 소유해야 한다(공정거래법 제8조의2 제3항).

ⅱ) 문제점

현행 지분율 요건을 충족하기 위해 소요되는 막대한 비용은 기존 대규모기업집단이 지주회사로 전환하는 데 애로사항으로 작용한다고 업계에서 주장한다.

 * 24개 기업집단 중 11개 기업집단이 지분율 규제를 지주회사로 전

환하는 데 가장 큰 애로사항이라고 응답(전경련, 2003.5.)

기존 대규모기업집단들이 출자구조가 단순투명한 지주회사로 전환하는 경우 왜곡된 소유구조가 초래하는 각종 폐해를 개선하는 데 기여한다는 점도 있다.

실제 20% 정도의 지분만으로도 상장기업을 지배하고 있는 일반대규모기업집단과의 규제 형평성도 고려하여야 한다.

* 20% 정도의 지분만으로 회사를 지배하는 사례(2006.4.): 삼성물산 (19.37%), SK(20.15%), 현대산업개발(16.90%), 코오롱(21.45%) 등 (보통주 기준, 자기주식 포함)

iii) 법 개정

상장자회사 및 상장손자회사에 대한 지분율 요건을 30% → 20%로 하향조정하였다. 그리고 비상장회사에 대한 지분율 요건을 50% → 40%로 완화하였다.

② 지주회사 요건 충족 유예기간 연장

ⅰ) 법 개정 전 현황

이전 공정거래법은 지주회사로 전환한 후 2년간은 지주회사 등의 행위제한 의무를 유예하고 있다. 그 내용은 지주회사의 부채비율 100% 초과 금지, 자회사 주식보유기준(상장사 30%, 비상장사 50%) 미만 보유 금지, 5%를 초과하여 비계열회사 주식보유 금지 등이다.

ⅱ) 문제점

유예기간 연장은 지주회사로의 전환 촉진효과와 유예기간 장기화에 따른 규제의 실효성 저하 효과를 종합적으로 고려하여 결정할 필요가 있다는 것이다. 자발적 지주회사 전환의 경우에는 대부분 미리 계획을 세워 여러 가지 요건을 충족시킨 이후에 지주회사로 전환하는 것이 일반적이므로 유예기간 연장의 필요성이 크지 않다.

   * LG, GS의 경우 3~4년의 준비 기간을 거쳐 지주회사로 전환하여 유예기간 문제가 없었음

   반면, 자회사 주식가액 증가 등으로 인해 비자발적으로 전환되는 경우에는 2년 안에 지주회사 요건 충족이 현실적으로 어려운 경우가 발생할 가능성이 있다. 특히, 비자발적으로 전환되긴 하였으나 지주비율을 낮추는 등으로 지주회사에서 탈피하지 않고 지주회사 규제 요건을 수용하려는 회사에 대해서는 유예기간의 연장을 인정할 필요가 있다. 또한, 단순·투명한 지주회사체제가 복잡한 순환출자 기업집단체제보다는 바람직하다는 점에서 유예기간의 연장을 통해 지주회사로의 전환을 촉진할 필요가 있다.

iii) 법 개정

   지주회사 전환 이후 2년 안에 요건 충족이 현실적으로 어려운 회사에 대해서는 유예기간 2년을 추가 연장하였다. 다만, 유예기간 연장이 필요한 사유 및 향후 이행계획이 포함되어 있는 이행계획서를 제출하게 하여 타당성이 인정되는 경우에만 유예기간을 연장하였다.

   ⇒ 주식가격의 급격한 변동 등 경제여건의 변화, 주식처분금지계약, 사업의 현저한 손실 그 밖의 사유로 인하여 부책액을 감소시키거나 주식의 취득·처분 등이 곤란한 경우 공정위 승인을 얻어 유예기간을 2년간 연장

③ 지주회사 부채비율 상향조정

ⅰ) 법 개정 전 현황

법률상 지주회사는 부채비율 100%를 초과해서는 안 되게 되어 있었다.

ⅱ) 문제점

지주회사 부채비율 제한(100%)은 사업지주회사[*]가 정상적인 사업활동의 일환으로 부채를 차입하는 행위도 제한할 우려가 있다는 것이다.

  * 사업지주회사(operating holding company): 직접 어떠한 사업활동을 함과 동시에, 다른 회사를 지배하기 위하여 주식을 소유하는 회사를 말함

예를 들어 (주)풀무원은 공정거래법상 지주회사(지주비율: 56.8%)이면서도 자회사가 생산하는 식료품의 판매 등의 자체사업을 영위하여, 정상적인 사업활동의 일환으로 부채를 차입할 필요가 있다.

또한, 부채비율 제한으로 인해 구조조정을 위한 일시적인 자금차입도 제한받을 가능성이 있다.

ⅲ) 법 개정

지주회사의 부채비율 상한을 200%로 상향조정(제8조의2 제2항 제1호)하였다.

④ 지주회사의 국외상장법인에 대한 주식보유기준 완화

ⅰ) 법 개정 전 현황

지주회사는 국내에 상장하지 않은 국외상장법인의 지분을 50% 미만으로 소유할 수 없다.

ⅱ) 문제점

국내 상장법인과 국외 상장법인은 그 실질이 동일함에도 국외 상장법인에 대한 지분율 요건(50%)이 국내 상장법인(30%)보다 높아 국외상장법인과 국내 상장법인을 차별하는 문제가 생긴다.

ⅲ) 법 개정

지주회사의 국외상장법인 지분율 요건을 국내 상장법인과 동일하게 20%로 완화(제8조의2 제2항 제2호)하였다.

⑤ 출자총액제한제도 적용대상 축소

ⅰ) 법 개정 전 현황

출총제 적용대상은 자산 총액 6조 원 이상 기업집단 소속회사 전체를 대상으로 하고 있다. 출자한도는 소속회사 순자산의 25%이다.

ⅱ) 법 개정

출자총액제한제도는 적용대상 기업을 당해 기업집단 소속 모든 회사에서 자산 총액이 일정규모 이상[*]인 회사로 대폭 축소하기로 하였다.

 ※ 시행령 개정사항: 자산 총액 2조 원

기업부담 완화를 위해 출자한도도 현행 25%에서 40%로 상향하였다.

※ 적용대상 집단을 6조 원→10조 원으로 상향조정하는 것은 시행
  령 개정사항

iii) 법 개정 후 변화

〈표 2-5〉 출자총액제한제도 법 개정 후 변화

	현 행	법개정 후 변화
적용대상 기업집단 수	14개 집단	6개 집단
적용대상 기업 수	343개	22개
출자여력	16.1조 원(343개사)	32.9조 원(22개사)
출자한도 초과회사 수	58개	1개(금호산업)

※ 법 개정 전 출자총액제한 기업집단의 출자 총액은 32.7조 원이며, 이 중 적용제
  외·예외인정 출자는 총 16.1조 원으로 출자 총액의 49.3% 차지

⑥ 외투기업에 대한 출자의 예외인정기한 폐지

i) 법 개정 전 현황

외국인투자기업(이하 "외투기업")에 대한 출자는 5년간 출자총액제한
예외가 인정(법 제10조 제1항 제3호)되었다. 다만, 외투기업의 요건을
충족하지 못하는 경우에는 그날로부터 6개월간 예외인정.

ii) 개정필요성

외투기업에 대한 예외인정 취지를 감안할 필요가 있다. 예외인정 기
한이 만료된다고 하더라도 외투기업이라는 점은 불변이다. 외투기업에
대한 출자를 예외로 인정한 취지는 외국인 투자를 촉진하기 위한 것이

다. 다만, 외투기업의 요건을 충족하지 못하는 경우에는 6개월 이내에 출자를 해소할 의무는 존재하므로 예외인정 기한 폐지로 출총제가 훼손될 위험은 없다.

다른 예외인정 사유와의 형평성 문제이다. 연혁적으로 기업구조조정·외국인 투자 유치·중소기업과의 기술협력을 위한 출자는 같은 조항(2002.1.16. 개정되기 전 공정거래법 제10조 제1항 제4호)에서 5년의 기한으로 예외가 인정된다.

> * 구법(2002.1.16. 개정되기 전) 제10조 제1항 제4호: 기업의 경쟁력 강화를 위한 구조개선, 외국인투자의 유치 또는 중소기업과의 기술협력을 위하여 추식을 취득 또는 소유하는 경우 …… 취득 또는 소유하는 날부터 5년 이내의 범위 안에서 대통령령이 정하는 기간……

2004년 12월 공정거래법 개정 시 외투기업에 대한 출자를 제외하고 나머지 기업구조조정·중소기업과의 기술협력을 위한 출자에 대해서는 예외인정 기한 폐지(법 제10조 제1항 제4호)하였다. 기업구조조정을 위한 출자 등 다른 예외인정 사유와 비교하여 외투기업에 대한 출자에 대해서만 기한을 존치할 특별한 이유는 없다.

기업의 부담을 감안하여야 한다. 예외인정 기한의 만료로 인해 외투기업에 출자한 기업은 이를 해소하여야 하는 부담이 있다. 특히 2008년에는 해소하여야 할 금액이 6,735억 원이나 된다.

> * 2008년 금호산업(주)은 외투기업인 아시아나항공(주)에 대한 출자 2,508억 원을 해소하여야 하고 이는 아시아나항공(주)의 지분 31.59%에 해당

〈표 2-6〉 외투기업 출자 만기 도래 현황

(2006.4.1. 기준, 단위: 억 원)

	2006년	2007년	2008년	2009년	2010년	2011년
만기도래금액	3,932	3,303	12,082	5,098	1,063	3,600
해소금액	0	15	6,735	2,764	43	3,600

iii) 법 개정

외투기업에 대한 출자의 예외인정 기한을 폐지하였다.

⑦ 상품·용역거래를 통한 부당지원 감시 강화

i) 법 개정 전 현황

대규모기업집단 소속회사가 특수 관계인과 일정규모(자본금 또는 자본총계 중 큰 금액의 10% 또는 100억 원 이상)의 자금·유가증권·자산을 거래 시 사전 이사회 의결 및 공시를 의무화(법 제11조의2)하고 있다.

다른 회사나 특수 관계인에게 자금·자산·인력 등을 부당하게 지원하는 행위를 불공정거래행위의 하나로 금지(법 제23조 제1항 제7호)하고 있다.

ii) 문제점

최근 대규모기업집단이 특정 계열회사에 물량을 몰아줌으로써 지배주주의 재산을 편법증식하거나 부를 이전하는 행태가 다수 발생하고 있다.

※ 현대차 그룹의 글로비스·이노션·엠코 사례, SK그룹의 SKC&C 사례 등

물량 몰아주기는 경쟁제한 등의 문제가 심각함에도 대규모내부거래 의결·공시제도(제11조의2) 및 비상장회사 등의 중요사항 공시 규정(제11조의3)으로는 규율에 어려움이 있었다. 상품·용역 거래도 부당지원의 수단이 될 수 있다는 것이 판례의 입장이나 법률에 명시적 규정이 없어 논란 여지가 있다.

 * 법원은 상품·용역의 거래를 통한 지원행위의 성립을 인정[대법원 2005.5.13. 2004두2233, 중앙일보사의 부당지원행위에 대한 건]

상품·용역 거래는 이사회 의결 및 공시 대상 거래에서 제외되며, 다수·소규모계약 형태의 물량 몰아주기는 비상장회사 주요경영사항 공시대상에서도 제외되고 있다.

iii) 법 개정

일정요건을 갖춘 계열사*와의 상품·용역 거래를 이사회 의결 및 공시의무 대상에 추가하였다.

 * 시행령 개정사항: 동일인 및 동일인 친인척이 일정 지분 이상을 갖는 계열사

또한 비상장 기업의 공시사항에 '일정 기간 계열사의 거래내역'을 추가 하였다.

그리고 부당지원행위 대상에 상품·용역 거래를 추가하여 판례를 명시적으로 입법화하였다.

⑧ 대규모기업집단 현황 정보공개 근거 신설

ⅰ) 법 개정 전 현황

IMF 외환위기 이후 그간 많은 지배구조 개선 장치를 도입하였으나 회사기회의 편취, 계열사에 대한 물량 몰아주기 등의 문제 지속 발생하였다. 이는 각종 제도 개선이 대기업집단 단위가 아닌 기업단위로 이루어졌고, 상장회사와 비상장회사가 복잡한 출자구조로 얽혀 있는 대규모기업집단체제의 특성에서 비롯된 측면이 있다.

이에 따라 기업집단의 소유지배구조 및 행태개선을 위해 각종 정부정책이 추진되어 왔다. 공정위에서는 비상장회사 등의 공시제도, 소유지분구조공개 등 기업집단 정보 공개를 강화하고 있다.

ⅱ) 문제점

대규모기업집단 관련 정보가 여러 군데 분산되어 있어 정보제공의 충분성 및 정보접근 용이성이 미흡하다. 각종 유가증권 발행 및 유통공시제도는 기업집단 차원이 아닌 개별 기업(주로 상장·등록기업)들의 정보가 단편적으로 제공되고 있으며, 기업집단 지정현황, 출자현황, 소유지분구조 정보는 공정위 홈페이지에 분산 게재되어 있어 일반 이해관계인의 종합적인 정보획득에 미흡하다.

ⅲ) 법 개정

대규모기업집단 관련 정보 중 영업비밀 사항 등「공공기관의 정보공개에 관한 법률」상 비공개사항을 제외하고 공개하되, 공개대상 정보는 최대한 구체적으로 시행령에 열거하기로 하였다. 이를 통해 정보의 효율적 처리 및 공개를 위해 정보시스템을 구축·운영한다는 것이다.

6) 제20차 시행령 개정(2007.7.13.)

① 출자총액제한제도 적용대상 회사 범위 축소

자산 2조 원 미만 계열회사를 출총제 적용대상에서 제외하였다.

출총제 제한집단으로 지정된 기업집단의 연도 중 지정제외 자산기준을 현행 4.2조 원에서 7조 원으로 상향조정하였다.

소유지배 괴리도 및 의결권 승수 졸업기준 충족 시 연도 중에도 출종제 집단에서 지정제외할 수 있도록 하였다. 나아가 소유지배 괴리도가 25%p 이하이고 의결권승수가 3배 이하인 기업집단은 출자총액제한 기업집단에서 지정제외하도록 하였다. 바뀌기 전에는 매년 4월 1일 기준으로 괴리도, 승수 요건을 충족할 때만 지정제외하고 있다.

② 상품·용역거래 대규모내부거래 이사회 의결 및 공시기준 구체화

거래 상대방 회사 요건과 거래규모 요건을 동시에 충족하는 경우에 이사회 의결·공시사항이 되도록 하였다.

거래 상대방 회사란 동일인 및 그 친족이 30% 이상 지분을 가지고 있는 계열회사 및 상법상 자회사와의 거래를 말한다. 여기서 동일인이 자연인이 아닌 기업집단 소속회사, 거래 상대방이 지주회사의 자회사 또는 사업관련 손자회사, 동일인 및 그 친족이 50% 미만 지분을 가진 상장회사 및 그 자회사는 제외한다.

거래규모는 분기에 이루어질 때 거래금액의 합계액이 100억 원 이상이거나 자본금 또는 자본 총액 중 큰 금액의 10% 이상인 경우이다.

시행 시는 2007년 4/4분기 거래분부터 적용한다.

③ 비상장회사 중요사항 공시제도의 개선

비상장회사 공시기준을 상장회사에 준하여 사업연도 누계금액 기준에서 건별 거래금액으로 바꿨다. 담보제공, 채무보증, 채무면제, 채무인수 등에서의 공시기준 금액을 자기자본의 3% 이상에서 자기자본의 5% 이상으로 상향조정하였다.

계열회사의 상품·용역거래는 거래금액의 연간 합계액이 그 사업 연도 매출액의 10% 이상인 경우에는 공시하도록 하였다. 개선되기 전의 규정은 최근 사업연도 매출액의 10% 이상인 단일 판매·공급계약 체결 또는 해지 결정시 그 결정사항을 공시토록 하는 규정이었다.

④ 상호출자제한 기업집단 현황 공개대상 정보의 구체화

상호출자제한 기업집단 현황 정보공개제도를 새로 도입하여 공개대상 정보의 범위를 구체화하였다.

공개대상 정보를 예시하면 다음과 같다.
- 계열회사 명칭·사업 내용·주요 주주·임원·재무상황 등 일반현황
- 이사회 및 이사회 내 위원회 구성·운영, 주주총회 의결권 행사방법 등 지배구조 현황
- 계열사 간 또는 계열회사와 특수 관계인 간의 주식소유 현황, 소유지분율, 의결지분율 등 출자관련 현황
- 특수 관계인 간 자금·유가증권·자산·상품·용역거래 현황 등

⑤ 지주회사의 자회사 정의규정 변경

지주회사가 단독으로 최다 출자자인 계열회사만을 자회사로 보도록

정의규정을 바꿔 사실상 손자회사까지 자회사로 포함되는 점을 해소하였다. 이전의 규정은 지주회사가 단독으로는 최다출자자가 아니더라도 다른 자회사 및 손자회사와 합하여 최다출자자이면 자회사로 보았다. 예를 들어 계열회사 C에 대해 지주회사 A가 1%, 자회사 B가 30%, 다른 특수 관계인(개인 대주주)이 5%의 지분을 갖고 있는 경우, 계열회사 C는 사실상 지주회사 A의 손자회사로 볼 수 있으나 이전 규정에서는 자회사로 간주되었다.

7) 제15차 공정거래법 개정(2007.8.3.)

① 지주회사 설립·전환 촉진을 위한 제도 개선

이전까지의 손자회사를 보유하기 위해 필요한 사업관련성 요건을 폐지하였다.

이전에는 증손회사 설립이 금지되고 있으나, 손자회사가 100% 지분을 보유한 경우는 증손회사 보유를 허용하였다.

또 지주회사가 비계열회사 지분을 5% 초과하여 소유하는 것을 금지하고 있으나, 지주회사의 SOC법인출자는 비계열회사 지분 5% 초과소유 금지대상에서 제외하였다.

나아가 합병·분할로 인해 불가피하게 지주회사 행위제한 규정을 위반하는 경우에는 이를 해소할 수 있도록 유예기간 1년을 부여하였다.

② 금융거래정보요구권의 발동범위를 확대

이전에는 부당내부거래 조사에 한정하였으나 상호출자 탈법행위 조사로 확대하였다.

③ 대규모 내부거래 이사회의결 의무완화

기업의 이사회 개최부담을 완화하기 위해 일정한 요건, 즉 사외이사 수가 3인 이상이고, 사외이사 비중이 위원 총수의 2/3 이상인 요건을 충족하는 경우에는 상법상 이사회 내 위원회 의결도 이사회 의결로 간주하도록 하였다.

8) 제21차 시행령 개정(2007.11.2)

① 연도 중 지주회사 전환신고 허용

연도 중에 주식 취득 등을 통하여 지주회사 전환요건을 갖춘 경우에는 당해 회사의 선택에 따라서 '지주회사 요건을 갖추게 된 날' 또는 '사업연도 종료일'을 기준으로 신고할 수 있도록 개정하였다. 지주회사 요건을 갖추게 된 날을 기준으로 연도 중에 전환신고를 한 경우에는 '당해 사유가 발생한 날의 대차대조표'를 기준으로 지주회사 요건을 판단한다. 이전의 시행령은 타 회사 주식취득·자산증감 등의 사유로 지주회사로 전환하는 경우 당해 사업연도 종료 후 4월 이내에 신고하도록 규정되었다.

② 손자회사 사업관련성 요건폐지에 따라 자회사와
손자회사 간 지배기준 마련

〈표 2-7〉 자회사, 손자회사, 지주회사 간 지배기준

구 분	자회사와 손자회사 간 지배기준	지주회사와 손자회사 간 지배기준
계열회사 요건	자회사의 계열회사일 것	지주회사의 계열회사일 것
최다 출자자 요건	자회사가 소유한 주식이 특수관계인 중 최다 출자자가 소유하는 주식보다 같거나 많을 것	지주회사가 소유한 주식이 특수관계인 중 최다출자자가 소유하는 주식보다 같거나 많을 것

여기서 계열회사 기준은 동일인 측이 30% 이상 최다출자자이거나 경영에 대한 지배적인 영향력을 행사하는 회사를 말한다.

그동안 사업관련성 여부를 판단하기 위해 제출을 요구했던 자회사 및 손자회사의 영업보고서 제출의무 항목은 삭제되었다.

③ 채무보증제한 금융기관에 상호저축은행 포함

자산 3,000억 원 이상 상호저축은행을 채무보증 금지대상 금융기관으로 포함하였다. 다만, 법 개정 이전에 발생한 채무보증에 대해서는 법적 안정성을 고려하여 2년의 경과규정을 인정하였다.

한편, 여신금융업법상 여신전문금융회사의 경우에는 상호저축은행과의 규제형평성 및 규제완화 차원에서 3,000억 원 이상 금융회사로 규제대상을 축소하였다.

④ 상호출자 탈법행위 유형 및 기준 신설

상호출자 금지규정의 취지 등을 고려하여 전형적인 2가지 탈법행위 유형을 신설하였다.

- 특정금전신탁을 통하여 신탁회사로 하여금 자기에게 출자하고 있는 계열회사 주식을 취득·소유하게 하고, 특약 등을 통해 해당 주식의 의결권을 사실상 행사하는 경우
- Paper Company 등을 통해 자기에게 출자하고 있는 계열회사 주식을 간접 소유하는 등의 주식파킹행위

07 종 합

정권별로 재벌정책이 관련된 법률인 공정거래법이 개정된 횟수를 보면 김대중정권 때가 제일 많다. 법 개정이 5번, 시행령 개정이 7번 있었다. 시행령은 법 개정이 되면 자동적으로 시행령도 개정되기 마련이지만, 국회를 거치지 않고 개정할 수 있는 시행령을 두 번이나 했다는 것은 김대중정권의 재벌에 대한 편향적인 사고를 짐작케 한다.

이렇게 공정거래법 개정을 통하지 않고서의 시행령 개정은 1999년 12월 31일 제9차 시행령 개정이 첫 번째로서, 통합법인 및 SOC법인을 기업집단에서 제외하고, SOC법인의 기업집단 계열제외 요건을 완화한 것이다. 두 번째는 2001년 7월 24일 제12차 시행령 개정으로 이때에도 계열제외 요건을 완화하기 위함이다.

김대중정권은 집권 내내 1년에 한 번씩 법 개정을 하였는데, 그만큼 재벌정책의 변화가 많았다는 것을 의미한다.

그 다음으로 법 개정을 많이 한 정권은 노무현정권인데 특징은 정권 말인 2007년에 이르러 집중적으로 이루어진 점이다. 정권 중반까지는 초기에 설정한 재벌정책이 일관성 있게 유지되었으나 정권 후반에 그 기조가 무너지고 있다는 것을 알 수 있다.

〈표 2-8〉 정권별 재벌정책 관련 법률 개정 횟수

시 기	법률 개정	개정 횟수
1960~70년대	◦공정거래법 제정을 위해 1964년 1차시도, 1966년 2차시도, 1969년 3차시도, 1971년 4차시도 했으나 실패 ◦1975년 물가안정법 제정을 했으나 유명무실	4번의 제정시도가 있었으나 실패
전두환정권	◦제1차 공정거래법 개정(1986.12.31.) ◦제2차 공정거래법 시행령 개정(1987.4.1.)	◦법 제정 1 ◦시행령개정 1
노태우정권	◦제2차 공정거래법 개정(1990.1.13.) ◦제3차 공정거래법 시행령 개정(1990.4.14.) ◦제3차 공정거래법 개정(1992.12.8.) ◦제4차 시행령 개정(1993.2.20.)	◦법 개정 2 ◦시행령개정 2
김영삼정권	◦제4차 공정거래법 개정(1994.12.22.) ◦제5차 시행령 개정(1995.4.1.) ◦제5차 공정거래법 개정(1996.12.30.) ◦제6차 시행령 개정(1997.3.31.) ◦금융산업의 구조조정에 관한 법률 중 제24조 신설(1997.1.13.)	◦법 개정 2 ◦시행령 개정 2 ◦금산법 제24조 신설
김대중정권	◦제6차 공정거래법 개정(1998.2.24.) ◦제7차 시행령 개정(1998.4.1.) ◦제7차 공정거래법 개정(1999.2.5.) ◦제8차 시행령 개정(1999.4.1.) ◦제9차 시행령 개정(1999.12.31.) ◦제8차 공정거래법 개정(1999.12.28.) ◦제10차 시행령 개정(2000.4.1.) ◦제9차 공정거래법 개정(2001.1.16.) ◦제11차 시행령 개정(2001.4.1.) ◦제12차 시행령 개정(2001.7.24.) ◦제10차 공정거래법 개정(2002.1.26.) ◦제13차 시행령 개정(2002.4.1.) ◦금산법 개정(2000.1.21.)	◦법 개정 5 ◦시행령 개정 7 ◦금산법 개정 1
노무현정권	◦제11차 공정거래법 개정(2004.12.31.) ◦제16차 시행령 개정(2005.4.1.) ◦제18차 시행령 개정(2006.4.14.) ◦금산법 제24조 개정(2007.1.26.) ◦제13차 공정거래법 개정(2007.4.13.) ◦제20차 시행령 개정(2007.7.13.) ◦제15차 공정거래법 개정(2007.8.3.) ◦제21차 시행령 개정(2007.11.)	◦법 개정 3 ◦시행령 개정 4 ◦금산법 개정 1

제3장

재벌정책의 주요 제도

01 대규모기업집단제도

경제력집중을 억제하는 입법의 발상은 다수의 기업으로 구성된 재벌, 즉 기업집단에 경제력이 집중되는 현상에 초점을 맞춘 것이다. 보통 재벌이라고 통칭되는 기업그룹을 '기업집단'이라는 법 개념으로 수용하고 이를 규율대상으로 삼았다. 공정거래법상 기업집단이라 함은 동일인(법인 또는 자연인)이 사실상 사업 내용을 지배하는 2개 이상의 기업을 뜻하며, '사실상 지배' 여부는 주식의 소유관계 등 시행령이 정하는 몇 가지 기준에 의하여 판단된다. 그리하여 어느 2개 이상의 기업이 동일 기업집단으로 파악되면 공정거래법상의 규제대상으로서 일차적인 요건을 구비하게 되는 것이다.

기업집단을 규제대상으로 하더라도 기업집단은 수 개의 기업이 단일한 지배력하에 결속되어 있다고 하는 현상에 불과하고, 그 자체가 법인격을 갖는 것이 아니므로 기업집단을 겨냥한 각종의 구체적인 법적 구속은 그 소속기업을 대상으로 할 수밖에 없다. 그리하여 공정거래법은 단일 기업집단의 소속기업들을 계열회사라는 개념으로 규정하고 있다.

기업집단에 대한 출자규제는 일부 기업집단에 경제력이 집중되는 현상을 시정하자는 것이므로 기업집단이라 하더라도 그 규모가 영세한 것은 규제할 가치가 없고, 경제력의 집중이 현저하거나 우려되는 대규모의 기업집단이 규제의 대상이 된다. 그러므로 공정거래법은 기업집단에 소속된 회사들의 자산 총액(금융·보험회사는 자본 총액과 자본금 중 큰 금액)이 30위 내에 속하는 기업집단을 대규모기업집단이라 하고, 이들만을 적용대상으로 하였다.

1) 전두환정권(1981.02.~1988.02.)

대기업집단 기준은 전두환정권인 1987년 도입 당시 자산 총액 4천억원 이상의 32개 기업집단이 대규모기업집단으로 지정되었다. 계열기업 수로는 509개 업체가 해당되었다.

2) 노태우정권(1988.02.~1993.02.)

경제성장으로 기업집단의 자산이 증대됨에 따라 대규모기업집단으로 지정되자 매년 기업집단 수가 대폭 증가하였다. 계속 증가한 기업집단은 1992년 4월 1일에 이르러서는 78개 집단(1,056개 계열사)이 대규모기업집단으로 지정되었다. 1987년 처음 32개 재벌이 지정된 이래 2.4배가 증가한 수치이다. 이렇게 재벌 수가 대폭 증가함에 따라 재벌들과 전경련 등의 반발은 더욱 커졌다. 또한 상위그룹 재벌과 하위그룹 재벌의 경제규모 차이가 매우 큰데 이들을 똑같이 규제하는 것에 대한 문제점도 많이 제기되어졌다.

그리하여 1993년부터는 자산 총액 합계 순위가 30위 안에 포함되는 기업집단이 대기업집단으로 지정되었다. 또한 1993년 제4차 시행령에서는 업무의 효율성을 위해 채무보증제한 대규모기업집단을 대규모기업집단과 일치시키는 조항을 신설하였다.

3) 김영삼정권(1993.02.~1998.02.)

김영삼정권인 1995년 제5차 시행령에서도 대규모기업집단 지정 기준을 개선하였다. 경제력집중억제 핵심과제인 소유분산을 유도하기 위해 자산 총액 30위까지의 기업집단이라도 소유분산 및 재무구조가 우량한 기업집단은 대규모기업집단에서 제외하도록 하고 선정기준을 정하였다. 선정 기준은 내부지분율 20% 미만(동일인 및 특수 관계인은 10% 미만), 자기자본비율 20% 이상, 자본금 기준 기업공개비율 60% 이상 등이다.

<표 3-1> 대규모기업집단 지정현황

(단위: 개)

구 분	1987.4.	1992.4.	1994.4.	1995.4.	1996.4.	1997.4.
기업집단 수	32	78	30	30	30	30
계열회사 수	509	1,056	616	623	669	819

4) 김대중정권(1998.02.~2003.02.)

김대중정권에 들어 제도에 큰 변화가 일어났다.

제10차 공정거래법 개정(2002.1.26.)과 제13차 시행령 개정(2002.4.1.)에 이르러 대기업집단 지정제도는 대폭 개편되었다. 그동안 경제력집중에 따른 폐해를 시정하기 위해 자산규모를 기준으로 1위부터 30위까지 기업집단을 일률적으로 대규모기업집단으로 지정하여 상호출자 금지, 채무보증 금지, 출자총액제한 등과 같은 경제력집중 억제시책을 적용하였다.

그러나 상·하위 집단 간 경제력 격차가 큼에도 불구하고 모든 기업집단을 획일적으로 규제하는 것은 형평성에 문제가 있으며, 자산 순위에 의한 대규모기업집단 지정은 예측가능성이 낮아 기업경영에 부담으로 작용될 수 있다는 문제가 제기됨에 따라 2001년 8월 10일 여·야·정 경제정책협의회에서 대규모기업집단 지정제도를 개편하기로 합의하였다.

이에 따라 2002년부터는 공정거래법의 개정을 통해 각 제도별로 상호출자금제제도 등의 적용을 받는 기업집단은 상호출자제한 기업집단, 채무보증금지제도의 적용을 받는 기업집단은 채무보증제한 기업집단, 출자총액제한제도의 적용을 받는 기업집단은 출자총액제한 기업집단으로 각각 구분하여 지정하도록 함으로써 행태별로 규율범위를 달리 설정하도록 하였다.

이에 따라 상호출자제한 기업집단 및 채무보증제한 기업집단은 공정거래법령상의 동일 기업집단 소속 국내회사들의 직전 사업 연도 대차대조표상의 자산 총액 합계액이 2조 원 이상인 기업집단을 지정하되, 금융·보험업만을 영위하는 기업집단, 금융보험업을 영위하는 회사가 동일인인 기업집단, 회사정리절차 또는 기업지배구조촉진법상 관리절차가 개시되어 진행 중인 회사의 자산 총액이 기업집단 전체 자산 총액의 50% 이상인 기업집단으로서 공정거래위원회가 지정할 필요성이 없다고 지정하는 기업집단 등은 지정대상에서 제외하였다.

또한 출자총액제한 기업집단은 공정거래법령상 동일 기업집단 소속 국내회사들의 직전 사업연도 대차대조표상의 자산 총액 합계액이 5조 원 이상인 기업집단을 지정하되, 금융·보험업만을 영위하는 기업집단, 금융보험업을 영위하는 회사가 동일인인 기업집단, 회사정리절차 또는 기업구조조정촉진법상 관리절차가 개시되어 진행 중인 회사의 자산 총액이 기업집단 전체 자산 총액의 50% 이상인 기업집단으로서 공정거래위원회가 지정할 필요성이 없다고 인정하는 기업집단 및 결합제무제표 등에 의한 기업집단 부채비율이 100% 미만인 기업집단 등은 지정에서 제외하였다.

그리고 공기업도 상호출자제한 기업집단 등 지정대상이 될 수 있도록 하여 공기업의 불합리한 경영행태를 개선하고 그동안 제기되어 온 민간기업과 공기업 간 역차별 시비도 해소하도록 하였다.

2002년도에는 총 43개 기업집단이 상호출자제한 기업집단 및 채무보증제한 기업집단으로 지정되었다.

한전, KT, 한국도로공사, 한국토지공사, 대한주택공사, 한국수자원공사, 한국가스공사, 농업기반공사, 담배인삼공사 등 자산규모 2조 원 이상인 9개 공기업집단이 제도개편에 따라 상호출자제한 기업집단 및 채무보증제한 기업집단으로 지정되었다. 현대중공업은 2002년 2월 현대로부터 친족 분리되어 별도의 기업집단을 형성함으로써 신규 지정되었다. 대상, 동원, KCC, 한국타이어, 부영은 자산 순위 30위 기준에서 자산규모 2조 원 이상으로 지정 기준이 변경됨에 따라 신규 지정되었다.

반면 쌍용, 대우전자는 기업구조조정촉진법상 관리절차가 진행 중인 회사의 자산 총액이 기업집단 전체 자산 총액의 50% 이상을 차지하여 상호출자제한 기업집단 및 채무보증제한 기업집단에서 지정 제외되었고, 고합은 자산규모가 2조 원 미만이 됨에 따라 지정 제외되었다.

한편, 2002년도 출자총액제한 기업집단은 19개가 지정되었으며, 전년도 대규모기업집단 중 19개 기업집단이 지정 제외된 반면, 8개 기업집단이 신규 지정되었다.

한국전력공사, KT, 한국도로공사, 한국토지공사, 대한주택공사, 한국수자원공사,[11] 한국가스공사 등 자산규모 5조 원 이상인 7개 공기업집단이 제도개편에 따라 출자총액제한 기업집단으로 지정되었고, 현대중공업은 2002.2월 현대로부터 친족 분리되어 별도의 기업집단을 형성함으로써 출자총액제한 기업집단으로도 신규 지정되었다.

반면 포스코, 롯데는 결합재무제표 등에 의한 기업집단 부채비율이 100% 미만인 사유로 지정 제외되었고, 쌍용은 기업구조조정촉진법상 관리절차가 진행 중인 회사의 자산 총액이 기업집단 전체 자산 총액의

---

11) 한국수자원공사는 연결재무제표 등에 의한 직전사업년도 기업집단 부채비율이 100% 미만인 기업집단에 해당되어 연도 중(2002.10.18.)에 출자총액제한 기업집단에서 지정 제외되었다.

50% 이상인 사유로 지정 제외되었으며, 대림, 한솔, 동양, 효성, 제일제
당, 코오롱, 동국제강, 현대산업개발, 하나로통신, 신세계, 영풍, 현대백
화점, 동양화학, 대우전자, 태광산업, 고합 등 16개 기업집단은 자산규
모 5조 원 미만인 기업집단에 해당되어 지정 제외되었다.

〈표 3-2〉 상호출자제한 기업집단 등의 계열회사 변동

2002년			2001년		
출자총액제한 기업집단	공기업	상호출자제한 기업집단	공기업	5조 원 이상 기업집단	30대 기업집단
19(21)	7	43	9	17	30
356(403)	35	704	39	435	624

주1) 금융·보험업 영위회사 제외
  2) ( ) 안은 포스코, 롯데 등 부채비율 100% 미만인 기업집단을 포함

2002년 4월 1일 현재 출자총액제한 기업집단 전체 계열회사 수는
356개, 상호출자제한 기업집단 전체 계열회사 수는 704개이다. 2001년
4월 2일 현재 5조 원 이상 대규모기업집단 계열회사 수 435개에 비해
출자총액제한 기업집단 계열회사 수는 79개가 감소하였다. 자산규모에
비해 계열회사 수가 상대적으로 적은 공기업집단이 신규로 지정되고,
계열회사 수가 상대적으로 많은 민간기업집단은 출자총액제한 기업집단
에서 지정 제외된 것이 계열회사 감소요인이 되었다.

5) 노무현정권(2003.02.~2008.02.)

노무현정권인 2005년에 출자총액제한 기업집단 지정 기준은 종전 자
산 5조 원 이상에서 자산 6조 원 이상으로 상형 조정되었다.
  출자총액제한 기업집단 지정기준이 변경되기 전인 2004년도에는 18

개의 출자총액제한 기업집단이 지정되어 2003년에 비하여 1개 기업집단이 늘어났으며, 상호출자제한 기업집단 및 채무보증제한 기업집단은 31개가 지정되어 전년에 비해 2개 기업집단이 증가하였다.

출자총액제한 기업집단의 경우 대우건설, 신세계, 엘지전선 등 3개 기업집단이 신규 지정되었으며, 한국전력공사와 한국도로공사는 부채비율 100% 미만임을 이유로 지정 제외되었다.

상호출자제한 기업집단 및 채무보증제한 기업집단의 경우 대우건설, 엘지전선, 지엠대우, 세아, 삼양 등 5개사가 신규지정 되었으며, 한국수자원공사는 계열회사의 청산종결로 기업집단을 형성하지 않게 된 사유로, 대상과 삼보컴퓨터는 자산이 2조 원 미만으로 감소한 이유로 기업집단 지정에서 제외되었다.

출자총액제한 기업집단 기준이 6조 원이 상향된 2005년도에는 11개 기업집단이 출자총액제한 기업집단으로 지정되어 2004년에 비하여 7개 기업집단이 감소하였으며, 상호출자제한 기업집단 및 채무보증제한 기업집단은 55개가 지정되어 2004년에 비하여 4개 기업집단이 증가하였다.

2005년의 경우 2004년에 비해 출자총액제한 기업집단의 수가 대폭 감소된 것은 「시장개혁 3개년 로드맵」에 따라 개정 공정거래법에 반영된 출자총총액제한제도 졸업제도가 적용되었기 때문이다. 2004년 지정된 18개 출자총액제한 기업집단 중 7개 기업집단이 졸업요건을 충족하여 지정 제외되었다. 구체적으로 2005년 지정 제외된 기업집단은 부채비율 졸업요건을 충족한 삼성, 단순출자구조 졸업요건(계열사 수가 5개 이하이고 출자구조가 2단계 이하)을 충족한 대한주택공사, 한국토지공사, 한국가스공사, 소유지배괴리도, 의결권 승수 졸업요건을 충족한 한진, 현대중공업, 신세계이다.

또한 출자총액제한 기업집단 지정요건 자산 기준이 5조 원에서 6조 원으로 상향조정됨에 따라 LS, 대우건설의 2개 기업집단이 지정 제외되었다. 반면 계열분리된 GS, 민영화된 한국철도공사가 새롭게 출자총액제한 기업집단으로 지정되었다.

상호출자제한 기업집단 및 채무보증제한 기업집단의 경우에는 GS, 한국철도공사, STX, 현대오일뱅크, 이랜드의 5개 기업집단이 신규 지정되었으며, 동원은 금융업을 영위하는 6개 회사가 친족독립경영으로 계열 제외되면서 자산이 감소함에 따라 기업집단 지정에서 제외되었다.

2007년 또다시 공정거래법이 개정되어 2007년 4월 13일부터 시행되는 법률에 따라 6조 원에서 10조 원으로 상향된 출자총액제한 기업집단 자산기준을 반영하여 2007년도 출자총액제한 및 상호출자·채무보증제한 기업집단이 지정되었다.

출자총액제한 기업집단은 11개 기업집단이고, 이 기업집단 소속 399개사 중 출자제한 대상회사는 264개사이다. 대상 재벌을 보면 삼성, 현대자동차, SK, LG, 롯데, GS, 금호아시아나, 한진, 현대중공업, 한화, 두산 등이다.

개정시행령이 시행되는 2007년 7월부터는 계열사 중 자산 2조 원 미만인 237개사가 적용 면제되어 7개 기업집단 27개사에 대해서만 출자총액제한제도가 적용될 예정이다. 그 대상은 삼성(9개사), 현대자동차(5), 롯데(4), 한진(2), 현대중공업(3) 등이다.

상호출자·채무보증제한 기업집단은 62개사로 전년도보다 3개 증가하였다.

<표 3-3> 상호출자제한 기업집단 등 지정 현황

(단위: 개, 조 원)

	2006년	2007년	증 감
출자총액제한 기업집단	14	11(7[*])	△3(△7[*])
계열회사 수	463	399(276[*])	△64(△187[*])
출자총액제한 적용회사	343	264(27[*])	△79(△316[*])
상호출자제한 기업집단	59	62	3
계열회사 수	1,117	1,196	79

* ( )는 시행령 개정 이후인 2007년 7월부터 출자총액제한제도가 적용되는 기업집단 및 회사임

6) 종 합

대규모기업집단제도에 대한 정권별 변화를 요약하면 다음과 같다.

〈표 3-4〉 대규모기업집단제도의 정권별 변화

정 권	전두환	노태우	김영삼	김대중	노무현
지정 내용	자산 4천억 원 이상 (1987년)	자산 순위 30위까지 (1993년)	소유분산 및 재무구조가 우량한 기업 집단은 제외 (1995년)	• 자산 2조 원 이상: 상호출자 제한, 채무보증 제한 기업집단 • 자산 5조 원 이상: 출자총 액제한 기업집 단(2002년)	출자총액제한 기업집단: • 자산 6조 원 이상 (2005년) • 자산 10조 원 이상 (2007년)

02 업종전문화제도

김영삼정권은 집권하자마자 대대적인 개혁작업을 추진하였다. 그중 재벌개혁은 두 방향으로 추진되었다. 하나는 문어발식 확장을 억제하고 전문화를 유도하기 위한 업종전문화 시책이고, 다른 하나는 소유분산 및 재무구조개선책이었다.

업종전문화시책은 산업자원부에 의해 주도되었는데 문어발식 경영으로는 전문화된 세계적인 기업과 경쟁할 수 없다는 정책적 판단에서 추진되었다. 업종전문화기업으로 지정되면 그 기업은 여신관리의 혜택과 함께 기술·공업입지 측면의 도움을 받을 수 있었다.

1994년 제4차 공정거래법 개정은 이러한 정책적 방향과 그 궤를 같이하였다. 업종전문화와 소유분산을 유도하기 위해 출자한도가 순자산의 40%에서 25%로 하향 조정되었다.

제4차 공정거래법 개정에 따라 1995년 4월 1일 제5차 시행령도 개정되었는데, 개정 시행령 중 업종전문화에 관련된 내용은 다음과 같다.

산업의 국제경쟁력 강화를 위한 출자로서 위원회가 인정한 경우 7년 이내에서 예외를 인정하도록, 규정에 업종전문화 관련 출자를 포함시켰다. 상장법인인 비주력기업은 동일기업집단 내 업종전문화기업의 신주를 취득하는 경우와 상장법인인 업종전문화기업(1~5대 기업집단은 제외)은 동일 기업집단 내 동일업종 영위기업(전업률 70% 이상)의 신주를 취득하는 경우가 이에 해당된다.

그러나 이 제도는 다음 시행령이 개정된 제6차 시행령 개정(1997.3.31.) 때 삭제되어 버린다. 결국 2년도 안 되어서 사라져버린 것이다.

03 지주회사제도

1) 전두환정권(1981.02.~1988.02.)

공정거래법에서는 지주회사(Stock Holding Company)를 지배할 목적으로 소유하고 있는 자회사 주식가액의 합계액이 당해 회사 자산 총액의 50%를 초과하는 회사로 정의하고 있다.

지주회사를 금지하는 이유는 지주회사를 통해서 경제력집중이 심화될 수 있기 때문이다. 지주회사는 다른 회사의 사업지배를 목적으로 하고, 소액의 자본으로 다수의 기업을 소유할 수 있어 불합리한 경제력집중의 수단으로 악용될 가능성이 있다는 것이었다. 기업집단의 출자규제는 일정규모 이상인 기업집단의 계열사만을 대상으로 하나, 지주회사의 설립금지는 기업집단의 여부, 회사의 규모 여하에 관계없이 일체 금지되었다. 예외적으로 법률에 의해서 그리고 외자도입법에 의한 외국인이 투자사업을 영위하는 경우 다수의 내국인이 소유하는 지분의 의결권을 통일적으로 행사할 필요가 있으므로 내국인 지분을 소유하는 지주회사를 설립할 수 있게 하였다. 이러한 지주회사의 금지는 1987년 경제력집중 억제책이 시행되면서 시작되었다.

2) 김대중정권(1998.02.~2003.02.)

지주회사제도는 김대중정권에서 변화되기 시작하였다. 1999년 4월부터 지주회사 설립을 제한적으로 허용하기 시작했다. IMF의 경제위기의 극복을 위해서 기업구조조정이 시급한 과제로 부각되었고, OECD와 IBRD 등도 기업경영의 투명성 제고, 구조조정 촉진을 위해 지주회사제도 도입을 권고하였다. 이에 따라 기업들이 구조조정과정에서 비주력회사의 분리·매각, 외자유치 촉진 등 지주회사가 가지는 순기능을 충분히 활용할 수 있도록 그 설립을 허용하였다. 다만, 지주회사의 폐해가 나타나지 않도록 그 설립요건을 엄격하게 제한하였다. 우선 지주회사가 과도한 외부차입으로 자회사를 확장해 나가는 것을 방지하기 위해 지주회사의 부채비율을 100% 이내로 제한하고, 개별회사에 대한 지분율을 50%(상장법인의 경우 30%) 이상으로 유지토록 하였다. 그리고 대기업이 금융기관을 사금고화하는 것을 막기 위해 하나의 지주회사에 금융회사 및 비금융회사를 동시에 두지 못하도록 하였다. 또한 지주회사가 다단계에 걸친 출자방식으로 많은 회사를 거느리는 것을 방지하기 위해 원칙적으로 손자회사를 두지 못하도록 하였다.

2001년에는 지주회사의 자회사 지분율 요건을 완화시키고, 지주회사 행위제한 의무 유예기간 적용대상을 확대하였다.

모든 상장법인 및 코스닥 등록법인에 대해 상장시점에 관계없이 자회사 지분율 요건을 30%로 완화하여 지주회사의 지분보유 의무를 경감하였다. 이에 더하여 벤처기업을 자회사로 두는 벤처지주회사에 대해서는 자회사 지분율 요건을 20%로 더욱 완화하여 벤처기업에 대한 자금공급이 원활히 이루어지도록 하였다. 또한 기업구조조정 촉진을 위해 현물출자 방식 외에 상법상 회사분할을 통해 지주회사로 설립·전환하는 경우에도 부채비율제한 등의 행위제한의무 적용을 일정 기간 유예하였다. 즉 물적 분할, 인적분할 및 분할합병 등을 통해 분사화하는 경우 부채비율제한은 1년간, 자회사 지분율 제한은 2년간 유예기간을 두었다.

그리고 시행령에서는 추가로 중소규모의 지주회사가 보다 원활히 설립될 수 있도록 공정거래법상 신고대상이 되는 지주회사의 최저 자산총액 기준을 당초 100억 원에서 300억 원으로 상향조정하여 규제의 범위를 축소하였다. 아울러 자회사 지분율 요건이 완화되는 벤처지주회사의 범위를 전체 주식가액 중 벤처자회사의 주식가액이 50% 이상인 지주회사로 정의하여 벤처지주회사의 범위를 폭넓게 인정하였다.

2002년에는 기업구조조정을 보다 원활히 추진할 수 있도록 1999년부터 허용해 온 지주회사의 설립 또는 전환에 따른 기업의 부담을 경감하기 위해 지주회사로의 전환 시 행위제한의무에 대해 유예기간을 보완하였다. 즉 자회사 주식가액의 상승에 따라 지주회사로 전환되는 경우 부채비율 100% 초과금지 의무는 지주회사로 전환된 날부터 1년간, 자회사 지분율(50%) 충족의무 및 자회사 이외에 지배목적의 다른 회사 주식소유 금지 의무는 지주회사로 전환된 날부터 2년간 유예하였다.

이와 함께 벤처주식회사가 벤처자회사 가액의 감소로 인하여 일반지주회사로 되는 경우에는 자회사 지분율(50%) 충족 의무를 일반지주회사로 전환된 날부터 1년간 유예하였다. 그리고 시행령에서는 경제력집중이 폐해의 유발가능성이 적은 중소규모 지주회사에 대한 규제완화 차원에서 공정거래법상 신고대상이 되는 지주회사의 최저자산 총액기준을 당초 300억 원에서 1,000억 원으로 상향조정하여 규제의 범위를 축소하였다.

1999년 4월 지주회사의 설립·전환이 허용된 이후 2001년 12월 말 현재 공정위에 지주회사로 신고된 회사는 LGCI, SK-엔론, 동원엔터프라이즈, 온미디어, 우리금융지주 등 총 21개사가 있다.

지주회사 설립의 경우에는 현물출자 및 분할방식을 통한 순수지주회사 형태가 많았고, 전환의 경우에는 자회사 주식취득 또는 자회사의 주식가액 상승 등 자산변동에 의한 경우가 많았다.

〈표 3-5〉 일반지주회사의 설립·전환 방식

(2000년 12월 기준)

계	전 환					설 립		
	소계	자산변동	분할	지분인수	현물출자	소계	현물출자	분할
18개사	12	8	2	1	1	6	3	3

일반지주회사의 경우 자산 총액 300억~1,000억 원의 중소규모 지주회사가 많으며, 대기업집단에 속하는 지주회사는 LG그룹의 (주)LGCI와 SK그룹의 SK-엔론(주) 등 2개사가 있다.

〈표 3-6〉 지주회사 설립·전환 신고현황(18개사)

(2000년 12월 말 결산 기준, 단위: 억 원, %)

구 분	회사명	자산 총액	지주 비율
일반 지주회사	(주)LGCI	26,500	77.0
	SK-엔론(주)	5,733	96.1
	(주)세아홀딩스	2,544	61.0
	엘파소코리아홀딩(유)	1,403	99.5
	(주)원진	1,275	62.5
	(주)다함이텍	1,257	53.2
	(주)C&M 커뮤니케이션	1,254	73.0
	(주)대교네트워크	1,113	68.7
	리타워테크놀러지(주)	665	78.6
	(주)온미디어	574	55.9
	(주)풍성모터스	559	72.5
	(주)미디어윌	551	54.0
	대한색소공업(주)	525	51.4
	(주)타이거풀스인터네셔날	498	57.1
	(주)동원엔터프라이즈	470	98.2
	(주)가오닉스	449	91.5
	(주)화성사	373	99.6
	(주)미래케이블TV	330	60.0
금융 지주회사	우리금융지주(주)	36,373	100.0
	신한금융지주(주)	32,025	99.9
	세종금융지주(주)	1,809	80.7

주) 지주비율: 지주회사가 소유하고 있는 자회사 주식가액의 합계액이 당해 지주회사의 자산 총액에서 차지하는 비중

3년 후인 김대중정권 말인 2003년 12월 기준으로 1개사가 늘어난 19개 지주회사가 공정위에 신고되었다. 일반지주회사는 (주)LG, SK-엔론(주), (주)C&M커뮤니케이션, (주)화성사, (주)온미디어, 엘파소코리아홀딩(유), (주)동원엔터프라이즈, (주)대교네트워크, 세아홀딩스(주), 한국컴퓨터지주(주), (주)대웅, 대한색소공업(주), 대우통신(주), (주)풀무원 등 14개사가 있다. 금융지주회사로는 우리금융지주(주), (주)신한금융지주, (주)세종금융지주, 퍼스트씨알비, 동원금융지주(주) 등 5개의 금융지주회사가 있다.

19개 지주회사의 지주회사 전환 또는 설립방법을 살펴보면 회사분할방식이 9개로 가장 많고, 현물출자와 주식인수가 각각 3건, 주식 이전이 2건 그리고 주가변동과 자산감소가 각각 1건씩이다.

3) 노무현정권(2003.02.~2008.02.)

2004년 12월 법 개정과 2005년 4월 시행령에서는 지주회사 요건 충족을 위한 유예기간을 신설·확대하여 금융(일반)지주회사가 될 당시 소유하고 있던 비금융(금융)회사 주식에 대해서는 2년간의 처분 유예기간을 신설하고, 부채 비율(100%) 충족을 위한 유예기간을 현행 1년에서 2년으로 연장하였으며, 지주회사로의 전환유형 중 일부에 대해서만 인정하고 있는 유예기간을 모든 유형에 대해 인정하고, 비상장 합작회사에 대한 자회사 지분율 요건을 현행 50%에서 30%로 완화하였다.

또한 지주회사체제의 투명성 제고를 위해, 자회사 간 출자를 금지하고, 지주회사의 비계열회사 주식 5% 초과소유를 원칙적으로 금지하였다.

시행령에서는 현행 지주회사의 사업관련성 판단기준이 제조업을 기준으로 규정되어 있어 서비스업 및 정보기술 등은 사업관련성을 인정받기 곤란하고, 자회사와 사업관련 손자회사 간에 거래관계가 없는 경우에는 이를 적용하기 곤란한 문제점이 있어 사업관련 손자회사의 사업관련성 판단요건을 서비스업 등에도 적용할 수 있도록 그 내용을 보완하고, 자회사와 사업관련 손자회사 간에 거래관계가 없는 경우에도 사업관련성을 인정하는 기준을 추가하였다.

지금은 그 기조가 대폭 바뀌어 권장하는 사항이 되었다. 정부의 취지는[12] 지주회사체제로 전환할 경우 소유구조가 단순·투명해지고 소수주주·채권자 등의 경영감시와 책임추궁이 용이해지는 등 기업집단의 구조적인 문제점 개선에 기여한다고 보고 있다.

금년 2007년 4월에 또다시 지주회사 요건이 완화되었다. 지주회사에 관한 주요 개정 내용은 네 가지이다.

첫째, 지주회사의 상장 자회사·손자회사 지분율 요건이 완화되었다. 그 이유로는 현행 지분율 요건을 충족하기 위해 소요되는 막대한 비용은 기존 대규모기업집단이 지주회사로 전환하는 데 작용한다는 업계의 주장을 받아들인 것이다. 또한 대규모기업집단들이 출자구조가 단순 투명한 지주회사로 전환하는 경우 왜곡된 소유구조가 초래하는 각종 폐해를 개선하는 데 기여한다고 보았다. 그리하여 상장자회사 및 상장손자회사에 대한 지분율 요건을 30%에서 20%로 하향조정하였다. 그리고 비상장회사에 대한 지분율 요건은 50%에서 40%로 완화하였다.

둘째, 지주회사 요건을 충족하는 유예기간을 연장하였다. 지주회사 전환 이후 2년 안에 요건충족이 현실적으로 어려운 회사에 대해서 유예기간을 2년간 추가 연장하였다. 유예기간 연장은 지주회사로서의 전환 촉진효과와 유예기간 장기화에 따른 규제의 실효성 저하 효과를 종합적으로 고려하여 결정할 필요가 있다는 문제제기에 따른 것이다. 자발적 지주회사 전환의 경우에는 대부분 미리 계획을 세워 여러 가지 요건을 충족시킨 이후에 지주회사로 전환하는 것이 일반적으로 유예기간 연장의 필요성이 크지 않다. 반면 자회사 주식가액 증가 등으로 인

---

12) 공정거래위원회, 「공정거래백서 2005」, 2005.11, p.272.

해 비자발적으로 전환되는 경우에는 2년 안에 지주회사 요건충족이 현실적으로 어려운 경우가 발생할 가능성이 있다. 특히 비자발적으로 전환되긴 하였으나 지주비율을 낮추는 등으로 지주회사에서 탈피하지 않고 지주회사 규제 요건을 수용하려는 회사에 대해서는 유예기간의 연장을 인정할 필요가 있다는 것이다. 또한 단순 투명한 지주회사 체제가 복잡한 순환출자 기업집단 체제보다 바람직하다는 의견에 따른 것이다.

셋째, 지주회사 부채비율을 200%로 상향조정 하였다. 이전에는 100%를 초과하면 안 되게 되어 있었다. 그런데 여기에서 파생되는 문제는 사업지주회사가 정상적인 사업활동의 일환으로 부채를 차입하는 행위도 제한할 우려가 있다는 것이다. 사업지주회사(operating holding company)란 직접 어떤 사업활동을 함과 동시에 다른 회사를 지배하기 위하여 주식을 소유하는 회사를 말한다. 또한 부채비율 제한으로 인해 구조조정을 위한 일시적인 자금차입도 제한받을 가능성이 있다는 문제의식으로 부채비율 상한을 200%로 상향조정한 것이다.

넷째, 지주회사의 국외상장법인에 대한 주식보유기준을 완화하였다. 이전에는 50%였는데 이는 국내 상장법인과 국외 상장법인은 그 실질이 동일함에도 불구하고 국외 상장법인에 대한 지분율 요건(50%)이 국내 상장법인(30%)보다 높아 국외 상장법인과 국내 상장법인을 차별하는 문제가 생긴다는 것이다. 이에 따라 국외 상장법인 지분율 요건을 국내 상장법인과 동일하게 20%로 완화하였다.

이렇게 지주회사 요건을 완화한 결과 지주회사 수는 2003년 19개에서 2005년 8월 기준으로 25개로 늘었다. 공정위에 지주회사로 신고된 회사는 (주)LG, (주)동원엔터프라이즈, 우리금융지주(주), (주)신한금융지주 등 일반지주회사 22개, 금융지주회사 3개로 총 25개가 있다.

25개 지주회사의 지주회사 전환, 설립방법을 살펴보면 회사분할(13개사) 방식이 가장 많았고, 그 밖에 현물출자, 지주회사 자산 감소, 주식이전, 자회사 주식가액 증가, 주식취득 순으로 나타났다.

〈표 3-7〉 지주회사의 설립·전환 방식(25개사)

(2005년 8월 말 기준)

계	회사 분할	현물 출자	주식 취득	주식 이전	주가 변동	자산 감소
25개사	13	3	3	2	3	1

지주회사 중 공정거래법에 의해 지정된 상호출자제한 기업집단 소속 회사는 (주)LG, (주)SK엔론, 세아홀딩스(주), (주)농심홀딩스, (주)STX 등 10개사이며, 상장법인(코스닥 등록법인 포함)은 (주)LG, 세아홀딩스(주), 대산홀딩스(주) 등 13개사이다.

25개 지주회사가 지배하는 지주회사는 총 159개사(일반지주회사: 137 개사, 금융지주회사: 22개사)로서 지주회사별로 평균 6.36개사의 자회사 를 보유하고 있다.

〈표 3-8〉 지주회사 설립·신고 현황(25개사)

(2005.8.31. 기준, 단위: 억 원, %)

회　사	설립·전환일	자산 총액	자회사(수)
SK엔론(주)	2000.1.1	8,068	11
(주)화성사	2000.4.1	2,863	1
(주)온미디어	2000.6.15	2,494	8
엘파소코리아홀딩(유)	2001.1.1	1,642	1
(주)LG	2001.4.3	43,491	15
(주)동원엔터프라이즈	2001.4.16	2,240	8
(주)대교홀딩스	2001.5.4	5,985	6
세아홀딩스(주)	2001.7.3	5,304	15
한국컴퓨터지주(주)	2002.5.27	1,041	10
(주)대웅	2002.10.2	1,416	13
(주)풀무원	2003.3.11	2,328	16
(주)농심홀딩스	2003.7.10	3,594	6
동아홀딩스(주)	2003.10.1	2,401	7
삼성종합화학(주)	2004.1.1	7,212	1

회 사	설립·전환일	자산 총액	자회사(수)
(주)이수	2004.1.1	1,543	5
(주)다함이텍	2004.1.1	1,468	4
(주)STX	2004.4.1	3,301	4
(주)GS홀딩스	2004.7.7	26,646	8
롯데물산(주)	2005.1.1	9,707	1
롯데산업(주)	2005.1.1	1,910	1
한화도시개발(주)	2005.1.1	1,007	7
대상홀딩스(주)	2005.8.1	1,980	1
22개사(일반지주회사)			
우리금융지주(주)	2001.3.27	97,364	9
(주)신한지주금융	2001.9.1	100,744	12
한국투자금융지주(주)	2003.5.30	13,832	3
3개사(금융지주회사)			

〈표 3-9〉 지주회사 설립·전환 현황(31개사)

(2006.8.31. 기준, 단위: 개, %, 백만 원)

구 분	지주회사명	지주회사 설립/전환일	자산 총액	지주비율(%)	부채비율(%)	자회사 수	손자회사 수
일반지주회사	에스케이이엔에스(주)	2000-01-01	899,628	93.01	11.02	11	1
	(주)화성사*	2000-04-01	299,899	99.85	0.59	1	0
	주식회사 온미디어	2000-06-15	298,336	62.04	4.12	7	1
	(주)LG	2001-04-03	4,796,384	96.02	18.00	14	14
	(주)동원엔터프라이즈*	2001-04-16	252,466	91.86	40.88	10	1
	(주)대교홀딩스*	2001-05-04	661,366	92.86	3.88	8	3
	(주)세아홀딩스	2001-07-03	642,260	90.82	25.82	14	0
	한국컴퓨터지주(주)	2002-05-27	103,281	94.56	13.83	10	0
	(주)대웅*	2002-10-02	152,765	80.94	7.41	13	1
	주식회사 풀무원	2003-03-11	244,356	58.33	68.23	16	0
	(주)농심홀딩스	2003-07-10	419,053	98.62	27.58	6	0
	(주)이수	2003-08-01	231,081	72.58	66.68	4	6
	동화홀딩스 주식회사	2003-10-01	256,378	82.15	11.78	9	0
	(주)다함이텍	2004-01-01	156,929	62.18	2.97	4	0
	삼성종합화학주식회사	2004-01-01	754,622	98.27	0.31	1	0

구 분	지주회사명	지주회사 설립 / 전환일	자산 총액	지주비율 (%)	부채비율 (%)	자회사 수	손자회사 수
일반 지주 회사	(주)지에스홀딩스	2004 - 07 - 07	2,987,115	95.98	28.97	5	10
	롯데산업(주)	2005 - 01 - 01	228,204	84.53	27.74	1	0
	롯데물산(주)	2005 - 01 - 01	1,146,117	61.35	20.13	1	3
	한화도시개발(주)	2005 - 01 - 01	136,637	99.15	6.53	1	0
	대상홀딩스(주)	2005 - 08 - 01	302,550	78.88	1.22	4	0
	(주)엘아이지홀딩스	2005 - 12 - 27	140,888	99.85	0.36	4	0
	(주)에이치씨엔	2006 - 01 - 01	250,641	87.69	91.36	9	0
	(주)비에스이홀딩스	2006 - 01 - 01	106,418	93.46	0.40	1	0
	하이마트홀딩스(주)	2006 - 01 - 01	546,057	77.69	90.65	1	3
	(주)차산골프장지주회사	2006 - 01 - 01	121,438	66.43	787.64	1	0
	평화홀딩스(주)	2006 - 05 - 02	119,602	58.05	16.39	4	0
	(주)디피아이 홀딩스	2006 - 06 - 02	159,865	59.51	54.45	7	3
소계	27개사	-	16,414,336	-	-	167	46
금융 지주 회사	우리금융지주(주)	2001 - 03 - 27	12,031,783	97.67	23.82	9	7
	(주)신한금융지주회사	2001 - 09 - 01	12,462,131	87.32	22.94	12	3
	한국투자금융지주(주)*	2003 - 05 - 30	2,230,292	79.24	33.39	4	2
	(주)하나금융지주	2005 - 12 - 01	6,324,423	99.95	0.07	4	4
소계	4개사	-	33,048,629	-	-	29	16
총계	**31개사**	-	**49,462,965**	-	-	**196**	**62**

주1) 별표(*)는 3월 말 결산법인을 의미
주2) 공정거래법상 지주회사의 자회사 및 손자회사는 국내 법인에 한정하고 있으므로, 위 자회사 / 손자회사 현황은 해외법인을 제외한 것임
주3) 재무현황은 원칙적으로 직전 사업연도 결산인 현재 대차대조표를 기준으로 하되, 2006년 1월~2006년 8월 기간 중 지주회사가 신설되는 등 개별 기업의 사정에 따라 다른 기준일이 적용되었을 수 있음

2006년 8월 현재 지주회사는 총 31개사로 늘었다. 공정거래법상 지주회사는 2004년 22개, 2005년 25개, 2006년 31개로 점차 증가하는 추세를 보이고 있다. 이와 더불어 지주회사의 자회사도 2004년 22개이던 것이 2005년 137개, 2006년 167개로 증가하였다.

계속되는 지주회사 요건완화로 인해 지주회사 전환신고가 계속 이어지고 있다. 2007년 4월 30일에는 금호산업(주), 금호석유화학(주), (주)CJ홈쇼핑, (주)KEC홀딩스, 바이더웨이CVS홀딩스(주), AON21(유), (주)넥슨홀딩

스 등 7개사가 지주회사로의 전환을 공정위에 신고하였다. 이번에 신고한 회사가 모두 지주회사에 해당되면 2007년 4월 현재 지주회사는 총 38개로 늘어난다. 이 중 일반지주회사는 34개이고 금융지주회사는 4개이다.

다음은 지주회사의 변천과정을 요약한 것이다.

<table>
<tr><td colspan="2" align="center">지주회사제도의 변천</td></tr>
<tr><td>1987.4.</td><td>◦ 지주회사 금지</td></tr>
<tr><td></td><td>▲</td></tr>
<tr><td>1999.4.</td><td>◦ 제한적 허용: 비주력회사의 분리·매각, 외자유치 촉
◦ 설립요건의 엄격한 제한
　-지주회사의 부채비율 100% 이내로 제한
　-개별회사에 대한 지분율을 50%(상장법인의 경우 30%) 이상 유지
　-하나의 지주회사에 금융회사 및 비금융회사를 동시에 두지 못함
　-손자회사를 두지 못함</td></tr>
<tr><td></td><td>▼</td></tr>
<tr><td>2001.4.</td><td>◦ 지주회사의 자회사 지분율 요건완화
　-모든 상장법인 및 코스닥 등록법인에 대해 상장시점에 관계없이 자회사 지분율 요건을 30%로 완화
　-벤처지주회사에 대해서는 자회사 지분율 요건을 20%로 더욱 완화
◦ 지주회사 행위제한 의무 유예기간 적용대상 확대
　-물적분할, 인적분할 및 분할합병 등을 통해 분사화하는 경우 부채비율제한은 1년간, 자회사 지분율 제한은 2년간 유예기간을 둠</td></tr>
<tr><td></td><td>▼</td></tr>
<tr><td>2002.4.</td><td>◦ 지주회사의 행위제한의무 유예기간 부여범위 확대
◦ 지주회사의 최저 자산 총액 기준 상향조정으로 규제의 범위 축소
　-최저 자산 총액 기준을 100억 원에서 300억 원으로 상향조정
　-벤처지주회사의 범위를 전체 주식가액 중 벤처자회사의 주식가액이 50% 이상인 지주회사로 정의하여 범위를 폭넓게 인정</td></tr>
<tr><td></td><td>▼</td></tr>
<tr><td>2005.4.</td><td>◦ 지주회사 유예기간을 신설·확대
　-부채비율(100%) 충족을 위한 유예기간을 1년에서 2년으로 연장
◦ 자회사 지분율 요건을 현행 50%에서 30%로 완화
◦ 사업관련 손자회사의 사업관련성 판단요건을 서비스업 등에도 적용할 수 있도록 그 내용을 보완하고, 자회사와 사업관련 손자회사 간에 거래관계가 없는 경우에도 사업관련성을 인정하는 기준을 추가</td></tr>
<tr><td></td><td>▼</td></tr>
</table>

| 2007.4. | ◦ 지주회사의 상장자회사·손자회사 지분율 요건완화
　－상장자회사 및 상장손자회사에 대한 지분율 요건을 30%에서 20%로 하향조정
　－비상장회사에 대한 지분율 요건을 50%에서 40%로 완화
◦ 지주회사 요건충족 유예기간 연장
　－지주회사 전환 이후 2년 안에 요건충족이 현실적으로 어려운 회사에 대해서 유예기간을 2년간 추가 연장
◦ 지주회사 부채비율 상향조정
　－이전에는 부채비율 100%를 초과해서는 안 되게 되어 있었으나, 직접 사업도 하면서 지주회사 역할을 하는 사업지주회사의 사업활동을 제한할 우려가 있다는 이유로 지주회사의 부채비율을 200%로 상향조정
◦ 지주회사의 국외 상장법인에 대한 주식보유기준 완화
　－이전에는 국내에 상장하지 않은 국외상장법인의 지분을 50% 미만으로 소유할 수 없었으나, 지주회사의 국외상장법인 지분율 요건을 국내 상장법인과 동일하게 20%로 완화 |
| 2007.8. | ◦ 지주회사 설립·설립 전환 촉진을 위해 장애요인을 제거 |

4) 종　합

다음은 지주회사제도의 정권별 변화를 요약한 것이다.

〈표 3-10〉 지주회사제도의 정권별 변화

정　권	전두환	노태우	김영삼	김대중	노무현
내　용	지주회사금지 제도 도입	금지제도 유지	금지제도 유지	지주회사 전환 허용	지주회사 적극 권장

04 출자총액제한제도

출자총액제한제도는 1986년 12월 31일 법률이 통과되어 1987년 4월 1일부터 시행되었다. 재벌정책이 도입된 제1차 공정거래법 개정을 통해 도입된 이후 우여곡절을 겪은 대표적인 제도 중 하나이다.

출자총액제한제도는 간접적 순환방식에 의해 대규모기업집단이 무분별하게 확장되는 것을 막으려는 데 그 목적이 있다. 직접적 상호출자 규제만으로는 순환적인 출자에 의해 기업집단의 팽창을 막을 수 없기 때문이다. 이 제도에 따르면 대규모기업집단의 소속회사는 순자산액 대비, 법이 정한 일정비율 이상을 초과하여 다른 회사의 주식을 취득 소유하는 것을 금하고 있다.

1) 전두환정권(1981.02.~1988.02.)

출자총액제한제도의 기본 틀은 대규모기업집단 소속 비금융보험회사에 대하여 일정한 예외사유에 해당하는 경우를 제외하고는 당해 회사 순자산[13])의 일정 비율을 초과하여 다른 국내회사의 주식을 취득·소유

---

13) 순자산액이란 당해 회사의 직전사업연도 말 자산 총액에서 부채 총액과 계열사로부터의 출자금액을 뺀 금액을 말한다. 부채 총액을 공제하는 이

하는 것을 제한하는 것이다. 이 제도는 시기별로 당시의 경제여건과 정책목표의 변화에 따라 순자산의 일정 비율과 예외사유의 범위에 있어 변천을 보여 왔다.

1987년 4월 1일 제도 시행 시 대규모기업집단 소속회사가 다른 국내 회사에 대하여 출자할 수 있는 한도는 순자산의 40%로 설정되었다. 예외인정 대상 출자로는 공업발전법 또는 조세감면규제법에 의한 합리화계획 또는 합리화 기준에 따른 출자, 보유주식에 대한 신주배정 또는 주식배당으로 인한 출자, 담보권 실행이나 대물변제의 수령으로 인한 출자가 열거되었다. 한편, 제도 시행 시점 또는 신규 대규모기업집단 지정 시점에서 이미 출자한도를 초과한 회사에 대해서는 1992년 3월 31일까지 출자한도초과 해소를 유예하는 특례한도제가 마련되었다. 순자산 감소로 인한 출자한도 초과의 경우에도 1년간의 해소 유예기간이 부여되었다.[14] 출자총액제한제도를 위반하는 경우에는 시정조치로서 주식처분명령과 형사벌로서 2년 이하의 징역 또는 1억 원 이하의 벌금이 규정되었다.

1987년 출자총액제한제도 도입 당시에는 43.9%로 순자산 대비 출자비율이 높은 수준이었다.

유는 외부차입에 의한 계열 확장을 억제하는 취지이고, 계열사로부터의 출자금액을 공제하는 이유는 계열사로부터의 출자가 순자산액 산정 시 공제되지 않을 경우 계열사로부터의 출자가 많으면 많을수록 순자산액이 증가하게 되고 타 회사 출자능력이 높아져, 가공자본에 의한 계열 확장 억제를 도모하고자 하는 상호출자금지제도의 도입취지가 달성될 수 없기 때문이다. 1986년 제도도입 시부터 1998년 2월 제도폐지 시까지는 순자산액 산정 시 국고보조금도 차감대상이었으나, 실제금액이 크지 않은 점 등이 감안되어 1999년 말 재도입 시에는 차감대상에서 제외되었다.

14) 그 밖에 정부·지방자치단체·정부투자기관이 지분의 30% 이상을 소유한 회사에 대한 출자는 경제기획원장관의 승인을 얻어 해소기한이 연장될 수 있도록 하였다. 또한, 시행 당시 외자도입법에 의한 외국인투자기업에 대하여 출자하고 있는 경우에는 경제기획원장관의 승인을 얻어 1995년 3월 31일까지 해소 기한을 연장할 수 있도록 하였다.

2) 노태우정권(1988.02.~1993.02.)

1990년 제2차 공정거래법 개정(1990.4.1. 시행)에서는 출자총액제한제도 근거조문이 법 제7조의4에서 법 제10조로 변경되고[15] 출자총액제한제도 위반에 대하여 출자한도초과액의 10% 이하의 과징금을 부과할 수 있는 제도가 도입되어 법 위반에 대한 제재조치가 강화되었다.

1992년 제3차 공정거래법 개정(1993.4.1. 시행)에서는 예외인정사유가 확대되어 부품생산 중소기업과의 기술협력을 위한 출자 기타 산업의 국제경쟁력강화를 위한 출자가 예외인정 대상에 추가되고[16] 보유주식의 평가증가에 의하여 출자한도초과가 발생하는 경우도 포함되었다. 아울러, 시정조치의 이행확보를 위하여 주식처분명령을 받은 주식에 대하여 의결권 행사를 제한하는 제도가 도입되었다.

노태우정권에서의 운용실적을 보면 다음과 같다. 노태우정권에서 출자한도는 순자산의 40%로 운용되었다. 순자산 대비 출자비율은 1987년 4월 제도 시행 당시 43.6%에서 1994년 4월 26.8%로 지속적으로 감소하는 추세를 보였다.

이러한 출자비율의 감소는 비록 동 기간 중 출자 총액의 절대규모가 감소한 것은 아니나 출자한도초과 해소를 위해 유상증자, 기업공개·합병·전환사채 전환 등이 이루어지고 주식매각 등으로 출자증가가 그만큼 둔화되어 순자산증가율이 출자총액증가율을 상회하였기 때문에 나타난 현상으로 보인다.

---

15) 금융·보험업을 영위하는 회사에 대한 출자총액제한제도 적용제외는 제61조(금융·보험업을 영위하는 사업자에 대한 특례)에서 규정되었다.

16) 산업의 국제경쟁력 강화를 위한 출자는 시행령(1993.4.1. 시행)에서 외국으로부터 기술도입을 위한 경우 및 도로·항만·철도 등 산업의 기반시설 확충을 위한 경우로 구체화되었다.

<표 3-11> 대규모기업집단 출자현황(1987~94)[1]

(단위: 10억 원, %, 건)

구 분	1987.4.	1988.4.	1989.4.	1990.4.	1991.4.	1992.4.
출자총액(A)	3,257	3,569	4,401	5,890	6,747	7,435
순자산액(B)	7,476	9,430	13,460	18,334	21,248	25,820
출자비율(A / B)	43.6	37.8	32.7	32.1	31.8	28.8
출자한도초과	1,246	887	687	398	272	7
예외인정금액	-	118	238	519	579	691[2]
한도초과해소	-	365	200	289	126	265
• 유상증자	-	(127)	(110)	(108)	(43)	(16)
• 주식매각	-	(128)	(36)	(50)	(5)	(94)
• 순이익	-	(71)	(30)	(125)	(56)	(134)
• 기 타[3]	-	(39)	(24)	(6)	(22)	(21)
내부지분율(%)	56.2	-	46.2	45.4	46.9	46.2
• 동일인	-	-	14.7[4]	5.8	5.8	5.0
• 특수 관계인	-	-	-	7.9	8.1	7.8
• 계열회사	-	-	31.5	31.7	33.0	33.4

주 1: 1997년 지정 29개 기업집단 기준으로 작성
　　2: 「대우」의 대우조선공업에 대한 출자 5,020억 원이 산업합리화 예외인정으로 포함
　　3: 기업공개, 합병, 전환사채의 주식전환 등임
　　4: 동일인과 특수 관계인의 지분을 합산

　출자한도초과 해소방법을 보면, 1987년 4월 1일 출자한도초과분은 1조 2,460억 원으로 1992년 3월 31일까지 유상증자(32%), 주식매각(25%), 순이익 발생으로 인한 순자산 증가(33%), 기업공개·합병·전환사채 전환(10%) 등의 방법으로 해소되었다. 이러한 출자한도초과분의 해소는 상대적으로 기업신설이나 인수를 억제하는 효과를 발휘하여 대규모기업집단의 무리한 계열 확장을 방지하는 데 기여했던 것으로 평가된다. 또한, 출자한도초과 해소를 위하여 유상증자, 순이익의 사내유보 등이 이루어져 재무구조 개선에도 기여한 측면이 있었다.

　그러나 이 같은 출자총액제한제도의 기대효과는 해소시한이 도래함

에 따라 예외인정 출자규모가 해마다 증가하여 상당부분 제약될 수밖에 없었다. 즉 1987년 4월 1일 제도 시행 시점의 출자한도초과분에 대하여 해소만기가 도래한 1992년의 경우 예외인정 출자금액은 6,910억 원으로 이는 1992년 출자 총액 7조 4,350억 원의 9%에 해당한다.

내부지분율은 1987년 4월 1일 제도 시행 당시 56.2%에서 1992년 4월 1일 46.2%로 많이 하락하였다(<표 3-11>). 이러한 내부지분율의 감소는 특히 동일인과 특수 관계인의 지분율 하락을 통해 이루어지고 있으며, 계열회사 지분율은 지속적으로 33% 수준을 유지하였다. 동일인과 특수 관계인의 지분율 하락은 기업공개의 유상증자 등을 실시하면서 나타난 현상이라고 생각된다.

3) 김영삼정권(1993.02.~1998.02.)

1994년 제4차 공정거래법 개정(1995.4.1. 시행)에서는 출자한도가 순자산의 40%에서 25%로 인하되고 이에 따른 출자한도초과분에 대해서는 1998년 3월 31일까지 3년간의 해소유예기한이 부여되었다. 이 같은 출자한도의 인하는 1987년 4월 제도 시행 시 순자산 대비 출자비율이 44.8%이었던 것이 1994년에는 26.8%까지 낮아지고, 출자제한예외 확대에 따라 경제력집중억제기능을 강화·보완하고자 함이었다.

한편, 국가경쟁력 강화를 뒷받침하기 위하여 「사회간접자본시설에대한민간자본유치촉진법」상 제1종 시설사업을 영위하는 회사에 대한 출자에 대해서는 동 제도의 적용을 최장 30년간 배제할 수 있는 제도가 도입되고, 업종전문화시책이 원활히 추진될 수 있도록 산업의 국제경쟁력 강화를 위한 출자[17)에 대하여 예외인정 기간이 5년에서 7년으로 연

---

17) 시행령 제17조의2(산업의 국제경쟁력강화를 위한 출자의 요건)(1995.4.1.개정)에서는 통상산업부 장관이 수립한 업종전문화유도시책상 주력 기업에

장되었다. 또한, 소유분산 및 재무구조 개선을 유도하기 위하여 소유분산우량회사(동일인 및 친족 지분 합계 8% 미만, 내부지분율 합계 15% 미만, 자기자본비율 20% 이상으로서 주력 기업에 해당하지 않는 상장회사)에 대한 출자에 대해서 동 제도의 적용을 배제하는 제도가 도입되었다.[18) 그 밖에 출자한도 인하에 따른 해소부담을 감안하여 유상증자로 인한 출자한도초과에 대한 예외인정 기간은 1년에서 2년으로, 순자산감소에 대한 예외인정 기간은 1년에서 3년으로 각각 연장되었다.

1996년 제5차 공정거래법 개정(1997.4.1. 시행)에서는 출자가액의 평가방법이 장부가액기준에서 취득가액기준으로 변경되었다. 1997년 시행령 개정(1997.4.1. 시행)에서는 적대적 M&A에 대한 경영권 방어를 위하여 소유분산우량회사의 내부지분율 기준을 15% 미만에서 20% 미만으로, 동일인의 실질적인 소유분산 유도를 위해 동일인과 친족지분을 8% 미만에서 5% 미만으로, 재무건전성 유도를 위해 자기자본비율을 20% 이상에서 25% 이상으로 각각 조정하는 등 소유분산우량회사 인정 기준이 개정되었다. 아울러 대기업과 중소기업 간 기술협력을 촉진하기 위한 예외인정 범위가 중소기업에 대한 지분참여 비율 10%에서 20%로 확대되었다.

김영삼정권에서의 운용실적을 보면 다음과 같다. 1995년 4월 1일부터는 출자한도가 순자산의 40%에서 25%로 인하되고, 동 시점에서 이미 출자한도가 초과된 회사는 3년간의 해소 유예 기한이 부여되었다. 순자산 대비 출자비율은 1996년까지는 24.8%까지 하락하다가 1997년 4월 1일 출자비율이 27.5%로 상승하였는데, 이는 당시 경기침체로 인

해당하지 않는 상장법인이 동일 기업집단 주력 기업에 출자하는 경우와 상장법인인 주력 기업이 동일업종을 영위하는 기업에 출자하는 경우가 산업의 국제경쟁력 강화를 위한 예외인정 대상출자로 추가되었다.

18) 1995.4.1. 시행령 개정에서는 소유분산우량기업집단(동일인 및 친족 등의 지분율 10% 미만, 당해 기업집단 소속회사들의 내부지분율이 20% 미만, 당해 기업집단 소속회사들 중 자본금 기준 상장회사의 비중 60% 이상)에 대하여 대규모기업집단에서 지정제외토록 하는 제도를 함께 도입하였다.

해 자기자본 증가는 둔화된 반면 소유분산우량회사제도의 시행으로 소유분산우량회사에 의한 출자가 대폭 증가하였기 때문이다.

대규모기업집단 내 소유분산우량회사의 출자 비중은 도입 첫해인 1995년에 6.1%에 지나지 않았으나 2년 후인 1997년에는 24.2%까지 급속히 증가하였다. 이는 소유분산우량회사제도가 가공자본에 의한 계열확장을 억제하려는 출자총액제한제도의 회피수단으로 이용될 수 있음을 반증하는 결과로 판단되고, 이러한 제도운용 경험으로 인해 출자총액제한제도 재도입 시 소유분산우량회사제도는 부활되지 아니하였다.

한편, 출자한도초과분은 1995~1997년 기간 중 평균 2조 1,816억 원에 달하고 있었다. 만일 출자총액제한제도가 1998년 2월 24일 폐지되지 않아 1998년 3월 말까지 해소되었다면 1998년 4월 1일 현재 순자산 대비 출자비율은 26.1% 수준으로 감소될 수 있었을 것으로 추정된다.

〈표 3-12〉 대규모기업집단 출자현황(1995~98)

(단위: 10억 원, %, 건)

구 분	1995.4.	1996.4.	1997.4.	1998.4.
출자총액[1](A)	11,292	13,572	16,876	17,674
순자산액(B)	42,884	54,829	61,343	59,232
출자비율(A / B)	26.3	24.8	27.5	29.8
출자한도초과[2]	2,202	1,955	2,388	–
예외인정금액	(362)	(439)	(307)	
적용제외	617	1,271	4,178	
• 소유분산우량회사출자	(617)	(1,236)	(4,086)	–
• SOC출자	–	(35)	(92)	
내부지분율(%)	43.3	44.1	43.0	44.5
• 동일인	4.9	4.8	3.7	3.1
• 특수 관계인	5.6	5.5	4.8	4.8
• 계열회사	32.8	33.8	34.5	36.6

주 1: 출자 총액에는 소유분산우량회사의 출자 총액과 SOC출자가 포함
  2: 출자한도 초과에는 예외인정 금액이 포함

〈표 3-13〉 소유분산우량회사의 출자현황(1995~97)

(단위: 개, %, 10억 원)

구 분	기업집단 수 (회사 수)	기업집단 내 출자 비중	순자산대비 출자 비율(30대 전체 평균)	출자한도 초과액[1]
1995	3(6)	6.1	33.1(26.3)	171
1996	5(9)	9.1	43.4(24.8)	545
1997	10(20)	24.2	37.3(27.5)	1,433

주 1: 소유분산우량회사의 출자 총액이 순자산의 25%를 초과한 금액

1995~1997년 기간 중 예외인정 출자규모는 연평균 3,690억 원으로 동 기간 중 출자 총액의 2.6%에 해당한다. 이 기간 중 예외인정 사유별 출자 비중은 유상증자 참여(46.4%), 산업합리화(36.3%), 국제경쟁력 강화(6.4%)의 순으로 나타나고 있어 1993~1994년 기간에 비해 유상증자 출자 비중이 높아지고 산업합리화 출자 비중은 낮아지는 경향을 보였다.

〈표 3-14〉 예외인정 출자현황(1995~97)

(단위: 10억 원, %)

사유 년도	순자산 감소	유상증자 참여	주식 배당	산업 합리화	보유주식 평가증	국제경쟁 력강화	기타	계
1995	55	51	-	211	12	23	10	362
1996	14	210	5	168	18	24	-	439
1997	-	253	7	23	0	24	-	307
합 계	69 (6.2)	514 (46.4)	12 (1.1)	402 (36.3)	30 (2.7)	71 (6.4)	10 (0.9)	1,108 (100)

내부지분율은 1994년 42.7%보다 약간 상승하여 43.0~44.5%의 범위에서 안정화되는 경향을 보였다(<표 3-12>). 그러나 내부지분율 구성 면에서는 동일인의 지분이 감소하는 반면 계열회사의 지분율은 증가하는 추세를 보이고 있어 동일인이 적은 지분으로 계열사 출자를 통해

기업에 대한 지배력을 지속적으로 유지하고 있음을 알 수 있다.

1997년 4월 1일 기준으로 볼 때 기업집단별로는 19개 기업집단에서 소속회사의 평균 출자비율이 공정거래법상 출자총액한도인 25%를 상회하고 있다.

<표 3-15> 기업집단별 출자비율 분포

구 분	기업집단별 출자비율(%)	집단 수
40% 초과	한화(49.6), 금호(57.4), 한라(44.6), 한솔(42.9), 진로(561.7), 동양(45.6), 뉴코아(79.8), 아남(43.9), 거평(123.5), 미원(61.5)	10
25~40%	현대(27.7), 대우(28.6), 선경(25.2), 쌍용(28.1), 두산(30.8), 코오롱(31.6), 고합(36.1), 해태(32.9), 신호(34.9)	9
25% 이하	삼성(21.1), 엘지(24.9), 한진(20.1), 기아(23.9), 롯데(17.8), 동아(24.7), 대림(24.5), 효성(20.5), 동국제강(16.8), 동부(19.6), 한일(19.8)	11

◦ 특례한도액

개정공정거래법의 시행(1995.4.1.)으로 30대 대규모기업집단 소속회사의 국내 타 회사에 대한 출자총액한도가 종전의 순자산 대비 40%에서 25%로 인하되었다. 이에 따라 1995년 4월 1일 현재 출자 총액이 순자산의 25%를 넘는 회사의 경우 3년간(1998.3.31.까지) 1995년 4월 1일 현재의 출자 총액이 당해 회사의 출자한도(특례한도액)로 인정되며, 1997년 4월 1일 현재 30대 대규모기업집단 소속 817개사 중 순자산대비 출자비율이 25%를 넘어 특례한도액의 적용을 받게 되는 회사는 27개 기업집단의 171개사로 이들 회사는 총 2조 3,880억 원을 향후 1년 내에 해소하여야 한다.

〈표 3-16〉 특례한도액 현황

(단위: 개, 10억 원)

대상집단 수	회사 수	출자 한도[1]	출자 총액[2]	출자한도 초과금액	해소 대상[3]
27	187	16,269	16,784	3,768 (187개사)	2,388 (171개사)

주 1: 순자산의 25%, 2) 민자유치사업관련 출자(928억 원) 제외, 3) 소유분산 우량
　　회사의 출자한도초과분은 제외, 예외인정금액 포함

　이러한 출자초과분의 해소는 유상증자 등 순자산 증가, 그룹 내 출
자여유회사의 인수 및 제3자 매각 등으로 이루어질 것이다.

4) 김대중정권(1998.02.~2003.02.)

　제4차 법 개정에 의해 출자한도가 40%에서 25%로 인하되면서 이로
인한 출자한도초과분의 3년간의 해소유예기한(1998.3.31.)이 도래하기
직전인 1998년 2월 24일 제6차 공정거래법 개정에서 출자총액제한제도
가 폐지되었다. 이는 IMF외환위기 당시 설치된 1998년 2월 4일 비상
경제대책위원회의 결정에 따른 것으로 외국인에 대한 적대적 M&A의
전면 허용에 따른 경영권 방어와 외국기업에 비해 국내기업을 역차별
하는 문제를 해소한다는 차원에서 이루어졌다.

　그러나 동 제도 폐지 이후 대규모기업집단의 계열사 간 출자가 대폭
증가하고 내부지분율이 크게 높아져[19] 동일인이 가공자본을 이용하여
적은 지분으로 다수의 계열사를 지배하는 선단식 지배구조가 심화되고,
외부 유입되는 실질적 자본증가 없이 부채비율을 감축시키며, 계열사

---

19) 대규모기업집단 출자 총액은 1998년 4월 17.7조 원에서 1999년 4월 29.9
　　조 원으로 증가하고, 내부지분율은 1998년 4월 44.5%(계열사 지분율
　　35.7%)에서 1999년 4월 50.5%(계열사 지분율 44.1%)로 상승하였다.

유상증자에 참여하여 부실계열사를 지원하는 등 제도폐지에 따른 부작용이 심각한 것을 나타났다.

이에 따라 1999년 12월 28일 제8차 공정거래법 개정에서는 출자한도를 순자산의 25%, 시행일은 2001년 4월 1일 시행 당시 출자한도초과분에 대해서는 1년간의 해소 유예 기한을 부여하는 내용으로 출자총액제한제도가 재도입되었다.[20] 예외인정 대상출자로는 보유주식에 대한 신주배정, 담보권 실행이나 대물변제의 수령, SOC 관련출자 이외에 기업구조조정·외국인투자유치·중소기업과의 기술협력 관련출자가 열거되었다.

반면, 업종전문화 등 산업합리화 관련출자나 소유분산우량회사의 출자는 종전과는 달리 예외인정 또는 적용제외 대상출자에 포함되지 아니하였다. 계열회사 간 순환출자를 억제하면서도 핵심역량에 집중하는 기업구조조정을 촉진하는 차원에서 3년 이상 영위하던 영업의 통합 법인에 대한 현물출자, 물적 분할로 인한 자회사에 대한 출자, 임직원 분사회사에 대한 출자, 친족분리를 위한 지분정리과정에서 동종회사에 대한 출자 등 예외인정대상 기업구조조정출자가 시행령에서 구체화되었다. 아울러 외국인투자유치를 위한 출자는 특정 외국인 측이 30% 이상 최다출자자인 회사에 대하여 출자한 경우로 규정되고, 중소기업과의 기술협력을 위한 출자는 원료·부품을 주로 생산하는 중소기업 및 「벤처기업육성에관한특별조치법」에 의한 벤처기업에 대한 출자로 규정되었다.

김대중정권의 운용실적을 보면 다음과 같다.

---

20) 1999년 8월 15일 대통령 광복절 경축사에서 IMF외환위기 이후 천명된 기존의 5대 기업구조조정 원칙(기업경영의 투명성 제고, 상호채무보증 해소, 재무구조의 획기적 개선, 핵심역량 집중, 지배주주 및 경영진의 책임강화)에 더하여 추가로 3원칙(계열사 간 순환출자의 억제 및 부당내부거래 차단, 제2금융권에 대한 경영지배 개선, 변칙상속·증여의 방지)이 제시되었다. 출자총액제한제도는 추가 3원칙 중 계열사 간 순환출자의 억제와 관련하여 입법추진된 것이다.

1998년 2월 24일 출자총액제한제도 폐지 이후 출자변동추이를 보면, 출자 총액은 1998년 4월 17.7조 원에서 1999년 4월 29.9조 원, 2000년 4월 45.9조 원으로 대폭 증가하였고, 이에 따라 순자산 대비 출자비율도 1998년 4월 29.8%에서 1999년 4월 32.5%, 2000년 4월 32.9%로 상승하여 1991년 이전 수준으로 회귀하게 되었다. 이 같은 출자 총액의 증가는 주로 1~5대 기업집단이 재무구조 개선을 위해 대규모의 유상증자를 실시하는 과정에서 동 증자물량의 상당부분을 계열회사가 인수한 데 기인하였다. 그러나 계열사 간 유상증자 참여는 실질적인 외부자금의 유입 없이 자기자본을 증가시켜 형식적으로 부채비율을 감축시킨다거나 시장에서 퇴출되어야 할 부실계열사를 지원하는 수단으로 활용되는 등 폐해가 심각한 것으로 지적되었다.

<표 3-17> 출자총액 변동현황(1998~2001)

(단위: 조 원, %)

구 분	출자 총액	순자산	순자산대비 출자 비율	출자한도초과
1998.4.	17.7	59.2	29.8	-
1999.4.	29.9	92.0	32.5	12.2
2000.4.	45.9	139.6	32.9	19.8
2001.4.	50.8	142.8	35.6	

한편, 내부지분율은 1998년 4월 44.5%에서 1999년 4월 50.5%로 6.0% 상승하였다가, 2000년 4월 43.4%로 하락하는 현상을 보였다. 1999년 내부지분율 상승은 재무구조 개선을 위한 유상증자에 계열회사들이 대거 참여한 데 기인하였고, 2000년 내부지분율 하락은 내부지분율이 높은 회사의 계열제외 및 외국인투자 유치로 계열사 지분율이 낮아진 데 따른 것이었다. 2001년 들어 동일인 지분이 증가한 것은 동일인 지분이 높은 포항제철(57.8%)과 현대백화점(13.7%)이 신규 지정된 데 주로 기인하고 있다. 계열회사 지분율은 전년의 36.6%에서 35.2%

로, 특수 관계인 지분율은 전년의 3.0%에서 2.3%로 각각 1.4%p, 0.7%p 하락하였다.

〈표 3-18〉 내부지분율 변동현황(1998~2001)

(단위: %)

구 분	동일인	특수 관계인	계열회사	자기주식	합계
1998.4.	3.1	4.8	35.7	0.9	44.5
1999.4.	2.0	3.4	44.1	1.0	50.5
2000.4.	1.5	3.0	36.6	2.3	43.4
2001.4.[1]	3.3	2.3	35.2	4.2	45.0
2002.4.[2]	1.7	2.3	37.8	3.8	45.6

주 1: 2001년 4월 1일까지는 30대 기업집단 기준
　　2: 출자총액제한기업집단 중 공기업을 제외한 민간기업집단 기준

동일인과 특수 관계인의 지분율 하락은 기업공개와 유상증자 실시에 따라 나타나는 현상으로 소유 집중 완화라는 측면에서 바람직한 것으로 평가될 수 있다. 그러나 가공자본의 형성과 기업지배구조의 왜곡 초래와 관련된 계열회사 지분율이 지속적으로 상승하는 추세는 우려되는 현상으로 특히 계열회사 지분율의 상승과 동일인·특수 관계인의 지분율 하락이 동시 진행되고 있는 점에 대해서는 동일인 측이 적은 자본으로 많은 계열회사를 계속해서 지배한다는 문제가 제기될 수 있다.

2002년부터는 대기업집단제도의 개편으로 출자규제대상이 종전 30대 기업집단에서 자산규모 5조 원 이상인 출자총액제한 기업집단으로 변경되고 공기업이 포함됨에 따라 분석틀이 달라진다.

2002년 4월 1일 기준 출자총액제한 기업집단의 출자 총액은 55.0조 원으로 전년도 자산규모 5조 원 이상 기업집단의 출자 총액 46.9조 원에 비해 8.1조 원이 증가하였다. 출자 총액이 증가한 것은 신규 지정된 공기업집단 등의 출자 총액(23.6조 원)이 지난해 5조 원 이상 기업집단 중 출자총액제한 기업집단에서 제외된 기업집단의 출자 총액보다 큰

것이 주된 원인이다. 순자산 대비 출자 비율은 27.5%로서 전년도 5조 원 이상 기업집단의 출자 비율 36.9%보다 9.4%p 감소한 수준이며, 민간기업집단의 출자 비율은 30.6%로서 전년에 비해 6.3%p 감소하였다.

〈표 3-19〉 출자총액제한기업집단의 출자현황

(2002. 4. 1. 기준, 단위: 조 원, %)

구 분	2002년 출자총액제한 기업집단				2001년 30대 기업집단		
	전체 (19개)	12개 민간집단		7개 공기업	5조 원 이상 (17개)	30대 전체	
			기존 30대 (11개)				(11개)
출자 총액(A)[1]	55.0	31.4	29.6	23.6	46.9	50.8	39.0
순자산(B)[1]	199.7	102.5	99.4	97.2	127.0	142.8	103.0
출자 비율(A / B)	27.5	30.6	29.7	24.3	36.9	35.6	37.9

주 1) 금융·보험회사, 지주회사 등을 제외한 수치

종전 30대 기업집단에 속했던 11개 기업집단의 출자 총액은 29.6조 원으로 전년 대비 9.4조 원이 감소하였다. 이는 2001년 4월 1일부터 출자총액제한제도가 재시행됨에 따라 추가출자를 자제하고 한도초과 출자를 해소한 점과 현대의 계열분리(3.8조 원), 합병·청산(3.5조 원), 지주회사 전환(1.5조 원) 등 기존 기업집단의 출자감소가 원인으로 작용하였다.

계열회사에 대한 출자 총액은 45.8조 원으로서 전년 자산규모 5조 원 이상 기업집단의 34.5조 원에 비해 11.3조 원(32.8%)이 증가하였다. 계열회사에 대한 출자 총액이 크게 증가한 것은 신규 지정된 공기업집단의 계열회사에 대한 출자 총액이 큰 것이 주된 원인이다. 민간기업집단(12개)의 계열회사에 대한 출자 총액은 22.8조 원으로 지난해 30.0조 원보다 7.2조 원이 감소하였다. 한편, 비계열회사에 대한 출자 총액은 9.2조 원으로 전년의 자산규모 5조 원 이상 기업집단의 12.4조 원에 비해 3.2조 원(25.8%)이 감소한 것으로 나타났다.

〈표 3-20〉 출자총액제산 기업집단의 출자총액 증감내역

(단위: 조 원, %)

신규지정 (A)	기존 11개 집단 증가요인[1]						합계 (E = A + B)	총 증감금액 (G = E - F)
	유상 증자	주식 취득	회사 설립	계열 편입	기타	소계 (B)		
25.4	0.7	1.3	0.2	0.3	0.1	2.6	28.0	8.1
지정제외 (C)	기존 11개 집단 감소요인[1]						계 (F = C + D)	
	주식 매각	계열 분리	합병 청산	지주회 사전환	기타	소계 (D)		
7.9	2.4	3.8	3.5	1.5	0.8	12.0	19.9	

주 1: 신규 지정된 공기업집단 및 현대중공업을 제외한 민간기업집단 기준

유상증자는 전년도까지 출자 총액을 증가시킨 주요 요인(2000년 4월~2001년 4월 중 충자총액 증가요인 중 유상증자가 2.1조 원으로 전체 출자증가의 41.2%)이었으나, 출자총액제한제도의 재시행으로 유상증자 참여에 의한 출자 증가 규모는 크게 감소하였다. 하지만 유상증자 금액 0.7조 원 중 계열회사에 대한 유상증자 참여가 0.5조 원(74.9%)으로 대부분을 차지하고 있다.

다음은 김대중정권에서 출자총액제한 위반회사에 대한 시정조치 현황이다.

2002년 4월 1일 현재 민간기업집단의 출자 총액 31.4조 원 중 적용제외 출자를 공제한 한도초과액은 총 9.6조 원이며, 예외인정 출자를 제외한 법 위반 출자금액은 9개 기업집단 총 3.4조 원으로 집계되었다. 제도개편으로 도입된 적용제외 출자는 동종·밀접관련 업종출자가 4.7조 원(79.6%), SOC법인출자 0.9조 원(14.6%), 공기업민영화출자 0.2조 원(4.1%) 등 총 5.9조 원으로 나타났다. 또한 예외인정출자는 외국인투자기업출자 2.4조 원(33.9%), 기업구조조정출자 2.3조 원(32.5%), 부실

기업소유주식 1.6조 원(22.3%) 등 총 7.1조 원이다.

〈표 3-21〉 12개 민간기업집단의 법 위반 출자현황

(2002년 4월 1일 현재, 단위: 조 원)

출자 총액	적용제외	한도초과액	예외인정금액	법위반금액
31.4	5.9	9.6	7.1	3.4

기업집단별로는 SK(2.1조 원), LG(0.4조 원), 금호(0.3조 원), 현대(0.2 조 원), 두산(0.2조 원) 등의 법 위반 금액이 큰 것으로 나타났다.

〈표 3-22〉 기업집단별 법 위반 출자현황

(2002.4.1. 현재, 단위: 십억 원)

삼성	LG	SK	한진	현대	금호	한화	두산	동부	합계
6	440	2,109	34	235	347	5	229	70	3,475

한편, 7개 공기업집단의 출자 총액 23.6조 원 중 적용제외출자가 22.1조 원으로서 전체 출자 총액의 93.6%를 차지하고 있으며, 구조조정과 관련하여 1건의 예외인정 출자가 있다. 적용제외 출자의 대부분은 한국전력공사의 분할 발전자회사에 대한 출자(17.5조 원)로서 동종·밀접관련으로 적용 제외되었다.

2002년 3월 31일자로 한도초과 출자에 대한 해소시한이 종료됨에 따라 한도초과출자를 미해소하거나 한도를 넘은 신규출자에 의해 출자총액제한규정을 위반한 회사에 대해 의결권제한·주식처분 등의 시정조치를 취하였다.

출자한도 초과주식을 해소시한(2002.3.31.)까지 계속 소유하여 법을 위반한 9개 기업집단 소속 34개사가 보유한 총 2.9조 원(2002.4.1.~2002.8.20. 까지 해소분은 제외)에 대해 의결권을 제한하였으며, 한도초과출자의 처분 등으로 법 위반 상태가 해소된 회사에 대해서는 경고조치하였다.

또한 2001년 4월 1일 이후 한도를 넘는 신규출자로 인해 법을 위반한 2개 기업집단소속 2개 회사에 대해서는 주식처분(89억 원)을 명하였다. 아울러 법 위반을 자진시정한 회사를 제외한 7개 기업집단 소속 11개 사에 대해 총 48억 원의 과징금을 부과하였다.

<표 3-23> 기업집단별 시정조치 내역

(단위: 개사, 백만 원)

6개 기업 집단명	시정조치				과징금		경 고
	의결권제한명령		주식처분명령				
	회사 수	대상금액	회사 수	대상금액	회사 수	과징금	
삼 성	3	6,014	–	–	1	3.3	–
LG	5	154,349	–	–	1	4.5	1
SK	8	1,874,784	–	–	–	–	–
한 진	5	33,810	–	–	–	–	–
현 대	2	234,207	–	–	2	67.7	–
금 호	5	345,835	1	863	2	111.3	–
한 화	2	3,901	–	–	–	–	1
두 산	2	223,698	–	–	–	–	1
동 부	2	29,822	1	7,988	2	2,894.6	–
출자집단 소계	34	2,906,420	2	8,851	8	3.081.4	3
한 솔	–	–	–	–	1	558.8	–
코오롱	–	–	–	–	2	1,179.3	–
총 계	34	2,906,420	2	8,851	11	4,819.5	3

주) 한솔과 코오롱은 2002년 4월 1일 출자총액제한기업집단에서 지정제외

5) 노무현정권(2003.02.~2008.02.)

2004년 12월 31일 공정거래법 제11차 개정 시 출자총액제도도 변화

되었다.

기업 및 기업집단의 소유지배구조 개선과 투명경영을 유도할 수 있도록 기업지배구조 모범기업, 지주회사에 소속된 회사, 출자구조가 단순하고 계열회사 수가 일정 수 이하인 기업집단, 지배주주의 소유와 지배 간 괴리가 작은 기업집단 등 4가지 졸업기준을 도입하였다.

또한 출자총액제한제도의 적용제외 및 예외인정 제도를 보완하여, 민간이 소유권을 갖는 방식의 SOC투자법인 출자에 대한 적용제외를 신설하고, 2003년 3월 말 시한이 만료된 기업구조조정 출자에 대한 예외인정을 부활하는 한편, 기업구조조정·중소기업과의 기술협력·신산업 등 출자의 경우에는 최장 8년인 예외인정시한을 폐지하였다.

그리고 시행령(2005.4.1.)에서는 출자총액제한 기업집단 지정 기준을 종전의 자산 5조 원에서 자산 6조 원으로 상향조정하였다.

2007년 4월 13일 제13차 공정거래법 개정을 통해 출자총액제한 적용대상이 축소되었다. 출자한도는 이전의 25%에서 40%로 상향조정되었다. 그리고 출자총액제한제도 적용대상 기업을 당해 기업집단 소속 모든 회사에서 자산 총액이 일정규모 이상인 회사로 대폭 축소하였다. 나아가 시행령 개정을 통해 적용대상 기업집단은 6조 원에서 10조 원으로, 기업집단의 계열사는 자산 총액이 2조 원 이상인 기업으로만 한정하기로 하였다.

노무현정권에서 출자총액제한제도의 운영실적을 보면 다음과 같다.

제13차 공정거래법이 개정된 이후 개정 시행령에 의해 출자총액제한 적용대상이 축소되기 전에 출자총액제한제도의 적용을 받는 회사는 11개 기업집단 소속 399개 기업 중 264개이다. 그러나 개정된 법에 따라 시행령이 시행되면 264개 회사 중 자산 총액 2조 원 미만인 회사(237개사)는 적용이 면제된다. 이 경우 2조 원 이상 23개사가 출자총액제한에 적용된다. 기업집단별로 보면 삼성 9개사, 현재자동차 5개사, 롯데 4개사, GS 1개사, 한진 2개사, 현대중공업 2개사이다.

특이한 것은 출자총액제한 대상이 되는 기업집단은 11개인데, 계열

사가 실제로 제한을 받는 기업집단은 6개에 불과하다. SK, LG, 금호아
시아나, 한화, 두산은 그룹전체로는 출총제 제한 대상이 되나 계열사는
빠지는 상황이 된 것이다.

<표 3-24> 출자총액제한 규제 적용대상 회사

기업집단	출자총액제한규제 적용대상 회사	2조 원 이상호사 중 적용면제 현황
삼 성	삼성물산, 삼성에버랜드, 삼성SDI, 삼성전기, 삼성전자, 삼성중공업, 삼성코닝정밀유리, SLCD, 제일모직(총 9개사)	• 지주회사(삼성토탈) • 금융보험사(삼성생명, 삼성화재해상)
현대자동차	기아자동차, 현대모비스, 현대자동차, 현대제철, 현대하이스코(총 5개사)	-
SK	-	• 관리절차(SK네트웍스) • 지주회사 등(SK, SK인천정유, SK텔레콤 등)
LG	-	• 지주회사(LG데이콤, LG텔레콤, LG화학, LG필립스엘시디, LG전자, LG)
롯 데	호텔롯데, 롯데건설, 롯데쇼핑, 호남석유화학(총 4개사)	-
GS	GS건설(총 1개사)	• 지주회사(GS칼텍스, GS홀딩스)
금호아시아나	-	• 지주회사(대우건설, 금호산업, 금호석유화학, 금호타이어, 아시아나항공)
한 진	대한항공, 한진해운(총 2개사)	-
현대중공업	현대미포조선, 현대중공업(총 2개사)	• 지배구조모범기업(현대상호중공업)
한 화	-	• 지배구조모범기업(한화, 한화석유화학) • 금융보험사(대한생명보험)
두 산	-	• 지배구조모범기업(두산인프라코어, 두산중공업, 두산)
합 계	6개 집단 총 23개사	총 27개사

6) 종 합

출자총액제한 제도가 얼마나 요동을 쳤는지 정리해 보면 다음과 같다.

- 1986년 재벌정책 도입 시: 자산 4천억 원 이상인 대규모기업집단
  에 대해 출자총액제한(순자산의 40%)
- 1990년 1월 13일(첫 번째 개정): 금융·보험회사는 출자총액제한
  대상에서 제외
- 1992년 12월 8일(두 번째 개정): 산업경쟁력 향상을 위한 출자총
  액제한의
  예외인정 확대
  - 부품생산중소기업과 기술협력관계의 유지를 위한 출자
    출자 등 산업의 국제경쟁력 강화를 위하여 필요한 경우에 5년
    이내에서 예외인정이 가능하도록 조항 신설
  - 결산 시 보유주식 평가증의 경우 1년 예외인정 조항신설
    (1993.2.20. 시행령) 예외인정 범위 확대: 원료생산중소기업의
    10% 이내 주식취득
- 1994년 12월 8일(세 번째 개정): 출자총액한도의 강화
  - 순자산의 40%에서 25%로 하향조정
  - 소유분산 우량회사에 대해서는 적용 예외
    (1995.4.1. 시행령)
    (1997.3.31. 시행령) 예외인정 범위 확대: 원료생산중소기업의
    20% 이내 주식취득
- 1998년 2월 24일(출총제 폐지): 적대적 M&A 허용에 따른 국내기
  업에 대한 역차별 해소 등 기업구조조정 원활화를 위해 폐지
- 1999년 12월 28일(출총제 재도입): 출자총액제한제도 재도입(순자산
  의 25%)

- 유예기간 2002년 3월 말까지
- 재벌개혁 명분으로 2001년 4월부터 시행

  (2000.4.1. 시행령): 기업구조조정, 외국인투자유치, 중소기업과의 기술협력 등에 장애요인이 되지 않도록 세부적인 예외인정요건을 시행령에 규정[21]

  (2001.7.24. 시행령):
- 기업구조정의 촉진을 위해 영업양도의 방법을 통해 주식을 취득하는 경우도 5년간 예외인정
- 기존 핵심사업부문의 역량강화뿐만 아니라 신규 핵심사업부문에 대한 출자도 5년간 예외인정
- 기업구조조정과정에서 당해 기업의 적극적인 출자행위가 아닌 증여에 의해 수동적으로 주식을 보유하게 된 경우도 2년간 예외인정
- ◦ 2002년 1월 26일(법 개정): 출자총액제한제도의 광범위한 예외인정
  - 기업의 경쟁력 강화와 핵심역량집중을 위한 출자는 자유롭게 허용하고, 지배력 확장과 관련이 적은 출자에 대해서는 예외를 확대

---

21) 먼저, 다음과 같은 출자는 기업구조조정을 위한 경우로 보아 출자총액제한의 예외로 인정하였다.
  ◦ 사업구조조정 과정에서 중복·과잉투자 해소를 위해 설립된 통합 법인에 대한 출자
  ◦ 동종 업종을 영위하는 회사를 인수하여 2년 이내에 합병이 예정된 경우의 출자
  ◦ 계열회사를 매각하고 그 대금으로 핵심역량 강화를 위해 핵심사업부문에 해당하는 회사에 출자하는 경우
  ◦ 물적 분할에 의하여 설립되는 신설분할법인에 대한 출자
  ◦ 임직원 등이 설립하는 분할회사에 대한 지분율 30% 미만의 출자
  ◦ 친족 독립경영에 의한 계열분리 추진과정에서 분리되는 회사가 소유하고 있는 다른 계열회사의 주식을 취득하는 경우
  ◦ 재무구조가 부실한 계열회사의 매각을 원활하게 하기 위하여 매각에 앞서 당해 회사의 재무구조개선을 위해 실시하는 유상증자에 참여하는 경우
  또한, 외국인투자의 유치를 위하여 특정 외국인 측이 지분 30% 이상을 보유하면서 최다출자자로 있는 외국인투자기업에 대한 출자를 예외 인정하였으며, 중소·벤처기업과의 협력관계 강화를 위하여 원료·부품생산 중소기업 및 벤처기업에 대한 지분 30% 미만의 출자에 대해서도 예외를 인정하였다.

하여 기업의 보다 자유로운 경영활동 여건이 마련될 수 있도록 출자총액제한의 적용제외대상을 신설하고, 예외인정대상을 보완

- 종전 예외인정대상이었던 사회간접자본시설에 대한 민간투자사업을 위한 출자를 적용제외대상으로 전환하였고, 공기업민영화 등 국가시책의 원활한 추진을 위해 공기업 민영화대상 회사 및 정부출자회사에 대한 출자를 적용제외대상으로 함

- 기업의 경쟁력 강화와 핵심역량 집중을 유도하기 위해 동종의 영업을 영위하거나 밀접한 관련이 있는 회사에 대한 출자를 적용제외대상으로 하였으며, 회사정리·화의·관리절차가 진행 중인 회사에 대해서는 출자총액제한제도의 적용을 배제함

- 한편, 외국인투자촉진법에 의한 외국인투자기업에 대한 출자, 신산업의 국제경쟁력 강화를 위해 신기술을 기업화한 회사에의 출자 및 회사정리·화의·관리절차가 진행 중인 회사에 대한 출자에 대해서는 일정 기간 예외를 인정하는 등 예외인정대상을 보완

- 아울러 구조조정관련 출자의 경우 종전에는 1998년 1월 1일~2001년 3월 31일 기간 중에 발생한 출자에 대해서만 예외를 인정하였으나, 기업구조정의 지속적인 추진을 독려하기 위해 2003년 3월 31일까지 2년간 예외인정 시한을 연장

◦ 2004년 12월 31일(법개정): 4가지 졸업기준 도입 및 예외인정제도 보완

- 기업 및 기업집단의 소유지배구조 개선과 투명경영을 유도할 수 있도록 기업지배구조 모범기업, 지주회사에 소속된 회사, 출자구조가 단순하고 계열회사 수가 일정 수 이하인 기업집단, 지배주주의 소유와 지배 간 괴리가 삭은 기업집단 등 4가지 졸입기준을 도입

- 또한 출자총액제한제도의 적용제외 및 예외인정 제도를 보완하여, 민간이 소유권을 갖는 방식의 SOC투자법인 출자에 대한 적용제외를 신설하고, 2003년 3월 말 시한이 만료된 기업구조조정 출자에 대한 예외인정을 부활하는 한편, 기업구조조정·중소기업과의 기술

협력·신산업 등 출자의 경우에는 최장 8년인 예외인정시한을 폐지
(2005.4.1. 시행령): 출자총액제한 기업집단 지정 기준 상향조정
- 종전 자산 5조 원에서 자산 6조 원으로 상향조정
◦ 2005년 3월 31일(법개정): 「남북교류협력에 관한 법률」에 의한 적용배제
- 동 법률에 의하여 협력사업자로 승인된 회사가 일정 기준에 해당하는 회사의 주식을 취득 또는 소유하는 경우에는 출자총액제한에 관한 규정의 적용을 배제함
(2006.4.14. 시행령)
- 구조조정 대상기업에 대한 출자의 예외인정
- 출자총액제한의 적용을 받지 아니하는 지배구조모범기업 요건의 완화
◦ 2007년 4월 13일(법개정): 출자총액제한제도 적용대상 축소
- 출자한도 이전의 25%에서 40%로 상향조정
- 출자총액제한제도 적용대상 기업을 당해 기업집단 소속 모든 회사에서 자산 총액이 일정규모 이상인 회사로 대폭 축소하기로 함
(2007.7.13. 시행령)
- 적용대상 기업집단은 6조 원에서 10조 원으로, 기업집단의 계열사는 자산 총액이 2조 원 이상인 기업으로만 한정

다음은 출자총액제한 제도에 대한 정권별 변화를 요약한 것이다.

<표 3-25> 출자총액제한 제도의 정권별 변화

정 권	내 용
전두환	자산 4천억 원 이상 기업집단, 출자한도는 순자산의 40%까지 허용
노태우	30대 기업집단, 출자총액은 지속적으로 감소하나, 예외인정 금액은 증대
김영삼	30대 기업집단, 출자한도 순자산 25%로 인하, 예외인정 범위 및 기간 확대
김대중	◦출자총액제한제도 폐지(1998.2.24.) ◦출자총액제한제도 재도입(1999.12.28.), 순자산 25%까지 허용 - 자산 5조 원 이상의 출자총액제한 기업집단으로 한정
노무현	◦출자한도 순자산 40%까지 허용 ◦5조 원 이상 기업집단 소속 모든 회사에서 10조 원 이상 기업집단만 해당하고, 계열사는 자산 총액이 2조 원 이상인 기업만 해당함 - 해당되는 재벌이 6개 재벌의 23개 계열사로 대폭 줄어듦

05 상호출자금지제도

　상호출자란 두 개의 회사가 서로의 주식을 인수하거나 취득하여 소유하는 것을 말한다. 상호출자를 하고 있는 기업 간에서 서로 상계되는 지분만큼은 실제 자금의 도입이 없는 가공적인 출자이므로 근본적으로 회사법에서도 경계하는 바이다. 나아가서 당해 회사들은 이 같은 가공의 출자에 근거하여 서로 기업의 지배력을 교환 소유함으로써 진정한 출자자들을 소외시키는 폐해를 야기한다. 과거 대규모기업집단들은 상호출자의 이러한 기능에 착안하여 출자 없이 기업을 지배하고 경제력을 집중 장악하는 양상을 보여 왔다.

　특히 재벌그룹 내의 상호출자를 통해 불합리한 계열 확장 문제가 학계와 언론에서 집중 비판되었다. 재벌기업들이 계열회사로부터의 출자와 외부차입을 통해 자금을 조성하여 이를 타 회사에 출자하는 방식으로 무리한 계열 확장을 하고, 이 같은 과정에서 재벌기업의 재무구조가 부실화되고 실질자금의 투입 없이 의결권을 확보함으로써 회사지배구조의 왜곡이 초래된다는 지적이었다.

　당시 이러한 상호출자를 금지하여야 한다는 여론에 따라 1984년 상법 개정 시 모자회사 간(母子會社 間) 상호출자 금지와 비모자회사 간(非母子會社 間) 상호출자 주식의 의결권제한제도가 도입되기도 하였다. 그러나 상법의 사법적 성격상 관할 행정청이 없는 등 규제의 실효성에 한계가 있었고, 더욱이 기업집단의 상호주식 보유형태는 환상형 출자, 방사선형 출자, 복합형 출자 등 간접적 상호출자방식을 취하고 있어 직접적 상호출자만을 규제대상으로 하는 상법에 의해서는 간접적 상호출자방식에 의한 경제력집중 심화문제에 대처하기 어렵다는 비판이 제기되었다.

1) 전두환정권(1981.02.~1988.02.)

공정거래법 제1차 법 개정(1986.12.31.)과 시행령 개정(1987.4.1.)을 통해 상호출자금지제도를 도입하여 대규모기업집단에 속하는 회사 간의 상호출자를 원칙적으로 전면금지하였다. 당시의 상법에 의하면 자기회사 주식 40% 이상을 소유하고 있는 회사에 출자하는 것을 금지하고 있었으나 실효성은 거의 없었다. 특히 상법의 경우 기업집단의 개념을 도입하는 것이 사실상 불가능했기 때문에 공정거래법에서 이를 제도화하였다.

그러나 3년간의 유예기간을 줌에 따라 특별한 운영실적은 없었다.

2) 노태우정권(1988.02.~1993.02.)

제2차 공정거래법 개정(1990.1.13.) 시 대규모기업집단 소속 금융·보험회사 간 상호출자를 추가로 금지시켰다. 그리고 상호출자 예외항목을 축소시켰으며, 위반행위에 대해서는 과징금제도를 실시하였다.

운용실적을 보면, 1986년 12월 도입 당시 상호출자에 대해서는 3년간의 유예기간을 두고 해소하고자 하였는데, 29개 기업집단(총 148건)의 상호출자금액 693억 원은 법정 기한인 1990년 3월 말까지 완전해소되었다.

또한 1990년 법 개정으로 새로이 규제된 대규모기업집단 소속의 금융·보험사가 이미 상호출자를 하고 있는 경우는 1년간의 유예기간을 주어 상호출자분을 처분하도록 하였다. 대규모기업집단의 계열회사들이 이에 위반하여 상호출자를 한 경우에는 공정거래위원회가 주식의 처분 등 시정조치를 명할 수 있고 시정될 때까지 상호 출자된 주식은 의결권의 행사가 정지된다. 아울러 위반행위에 대해서는 벌칙이 적용되며 과징금을 병과할 수 있다. 회사의 합병이나 영업의 양수에 의해 제3의 회사와 상호 출자한 결과가 되거나, 채권의 실행을 위해 제3의 회사의 주식을 취득함으로써 상호 출자한 결과가 생길 수 있는데, 이는 상호출자규제의 동기와 무관하므로 허용하되 6개월 내에 처분하도록 규정하고 있다.

현대, 럭키금성, 한국화약, 동부 등 4개 기업집단의 금융·보험사의 상호출자금액 103억 원을 1991년 3월 말까지 해소하였다.

3) 김영삼정권(1993.02.~1998.02.)

김영삼정권에서 상호출자금지 규정을 위반하여 경고 이상의 제제조치를 받은 상호출자건은 1994년 1건에 불과하다. 이는 상호출자가 거의 해소되었기 때문으로 평가된다.

4) 김대중정권(1998.02.~2003.02.)

그동안은 경제력집중에 따른 폐해를 줄이기 위해 자산규모를 1위부터 30위까지 기업집단을 일률적으로 대규모기업집단을 지정하였다. 그러나 제10차 공정거래법개정(2002.1.26.) 시 30대 기업집단 일괄지정제도를 폐지하고 상호출자, 채무보증, 출자 등 행태별로 규율대상 기업집단을 차등화하였다. 법 개정에 따라 시행령 개정(2002.4.1.)을 통해 자산규모 2조 원 이상인 기업집단은 상호출자 및 채무보증 기업집단으로 지정하였다.

운영실적을 보면 경고 이상의 제재조치를 받은 상호출자건은 1998년 1건, 1999년 3건, 2000년 2건으로 많이 늘어난 것처럼 보인다. 그러나 위반사례를 구체적으로 보면 신규편입이나 합병 시 기존 상호출자에 대한 해소 유예기간이 경과한 이후에도 이를 해소하지 못한 경우들이다. 따라서 1970, 1980년대에 성행했던 직접 상호출자방식의 가공자본을 통한 계열 확장 행태는 사실상 차단된 것으로 평가된다.

5) 노무현정권(2003.02.~2008.02.)

2005년도의 상호출자제한 기업집단은 55개가 지정되어 2004년보다는 4개의 기업집단이 증가하였다.

그리고 2008년 7월 기준으로는 51개로 줄어들었다.

〈표 3-26〉 상호출자제한 기업집단의 소속회사 현황(2007.7.2. 기준)

(단위: 개)

순 위	기업집단명	동일인	계열사 수	순 위	기업집단명	동일인	계열사 수
1	삼성	이건희	58	33	한국농촌공사	한국농촌공사	2
2	한국전력공사	한국전력공사	11	34	현대백화점	정지선	24
3	현대자동차	정몽구	36	35	코오롱	이웅열	33
4	에스케이	최태원	58	36	동양	현재현	21
5	엘지	구본무	31	37	케이씨씨	정상영	7
6	대한주택공사	대한주택공사	2	38	하이트맥주	박문덕	13
7	롯데	신격호	43	39	한진중공업	조남호	4
8	한국도로공사	한국도로공사	4	40	효성	조석래	23
9	포스코	(주)포스코	23	41	현대오일뱅크	현대오일뱅크(주)	2
10	케이티	(주)케이티	20	42	현대산업개발	정몽규	17
11	한국토지공사	한국토지공사	2	43	영풍	장형진	22
12	지에스	허창수	49	44	케이티앤지	(주)케이티앤지	6
13	금호아시아나	박삼구	38	45	세아	이운형	23
14	한진	조양호	25	46	부영	이남형	6
15	현대중공업	정몽준	7	47	대한전선	설윤석	18
16	한화	김승연	34	48	태광산업	이호진	48
17	두산	박용곤	20	49	동양화학	이회림	18
18	한국철도공사	한국철도공사	16	50	한솔	이인희	12
19	하이닉스	(주)하이닉스반도체	5	51	쌍용양회	쌍용양회공업(주)	6
20	한국가스공사	한국가스공사	3	52	하나로텔레콤	하나로텔레콤(주)	13
21	신세계	이명희	15	53	농심	신춘호	15
22	엘에스	구태회	22	54	대성	김영대	41
23	현대	현정은	9	55	태평양	서경배	9
24	동부	김준기	22	56	태영	윤세영	23
25	씨제이	이재현	64	57	문화방송	(주)문화방송	32
26	대림	이준용	14	58	삼양	김 윤	13
27	지엠대우	지엠대우	3	59	한국타이어	조양래	9
28	대우조선해양	대우조선해양(주)	6	60	교보생명보험	신창재	12
29	현대건설	현대건설(주)	10	61	오리온	담철곤	22
30	에스티엑스	강덕수	15	62	대우자동차판매	대우자동차판매	25
31	동국제강	장세주	11		합 계		1,212
32	이랜드	박성수	17				

6) 종 합

상호출자금지제도에 대한 정권별 변화를 요약하면 다음과 같다.

〈표 3-27〉 상호출자금지제도의 정권별 변화

정 권	내 용
전두환	상호출자 전면금지, 3년간 유예
노태우	금융 · 보험사간 상호출자도 추가로 금지
김영삼	상호출자 거의 해소
김대중	상호출자 거의 해소
노무현	상호출자 거의 해소

06 부당내부거래 규제제도

　　부당내부거래라 함은 회사가 그 특수 관계인(주로 대주주나 그 친족)이나 다른 회사에 대하여 상품, 용역, 자금, 자산, 인력 등을 무상으로 제공하거나 현저히 유리한 조건으로 거래함으로써 공정한 거래를 저해할 우려가 있는 행위를 말한다. 부당내부거래는 그 목적이 계열회사가 다른 계열회사를 지원하기 위한 것이므로 부당지원행위라고도 한다.

　　부당내부거래가 기업의 고질적인 관행이 된 데는 여러 가지 원인을 들 수 있다. 첫째, 대규모기업집단 소속 기업은 대체로 독과점적 시장에서 시장지배적 지위를 누리고 있으며 이러한 시장구조에서는 시장지배력을 이용하여 사업 확장을 위해 필요한 자금을 조달하기가 용이한 점이다. 특히 재벌은 생산활동 과정에서 독과점 이윤의 축적이 용이하고 계열 금융기관 등을 이용한 금융자원의 독과점이 가능하여 부당지원을 통해 계열유지 및 확장을 손쉽게 추구해 왔다.

　　둘째, 대규모기업집단 소속 기업은 시장메커니즘에 의해 견제가 미흡하다는 점이다. 회계 등 경영실적이 불투명하여 정확한 경영평가가 이루어지기 힘들고, 기업외부에서 견제역할을 수행해야 할 금융기관도 오히려 대규모기업집단에 종속되는 경향이며 부당지원행위를 견제해야 할 제2금융권을 이미 재벌이 지배하고 있기 때문에 이를 통한 부당지원행위의 견제는 사실상 불가능하였다.

셋째, 대규모기업집단의 총수는 수익성 도모보다는 이른바 영향력 극대화(Influence Maximization)에 집착함에 따라 계열기업을 늘리고 외부경쟁자를 차단하기 위한 수단으로 부당지원을 활용한 점이다. 일반적으로 동양권 기업문화는 내실보다는 외형확대 경향이 강하며 이는 구미기업들이 수익성·핵심 분야에 치중하는 것과 대조적이다. 우리 기업도 매출확대·차입확대·사세확대·계열확대를 지향하는 동양권 기업문화의 공통된 행태를 보여주고 있으며 이러한 현상은 특히 총수를 정점으로 일사불란한 조직체계와 의사결정구조를 지닌 재벌집단에서 현저하다. 그리고 잊지 말아야 할 것은 아직도 이러한 사정이 근본적으로 개선되지 않은 상황이므로 이를 개선하는 노력과 감시가 느슨해질 경우 앞으로도 상당히 부당내부거래가 지속될 것이라는 점이다.

부당내부거래는 반시장적 형태로 시장경제를 지향하는 우리 경제에 많은 폐해를 끼치고 있다. 구체적으로 지원받는 회사가 속한 시장의 경우에서는 기업이 그 활동에 필요한 자원을 시장에서 거래가 아니라 회사조직 내부 또는 계열집단 내에서 생산하여 조달하는 이른바 상품 거래시장의 내부화를 유도한다. 그에 따라 시장참여자의 수가 줄고 잠재적 경쟁자의 출현을 어렵게 하여 유효경쟁의 촉진이 제약된다. 그리고 부당내부거래 당사자인 기업의 경우 지원회사는 핵심역량의 유출로 경쟁력이 저하되고, 지원을 받은 회사도 경쟁력 향상의 노력을 등한시하게 되고 그 기업이 한계기업이더라도 퇴출되지 않거나 퇴출이 지연된다. 그에 따라 필요한 구조조정이 지연되고 한정된 경제자원이 낭비된다.

이러한 폐단은 다시 기업시스템의 왜곡을 가져온다. 즉 잘되는 기업이나 못되는 기업의 경영실적이 정확히 드러나지 않기 때문에 경영자의 자질이나 책임에 대한 비교·평가가 곤란하고 경영자의 충원이 경영능력보다는 총수와의 혈연관계나 총수에 대한 충성심을 기준으로 이루어짐에 따라 전근대적 지배구조를 고착시키게 된다. 또 개별기업의 실제 영업실적과는 상관없이 경영실적이 시현되어 그룹사별로 임금이 획일적으로 결정되는 등 도덕적 해이(moral hazard)로 연결된다.

그리고 이러한 부당내부거래의 폐해는 국민경제적 차원에서 더욱 증폭된다. 부당내부거래는 계열유지·확대를 통한 경제력 집중심화·집단 전체의 부실화를 가져오고 경쟁제한성으로 인한 소비자후생의 감소를 초래하게 된다. 특히, 거시경제차원에서 국민경제적 비중이 큰 대규모 기업집단이 시장원리에 역행하는 부당내부거래로 부실·몰락할 경우 그 피해의 파급효과는 막대하다. 부실기업이 시장기능에 따른 적시 퇴출이 이루어지지 않고 그룹자원의 소모로 계속 연명하기 때문에 그룹차원의 위기로 확산되고 다시 그룹의 비중상 국가경제적 위기로 연결될 가능성이 크기 때문이다. 이 경우 실직자 양산, 납품중소기업 부도, 지역경제 마비, 금융기관 부실화 및 우리 경제에 대한 대외신인도 추락으로 국가경제위기를 초래할 수 있다. 우리는 그 실례를 1997년 IMF 사태 당시 한보, 기아, 진로, 우성, 해태 등 대규모기업집단의 연쇄도산의 사례에서 이미 경험한 바 있다.

부당내부거래를 규제할 필요성을 인정하더라도 공정거래법에서 이를 규제해야 하는가 하는 의문이 생길 수 있다. 일반적으로 회사제도와 시장경제가 발전한 선진국에서는 부당내부거래는 회사법상의 이해관계자인 주주의 의결권행사로 인한 견제나 금융기관, 소비자 등의 견제에 의해 시장메커니즘으로 자연스럽게 해결되므로 별도로 이를 규제할 필요가 없다.

그러나 아직 시장경제가 성숙하지 못한 우리나라의 경우는 다르다. 부당내부거래는 경쟁력이 소진된 기업이 시장에서 계속 영업활동을 할 수 있게 하여 자원낭비를 지속시키는 반시장적 행태이다. 특히 대규모 기업집단의 부당내부거래는 경쟁저해성이 크고 경제력 집중을 심화시키며 한정된 국가자원을 낭비하여 종국에는 경제위기로 경제질서를 파탄시키는 등 많은 폐해를 유발하고 있다. 그럼에도 회사법의 법제를 포함한 우리 기업의 내부적·외부적 감시와 견제시스템은 선진국과는 달리 경영권과 기업정보를 독점한 총수에 의해 무력화되고 있으며, 앞으로도 제 역할을 하려면 상당한 시일이 걸릴 것이다. 바로 여기에 공정거래법에서 우리 경제의 구조개혁 작업의 일환으로 공권력을 통해 부당내부거래를 근절하고자 하는 이유가 있다고 하겠다.

1) 전두환정권(1981.02.~1988.02.)

이 시기에는 부당내부거래에 대한 규제가 없었다.

2) 노태우정권(1988.02.~1993.02.)

부당내부거래 규제는 처음에 상품·용역거래를 중심으로 이루어졌다. 1992년 7월 1일 공정거래위원회 내부지침인 「대규모기업집단의 불공정거래행위에 대한 심사기준」을 제정하여 상품·용역거래에 의한 부당지원을 공정거래법상 불공정거래행위 유형인 '계열회사를 위한 차별취급'으로 보았다.

3) 김영삼정권(1993.02.~1998.02.)

노태우정권 때 만들어진 상품·용역거래 중심의 부당내부거래 규제는 그 효과가 미약하다는 지적에 따라 1996년 말 공정거래법 제23조 제1항에 제7호를 신설하여 자금·자산·인력의 부당지원을 규제할 수 있는 근거를 마련하게 된다. 이에 따라 1997년 7월 29일 「부당한 지원행위의 심사지침(내부지침)」을 제정하였다.

공정거래법 제23조 제1항 제5호는 상품용역거래를 통해 비계열회사에 비해 계열회사를 부당하게 우대하는 등 차별 취급하는 행위를 불공정거래행위의 한 유형으로 규정하고 있고 동법 시행령 별표1 제2호 다목 계열회사를 위한 차별에서 "부당하게 거래 지역 또는 거래상대방에 따라 현저하게 유리하거나 불리한 가격으로 거래하는 행위"로 설명하고 있다.

자금 자산 인력 거래에 의한 부당내부거래는 공정거래법 제23조 제1항 제7호에서 부당하게 특수 관계인 또는 다른 회사에 대하여 가지급금·대여금·인력·부동산·유가증권·부체재산권 등을 제공하거나 현저히 유리한 조건으로 거래하여 특수 관계인 도는 다른 회사를 지원하는 행위를 말한다.

한편 동법 시행령 발표1 제10호는 유형을 다음과 같이 3분하여 규정하고 있다.

① 부당한 자금지원: 부당하게 특수 관계인 또는 다른 회사에 대하여 가지급금, 대여금 등 자금을 현저히 낮거나 높은 대가로 제공 또는 거래하거나 현저한 규모로 제공 또는 거래하여 과다한 경제상 이익을 제공함으로써 특수 관계인 또는 다른 회사를 지원하는 행위

② 부당한 자산지원: 부당하게 특수 관계인 또는 다른 회사에 대하여 부동산, 유가증권, 무체재산권 등 자산을 현저히 낮거나 높은 대가로 제공 또는 거래하거나 현저한 규모로 제공 또는 거래하여 과다한 경제상 이익을 제공함으로써 특수 관계인 또는 다른 회사를 지원하는 행위

③ 부당한 인력지원: 부당하게 특수 관계인 또는 다른 회사에 대하여 인력을 현저히 낮거나 높은 대가로 제공하거나 현저한 규모로 제공하여 과다한 경제상 이익을 제공함으로써 특수 관계인 또는 다른 회사를 지원하는 행위

공정거래법상 부당내부거래를 한 사업자에 대해서는 당해 부당내부거래의 중지, 법 위반 사실의 공표 기타 시정을 위한 필요한 조치를 명할 수 있으며(동법 제24조), 상품·용역거래를 통한 부당내부거래는 당해 사업자의 직전 사업 연도 매출액에 100분의 2를 곱한 금액을 초과하지 않는 범위 안에서 과징금을 부과할 수 있다.(동법 제24조의2). 부당한 자금·자산·인력 지원행위의 경우도 동일한 과징금규정이 적용되었다.

4) 김대중정권(1998.02.~2003.02.)

부당내부거래에 대한 제제조치는 2000년 4월 1일부터는 법 개정으로 당해 사업자의 직전 사업 연도 매출액에 100분의 5를 곱한 금액을 초과하지 않는 범위로 과징금한도가 상향조정되었다. 그 외에도 법 위반 행위자에 대해서는 공정거래위원회의 고발이 있을 경우 2년 이하의 징역 또는 1억 5,000만 원 이하의 벌금형을 부과할 수 있고(동법 제67조 제2호), 법인 또는 개인인 사업자에 대해서는 1억 5,000만 원 이하의 벌금형을 부과할 수 있게 하였다.(법 제70조)

1999년 2월 5일 기업구조조정에 장애가 되는 계열사 간 부당내부거래를 효과적으로 차단하기 위하여 30대 기업집단 계열사 간 부당한 자금자산 지원행위에 국한하여 2년간 한시적으로 공정거래위원회가 금융기관의 장에게 금융거래정보의 제출을 요구할 수 있도록 하는 금융거래정보요구권이 도입되었다.

이는 계열사 간 부당한 자금·자산 지원행위가 대부분 금융기관을 매개로 하여 우회적으로 이루어지고, 갈수록 그 수법이 교묘해지고 있어 금융거래정보가 없다면 사실상 부당지원행위 조사가 불가능하다는 현실 인식에 기초한 것이다. 실제 5대 그룹 부당지원행위 조사과정에서도 금융기관을 매개로 한 우회적인 계열사 지원혐의를 포착하고도 금융기관이 금융실명법의 규정을 들어 자료제출을 거부하는 바람에 더 이상 조사를 진행할 수 없었던 사례가 있다.

그러나 금융거래정보요구권은 금융실명법의 금융거래비밀보호라는 취지를 최대한 존중하기 위해 극히 엄격한 요건하에 운용토록 하였다. 우선 금융거래정보를 요구할 수 있는 대상을 30대 기업집단 계열사 간 부당지원행위와의 상당한 혐의가 있는 경우로 한정하고, 절차적으로도 거래자의 인적 사항, 사용 목적, 요구하는 거래정보의 내용을 기재한 문서에 의하도록 하였다. 또한 금융기관이 제공한 정부 내역을 10일 이내에 서면 통보토록 하고 공정거래위원회도 그 행사 사실을 기록하여 3년간 보관하며 이를 누설하는 경우에는 3년 이하 징역 또는 2천만 원 이하의 벌금에 처하도록 함으로써 그 남용을 방지하고 있다.(공정거래법 제50조 제5항~8항, 제69조 제1항)

그리고 2001년 1월 6일 법 개정으로 동 금융거래정보요구권은 이후 3년간 연장되었다.

1999년 12월 28일 공정거래법이 개정되어 2000년 4월 1일부터 부당내부거래를 사전에 예방하기 위한 내부거래 이사회의결 및 공시제도가 도입되었다. 동 제도는 10대 그룹을 대상으로 하여 일정 규모 이상의 내부거래에 대해서는 이사회의결을 거치도록 의무화함으로써 이사회의 책임강화와 사외이사들에 의한 견제를 유도하는 한편, 이를 공시하도록 하여 소액주주, 채권자 등 이해관계인들에 의한 감시가 가능하게 되었다. 그리고 동 제도는 2001년 4월 1일부터 10대 그룹에서 30대 그룹으로 확대되었다.

이사회의결 및 공시제도의 주요 내용을 보면 다음과 같다.

① 내부거래 공시대상 기업집단: 공정거래법상 대규모기업집단 중 자산 총액의 합계가 1~10대 기업집단에 속하는 회사
② 대규모 내부거래의 기준: 거래금액이 당해 회사 자본금의 10 / 100

이상이거나 100억 원 이상인 대규모 내부거래
③ 공시의 주요 내용: 거래의 목적 또는 이유, 거래의 목적물, 거래
의 상대방, 거래의 금액조건
④ 공시의 시기 및 절차: 내부거래 공시대상회사는 이사회 의결 후
1일 이내에 공시하여야 하며, 수탁기관의 전자공지시스템의 전산
망을 통하여 수탁기관이 정하는「전자문서에 의한 신고 등에 관
한 규정」에 따라 공시하여야 함

부당내부거래의 조사 및 추진실적
부당내부거래에 대한 조사는 김대중정권에 들어서야 이루어졌다.
1998년부터 9차례에 걸친 부당내부거래를 조사하여 총 29조 2,000억
원의 지원성거래를 적발하고 신문공포명령 등 시정명령과 함께 총
2,955억 원의 과징금을 부과하였다.

〈표 3-28〉 부당내부거래 조사결과

구 분	5대 그룹	6~30대	계열분리회사	공기업	소 계
조사 횟수	4	2	1	2	9
지원성거래(조 원)	20.3	6.5	1.1	1.3	29.2
과 징 금(억 원)	2,145	303	75	432	2,955

2000년 4대 그룹(4차) 부당내부거래와 관련하여 현대중공업, 삼성카
드, LG상사, SK글로벌 등 4개사를 검찰에 고발하기도 하였다. 이는 계
속되는 조사 및 시정조치에도 불구하고 동일유형의 위반행위가 반복된
점을 감안하였기 때문이다.

(1) 5대 기업집단에 대한 조사

① 1차 조사

ⅰ) 조사개요

1998년 5월 8일부터 1998년 6월 20일까지 조사를 실시하였으며 조사 대상업체는 당초 5대 기업집단 소속 18개사였으나 조사과정에서 관련기업이 추가로 포함됨에 따라 지원 업체 80개사, 수혜업체 35개사로 총 115개사가 되었다.

ⅱ) 조사결과

80개 지원업체가 35개 수혜업체에 대하여 부도직전으로 기업어음 (CP) 고가매입, 특정금전신탁을 이용한 CP고가매입, 후순위사채 고가매입, 증권예탁금 명목의 저리대여, 부동산 매각대금 지연회수 등 다양한 방법을 동원한 지원성거래의 총 규모는 4조 263억 원에 달하였다. 기업집단별 과징금은 과징금 부과기준에 의거, 현대 226억 원 등 총 722억 원을 부과하였다.

〈표 3-29〉 기업집단별 부당내부거래규모 및 과징금액

(단위: 개, 억 원)

기업집단	지원업체 수	수혜업체 수	지원성거래규모	과징금액
현 대	35	11	7,706	226
삼 성	7	9	7,200	114
대 우	6	7	4,229	89
LG	20	6	10,573	102
SK	12	2	10,555	191
합 계	80	35	40,263	722

주: 예탁금, 대여금, 선급금, 기업어음 등 자금거래는 기간을 감안하지 않은 단순 합계임.
부동산임대료는 월임차료를 연간 보증금으로 환산하여 임차보증금과 합산한 것임

iii) 주요 특징

기업집단의 주력기업이 재무구조가 취약한 계열사를 집중 지원하는 것으로 드러났으며 IMF사태 이후 경영이 악화된 계열금융회사의 「재무건전성기준」 충족을 위해 계열회사들이 후순위사채 고가매입, 특정금전신탁 저리예치, 유상증자 참여 등 다양한 방법으로 지원하였다. 또한 계열사에서 분리된 동일인의 친족회사에 대하여 다수의 계열사들이 지원한 것으로 밝혀졌다.

② 2차 조사

i) 조사개요

5대기업집단에 대한 1차 조사(1998.5.8.~6.20.)결과 계열사 간 부당한 지원행위가 광범위하게 이루어지고 있음을 확인하고 5대 기업집단 소속 40개 업체를 대상으로 2차 조사(1998.6.2.9.~7.24.)를 실시하였다.

ii) 조사결과

33개 지원업체가 21개 수혜업체에 대하여 총 1조 4,927억 원 규모의 지원성 거래를 한 것으로 나타났으며 계열사 발행 기업어음(CP) 고가매입 등 위반유형은 대체로 1차 조사 시 적발된 유형과 유사하였다. 기업집단별 과징금은 1차 조사 시와 동일한 기준을 적용하여 현대 91억 원 등 총 209억 원을 부과하였다.

〈표 3-30〉 기업집단별 부당내부거래규모 및 과징금액

(단위: 개, 억 원)

기업집단	지원업체 수	수혜업체 수	지원성거래규모	과징금액
현 대	13	7	3,485	91.6
삼 성	2	3	2,000	30.3

기업집단	지원업체 수	수혜업체 수	지원성거래규모	과징금액
대 우	11	3	415	44.6
LG	3	2	682	22.2
SK	4	6	8,345	20.7
합 계	33	21	14,927	209

iii) 주요 특징

기업집단의 우량기업의 재무구조가 취약한 계열사를 집중 지원하였으며 특히 IMF사태 이후 경영이 악화된 계열증권사의 「재무건전성기준」 충족을 위해 계열회사들이 후순위사채를 고가로 매입해 주는 등의 방법으로 지원하였다.

③ 3차 조사

ⅰ) 조사개요

1999년 5월 6일부터 1999년 7월 10일까지 5대 기업집단 소송 계열회사 31개사를 대상으로 단기채용한 금융·전산 외부전분가 5명 포함 50명의 조사인력을 투입하여 66일간 실시되었다.

ⅱ) 조사결과

53개 지원업체가 38개 수혜업체에 대하여 총 12조 3,327억 원 규모의 지원성거래를 한 사실을 적발하였다. 이는 1998년도 1~2차 조사 시 적발된 지원성 거래규모 5조 5000억 원의 약 2.2배 수준이다. 또한 이러한 거래를 통해 순수하게 지원된 지원금액(실제거래가액－정상거래가액)은 총 2,500억 원 수준이었다.

과징금액 산정은 1998년 1~5대 조사 및 6대 이하 조사결과에 대한 과징금 산정기준과 동일 기준을 적용하였으며 특히 반복행위에 대해서는 가중하여 부과하였다.

〈표 3-31〉 기업집단별 부당내부거래규모 및 과징금액

(단위: 개, 억 원)

기업집단	지원업체 수	수혜업체 수	지원성거래규모	지원금액	과징금액
현 대	19	13	40,934	935	242
삼 성	7	10	54,301	858	135
대 우	8	7	3,997	566	349
LG	10	7	10,980	122	56
SK	9	1	13,115	19	12
합 계	53	38	123,327	2500	794

iii) 주요 특징

주로 계열금융기관을 사금고화하여 계열회사 지원에 활용하였음이 드러났고 금융관련법상의 계열회사에 대한 대출한도를 위반하여 저리 대출하거나 투자하였다. 또한 특수 관계인에 대한 부당한 지원(삼성 SDS의 이재용 등에 대한 신주인수권부사채 저가매각 등)을 통한 지배권 강화를 도모하였으며 갈수록 지원유형이나 수법이 고도화, 지능화되는 경향을 보였다.

그리고 부실계열사나 친족독립경영회사에 대한 지원도 지속되고 있었으며 부당지원행위 이외에 상호출자금지규정 위반 사실도 적발하였다. 특히 3차 조사부터 새로 도입된 금융거래정보요구권은 새로운 지원유형을 적발하는 데 결정적 역할을 하였다.

④ 4차 조사

ⅰ) 조사개요

2000년 8월 16일부터 10월 14일까지 56일간 대우그룹을 제외한 4대 기

업집단 총 36개 계열사를 대상을 4차 부당내부거래 조사를 실시하였다.

ⅱ) 조사결과

32개 지원업체가 20개 수혜업체와 35명의 특수 관계인에 대하여 총 2조 4,638억 원 규모의 부당한 지원성거래를 적발하였다. 이 중 반복위 반행위가 10건 9,025억 원(36.6%), 특수 관계인 지분이 4건 1,266억 원을 차지하였다. 이러한 거래를 통해 순수하게 지원된 지원금액(실제거래가액－정상거래가액)은 총 1,262억 원이었다. 또한 위장계열사 8개사, 대규모내부거래 공시규정위반 2개사 및 조사거부·방해행위 1개사를 적발하였다.

1998년 이후 조사결과에 대한 과징금 부과기준과 동일한 기준을 적용하여 총 442억 원의 과징금을 부과하였으며 조사거부·방해행위 및 대규모내부거래 공시규정 위반행위에 대해서는 총 2억 2,000만 원의 과태료를 부과하였다.

〈표 3－32〉 기업집단별 부당내부거래규모 및 과징금액

(단위: 개, 억 원)

기업집단	지원업체 수	수혜업체 수	지원성거래규모	지원금액	과징금액
현　대	7	7	5,654	441	141
삼　성	8	5	3,311	356	99.7
LG	10	4	5,042	184	123
SK	7	4	10,631	281	78
합　계	32	20	24,638	1262	442

주: 지원객체인 특수 관계인－현대 1명, 삼성 1명, LG 33명

ⅲ) 주요 특징

종전과는 달리 비계열 금융기관을 경유한 우회적인 방법을 통해 위반행위를 지속적으로 반복하였으며 시가가 형성되지 않은 제도상 허점

을 이용, 비상장주식 저가 매각을 통한 특수 관계인 부당지원행위가 3
차 조사 시까지 1건 468억 원에서 4건 1,266억 원으로 3배 정도 증가
하였다.

또한 계열사가 해외금융기관을 이용하는 것을 비롯하여 새로운 유형
의 부당지원행위가 나타나는 등 그 수법이 점점 더 지능화, 다양화되
는 경향이 나타났고, 친족독립기업과 모그룹 계열사 간 지원행위가 계
속되고 있었으며 관계회사를 지원한 행위도 새롭게 등장하였다. 그리고
미편입계열사를 통한 중소벤처기업 분야로의 계열 확장 등을 도모한
것이 적발되었고 기타 조사거부·방해행위 및 대규모내부거래 공시규
정 위반행위도 드러났다.

(2) 6대 이하 및 계열분리회사에 대한 조사

① 6대 이하 1차 조사

ⅰ) 조사개요

6~30대 기업집단 중 계열사 간 자금거래가 500억 원 이상이거나 자
산거래 1,500억 원 이상인 기업집단으로서 계열사 간 내부거래규모가
큰 한진, 한화, 한솔, 동부, 동양 등 5개 집단을 1999년 10월 19일부터
12월 2일까지 조사하였다.

ⅱ) 조사결과

35개의 지원업체가 45개의 수혜업체에 총 2조 5000억 원의 지원성
거래를 한 사실을 적발하였으며 이러한 거래를 통해 순수하게 지원된
지원금액(실제거래가액－정상거래가액)은 총 693억 원이었다.

구조조정 촉진을 위해 구조조정완료 회사와 진행 중인 관련회사는 과
징금을 면제하였으며 나머지 회사에 대해서는 1998년 5대 집단에 대한

조치와 동일한 기준에 의하여 한진 21억 원 등 총 181억을 부과하였다.

<표 3-33> 기업집단별 부당내부거래규모 및 과징금액

(단위: 개, 억 원)

기업집단	재계 순위	지원업체 수	수혜업체 수	지원성거래규모	지원금액	과징금액
한 진	6위	10	12	5,613	164	21
한 화	8위	6	6	3,670	229	43
한 솔	15위	7	8	3,004	45	11
동 부	20위	2	4	2,345	27	14
동 양	23위	10	15	10,205	228	92
합 계		35	45	24,837	693	181

iii) 주요 특징

주로 자금여력이 있는 주력기업, 금융·보험회사가 부실 계열회사 또는 협력회사를 지원하는 경향을 나타냈으며, 특히 IMF사태 이후 경영이 악화된 부실 증권사의 「재무건전성기준」을 충족시키기 위해 다수의 계열회사들이 집중 지원하였다. 또한 부당지원의 주체 및 객체 회사 중 상당수가 구조조정(합병, 매각, 청산 등)을 완료 또는 진행 중인 것으로 드러났다.

② 6대 이하 2차 조사

ⅰ) 조사개요

6대 이하 1차 조사의 조사대상 기업집단을 제외하고 나머지 6대 이하 기업집단은 대부분 부당내부거래조사를 하지 않아 재벌개혁의 사각지대가 될 우려가 있었다. 이러한 우려를 불식시키고 또한 내부거래조사를 통한 구조조정 등 재벌개혁을 촉진하기 위하여 2000년 5월 9일부터 6월 30일까지 53일간 조사가 실시되었다.

ii) 조사결과

26개 지원업체가 34개 계열회사, 특수 관계인 및 친족독립경영회사에 대하여 총 3조 9,577억 원 규모의 지원성거래를 한 사실을 적발하였고 이러한 지원성거래를 통하여 수혜업체들이 순수하게 지원받은 금액(실제거래가격-정상거래가격)은 총 499억 원으로 드러났다.

1998년 이후 5대 기업집단 조사 및 6대 이하 기업집단 조사결과에 대한 과징금 부과기준과 동일한 기준을 적용하였고, 구조조정의 원활한 추진을 지원하기 위하여 지원주체나 지원객체가 합병, 매각 등 구조조정된 경우에는 과징금을 면제하였다.

〈표 3-34〉 기업집단별 부당내부거래규모 및 과징금액

(단위: 개, 억 원)

기업집단	재계 순위	지원업체 수	수혜업체 수	지원성거래규모	지원금액	과징금액
롯 데	6	3	4	1,887	53	22.3
금 호	8	5	5	11,699	105	15.5
쌍 용	10	3	4	5,653	111	44.7
동국제강	15	2	4	9,941	31	19.4
대 림	17	3	6	6,573	144	48.2
코오롱	20	8	6	1,656	35	14.4
제일제당	23	2	5	2,168	20	9.4
합 계		26	34	39,577	499	174

iii) 주요 특징

5대 기업집단의 조사결과에서 드러난 부당지원 수법들이 6대 이하 기업집단에서도 광범위하게 활용되었고 금융기관을 통한 우회지원 등 지원유형이나 수법도 점점 고도화·지능화되는 경향이 발견되었다.

③ 계열분리회사에 대한 조사

ⅰ) 조사개요

대규모기업집단이 계열분리회사 등을 부당하게 지원하는 행위를 조사하여 개선함으로써 계열분리회사 등의 독립경영을 촉진하고 정상적인 기업구조조정을 유도하기 위하여 1~10대 기업집단 중 계열분리회사 등이 있고 기업집단 및 동 기업집단의 계열분리회사에 대하여 33일간 (1999.11.2.~12.4.) 실시하였다.

ⅱ) 조사결과

23개 지원업체가 23개 수혜업체 및 특수 관계인에 대하여 총 1조 786억 원 규모의 지원성거래를 한 사실을 적발하였고 이러한 지원성거래를 통하여 수혜업체들이 순수하게 지원받은 금액(실제거래가격－정상거래가격)은 총 124억 원으로 드러났다.

1998년 이후 5대 기업집단 조사 및 6대 이하 기업집단 조사결과에 대한 과징금 부과기준과 동일한 기준을 적용하였고, 구조조정의 원활한 추진을 지원하기 위하여 지원주체나 지원객체가 합병, 매각 등 구조조정 된 경우에는 과징금을 면제하였다.

〈표 3-35〉 기업집단별 부당내부거래규모 및 과징금액

(단위: 개, 억 원)

기업집단	기업집단 수		수혜업체 수		지원성 거래규모	지원금액	과징금액
	그룹사	친족회사	그룹사	친족회사			
현 대	3	3	-	6	4,308	57	38.7
삼 성	1	1	-	2	270	6	4.4
LG	2	-	1(5)	3	129	6	1.6
SK	1	1	-	2	903	11	7.5
쌍 용	-	-	-	-	-	-	-

기업집단	기업집단 수		수혜업체 수		지원성 거래규모	지원금액	과징금액
	그룹사	친족회사	그룹사	친족회사			
한　화	4	1	1	2	1,473	10	8.8
금　호	2	1	2	1	1,860	5	0.58
롯　데	2	1	1	2	1,843	19	13.6
합　계	15	8	5(5)	18	10,786	124	75

주: (　)는 특수 관계인의 수를 의미함.

iii) 주요 특징

모기업집단은 소속 계열회사들을 지원하는 방법과 유사한 방법으로 계열분리회사들을 지원해 왔고 모기업집단 소속회사 간에도 부실계열사나 특수 관계인에 대한 지원이 지속적으로 이루어지고 있고 지원방법이 날로 지능화되고 있었다. 또한 계열회사들 상호 간에도 우량한 회사가 부실회사를 지원하는 등 부당지원행위가 상당히 존재하였다.

1998~2000년 부당내부거래 조사결과 상세 내역

기업의 구조조정을 촉진하고 핵심역량을 배양하기 위해 1998년부터 총 9차에 걸쳐 실시된 부당내부거래 조사결과 총 29조 2,000억 원의 지원성거래를 적발하고, 신문공표명령 등 시정명령과 함께 총 2,955억 원의 과징금을 부과하였다.

〈표 3-36〉 부당내부거래 조사결과 및 내역

(단위: 억 원)

구　분	조사 기간	지원주체	지원객체	지원성 거래규모	지원금액	과징금액
1차5대	1998.5.8.~6.20. (44일)	현대중공업 등 80개사	대한알루미늄 등 35개사	40,263	2,244	704
2차5대	1998.6.29.~7.24. (26일)	현대중공업 등 30개사	현대리바트 등 18개사	14,927	546	209

구 분	조사 기간	지원주체	지원객체	지원성 거래규모	지원 금액	과징 금액
3차5대	1999.5.6.~7.3 (59일)	현대중공업 등 53개사	현대증권 등 38개사	123,327	2,500	790
4차4대	2000.8.16.~10.14. (53일)	현대증권 등 32개사	현대건설 등 20개사	24,638	1,262	442
1차 6대 이하	1998.10.19.~12.2. (45일)	동양시멘트 등 35개사	대원산업 등 45개사	24,837	693	142
2차 6대 이하	2000.5.9.~6.30. (53일)	금호산업 등 26개사	금호개발 등 34개사	39,577	499	161
계열분리 회사	1999.11.2.~12.4. (33일)	현대자동차 등 23개사	성우정공 등 23개사	10,786	124	75
소계	7회 (313일)	279개사	213개사	278,355	7,868	2,523
1차 공기업	1999.3.2.~3.31. (30일)	한국통신 등 13개사	한국공중전화 등 18개사	3,933	254	37
2차 공기업	2000.11.16.~12.16. (32일)	한국통신 등 5개사	한국공중전화 등 10개사	9,382	696	395
소 계	2회 (62일)	18개사	28개사	13,315	950	432
합 계	총9회 (375일)	297개사	241개사	291,670	8,818	2,955

5) 노무현정권(2003.02.~2008.02.)

부당내부거래 규제는 김대중정권 때 만들어진 「부당한 지원행위의 심사지침」에 의해 이루어진다. 이 지침은 그동안 5차례 개정되었다.(1999.2.10, 1999.12.29, 2002.4.24, 2004.8.18, 2005.8.17.)

이 중 2005년 8월의 개정은 그동안 부당지원행위에 관한 상당수 법원판결을 반영하여 심사기준의 구체화·명확화를 목적으로 실시되었다. 주요 내용을 살펴보면 첫째, 부당지원행위 규정의 규제범위를 명확화하여 시효가 만료된 행위에 대해서는 부당내부거래로 인한 경제상 이익의 제공이 해당시점 이후에까지 계속되었다고 하더라도 규제대상에 포함되지 않음을 명시하였다. 둘째, 유상증자 참여를 통한 부당지원행위의 해당기준을 명시하여 그동안 논란이 되었던 유상증자 참여문제를 해결하였다. 셋째, 지원주체와 지원객체 간의 직접적이고 현실적인 거래가 없더라도 제3자를 매개한 거래를 통한 지원객체에게 실질적으로 경제상 이익을 제공한 경우에는 지원행위에 해당함을 명시하였다. 마지막으로 '경쟁이 저해'되거나 '경제력이 집중'되는 등의 판단기준을 제시함으로써 부당성 판단의 기본원칙을 명확화하였다.

또한 「대규모 내부거래에 대한 이사회의결 및 공시제도」를 2005년 3월 개정하였다. 이는 공정거래법 시행령의 개정으로 인해 발생한 개정 필요성을 반영한 것으로서 공시대상 거래규모를 종전 자본금의 100분의 10 이상에서 자본총계 또는 자본금 중 큰 금액의 100분의 10 이상으로 개정하였다.

그리고 부당내부거래 감시체제 운영 및 직권조사 면제제도를 운영하였다. 2004년 2월 이전에는 '기업집단의 자산규모 순위에 따라 소속회사를 일제조사하는 방식'으로 부당지원행위를 조사하여 상당한 규모의 부당내부거래를 적발·시정하는 등 많은 성과를 이루었다. 그러나 이러한 조사방식에 대해서는 투망식 조사라는 비판이 제기되었다. 이에 따라 2004년 2월부터는 '구체적 혐의가 있는 기업에 대한 선별적 수시조사방식'으로 변경하였다.

이처럼 조사방식의 변경에 따라 부당내부거래 혐의사항 발굴이 중요하다. 이에 공정위는 부당내부거래 상시감시체제를 운영하였다. 언론보도, 신고 내용, 회계자료 및 전자공시시스템 공시 내용 등을 중심으로 상시적으로 모니터링 한다고 한다. 수집된 정보의 처리 및 관리를 효과적으로 하기 위해 기업집단별로 상시점검 담당자를 지정하였다.

이와 함께 2004년 3월에는 시장의 자율적인 감시기능을 활성화하여 위반행위 발생을 사전예방하고 기업경영의 투명성을 제고하기 위해 부당내부거래에 대한 직권조사 면제제도를 도입하였다. 이는 부당내부거래에 대한 내부자율 규제시스템을 구비한 기업에 대하여 직권조사 면제의 인센티브를 부여하고자 하는 제도이다.

직권조사를 면죄받기 위해서는 상호출자제한 기업집단으로서, ① 최근 3년간 부당내부거래 조사결과 법 위반 사항이 없는 기업은 아래 기준 중 하나 이상을, ② 최근 3년간 부당내부거래 조사를 받지 않는 기업은 아래 기준 모두를 충족하여야 한다.

<기준 1> 사외이사가 전체 이사의 반수 이상이고 집중·서면투표제를 도입·시행하고 있을 것

<기준 2> 전원 사외이사로 구성된 내부거래위원회를 설치·운영하고 있을 것

동 제도는 면제기준 충족일로부터 3년간 부당내부거래 직권조사를 면제하지만, 면제 기간 중 혐의신고 등이 있는 경우에는 조사를 받게 되며 면제 기간 중 면제 기준을 충족하지 못하거나 조사를 방해한 기업은 면제대상에서 제외하게 된다.

이에 따라 2004년도에는 포스코와 삼성전자를, 2005년도에는 삼성생명과 KT를 선정하여 3년간 직권조사를 면제하도록 하였다.

시정실적 및 주요 사례를 보면 다음과 같다.

① 롯데, 금호아시아나, 동원, 대성 등 4개 기업집단에 대한 부당내부거래 조사

ⅰ) 조사대상 선정

2004년 11월 29일부터 12월 28일까지 부당내부거래 상시모니터링 또는 대규모내부거래 공시 점검 과정에서 부당내부거래 혐의가 드러난 4개 기업집단 19개 회사를 조사대상으로 선정하였다.

<표 3-37> 4개 기업집단 부당내부거래 조사대상회사 선정현황

기업집단	조사대상회사
롯데(6개)	롯데쇼핑, 호텔롯데, 롯데카드, 롯데캐피탈, 호남석유화학, 코리아세븐
금호아시아나(6개)	금호산업, 아시아나항공, 금호석유화학, 금호개발, 금호생명보험, 금호종합금융
동원(5개)	동원금융지주, 동원증권, 동원캐피탈, 동원엔터프라이즈, 동원산업
대성(2개)	대구도시가스, 한국케이블티비경기방송

ⅱ) 조사결과

◦ 부당지원규모

조사결과 4개 기업집단 소속 총 10개 회사가 11개 다른 계열사 또는 관계회사에 대한 3,459억 원의 지원성 거래를 통해 240억 원을 부당지원한 사실을 적발하였다.

<표 3-38> 기업집단별 부당내부거래 규모

(단위: 개사, 백만 원)

기업집단	지원주체	지원객체	지원설거래규모	지원금액
금호아시아나	4	4	239,123	19,364
롯 데	3	3	33,089	3,652
동 원	2	3	56,645	634
대 성	1	1	17,000	343
총 계	10	11	345,857	23,993

◦ 주요 사례

4개 기업집단에 대한 부당내부거래 조사결과, 중견그룹의 계열사 간 부당지원행위가 아직도 계속되고 있는 것으로 나타났으며 그 방식에 있어서도 자금대여 등 직접적 자금지원방식 외에 간접적 방법을 통해 실질적으로 자금을 지원하는 방식을 통한 부당내부거래도 적발되었다.

조사결과 드러난 부당내부거래의 주요 사례는 다음과 같다.

첫째, 부실하거나 자금사정이 곤란한 계열금융사에 대한 지원 사례가 적발되었다. 금호산업, 금호석유화학 등 기업집단 금호아시아나 소속 회사들은 금호생명보험 및 금호종합금융에 대해 각각 후순위자금을 저리로 대여하고 후순위사채를 고가로 매입하는 방법으로 지원하였고, 동원증권은 기업어음 고가매입 및 부동산 저가임대방식으로 각각 동원캐피탈 및 동원투자신탁운용을 지원하였다.

<h3 align="center">〈표 3-39〉 계열금융사에 대한 지원 사례</h3>

(단위: 백만 원)

지원주체	지원객체	지원유형	지원금액
금호산업 등 4개사	금호생명보험	후순위자금 저리대여	14,800
아시아나항공 등 2개사	금호종합금융	후순위사채 고가매입	4,000
동원증권	동원캐피탈	기업어음 고가매입	126
동원증권	동원투자신탁운용	부동산 저가임대	158

둘째, 상품권 위탁판매수수료 과다지급, 포장사업부 저가영도, 부동산 무상임대, 예금담보제공 등 간접적 방법을 통해 실질적으로 자금을 지원하는 사례도 다수 나타났다. 롯데쇼핑은 자기의 백화점 상품권을 위탁판매하면서 계열사에 대해 다른 위탁판매업체보다 현저히 높은 위탁수수료를 지급하는 방법으로 지원하였고, 수익성이 높은 포장사업부를 계열사에 영업권에 대한 대가 없이 순자산가액에 양도하는 방법으로 계열사를 부당지원하였다.

〈표 3-40〉 간접적 방법을 통한 실질적인 자금지원 사례

(단위: 백만 원)

지원주체	지원객체	지원유형	지원금액
롯데쇼핑	롯데닷컴	상품권위탁수수료 과다지급	1,629
롯데쇼핑	롯데알미늄	포장사업부 저가양도	1,488
롯데정보통신	롯데알미늄	부동산 무상임대	218
아시아나 항공	아시아나씨씨	예금담보 제공	37
대구도시가스	한국케이블티비경기방송	예금담보 제공	343

셋째, 자금이나 유가증권을 통한 계열사 및 관계회사에 대한 직접 지원도 지속되고 있는 것으로 나타났다. 호텔롯데는 계열회사인 롯데건설로부터 롯데카드 주식을 상속세 및 증여세법상 가산할 수 없음에도 동법에 따라 평가한 주당 주식가치에 30%를 가산한 가격으로 매입함으로써 롯데건설을 지원하였고, 금호산업은 금호렌터카에 저리로 자금을 대야하는 방법으로 지원하였으며 동원엔터프라이즈는 이스텔시스템즈로부터 무보증 후순위 자산유동화증권(ABS)을 고가 매입하는 방법으로 지원하였다.

〈표 3-41〉 계열사 및 관계회사에 대한 직접 지원 사례

(단위: 백만 원)

지원주체	지원객체	지원유형	지원금액
호텔롯데	롯데건설	주식 고가매입	317
금호산업	금호렌터카	자금 저리대여	304
동원엔터프라이즈	이스텔시스템즈	ABS 고가매입	350

iii) 조치 내용

법 위반 10개 기업에 대해 당해 행위 중지의 시정명령을 부과하였고, 「과징금부과 세부기준등에 관한 고시」에 따라 지원 기간·지원 내용·지원 효과 등을 감안하여 총 35억 6,900만 원의 과징금을, 이 중

기업집단 롯데 및 금호아시아나 7개 기업에 대해서는 법 위반 정도 및
과거 법 위반 실적을 감안하여 시정명령을 받은 사실을 공표하도록 명
령하였다.

<표 3-42> 기업집단별·회사별 법 위반 및 과징금 부과내역

(단위: 백만 원)

집단	회사명	지원객체	행위유형	지원금액	과징금
금호 아시 아나	금호산업 (소계: 985)	금호생명보험	후순위자금 저리대여	6,550	655
		금호종합금융	후순위사채 저리대여	2,000	118
		금호렌터카	자금저리대여	304	212
	아시아나항공 (소계: 393)	금호생명보험	후순위자금 저리대여	2,500	250
		금호종합금융	후순위사태 저리매입	2,000	118
		아시아나씨씨	예금담보 제공	37	25
	금호석유화학	금호생명보험	후순위자금 저리대여	1,350	135
		금호생명보험	임차료 고가지급	223	경고
	금호렌터카	금호생명보험	후순위자금 저리대여	4,400	440
금호아시아나 소계				19,364	1,953
롯데	롯데쇼핑 (소계: 948)	롯데닷컴	상품권 위탁판매 수수료 과다지급	1,629	651
		롯데알미늄	포장사업부 저가영도	1,488	297
	호텔롯데	롯데건설	주식 고가매입	317	126
	롯데정보통신	롯데알미늄	부동산 무상임대	218	43
롯데 소계				3,652	1,117
동원	동원증권 (소계: 119)	동원캐피탈	기업어음 고가매입	126	88
		동원투자신탁운용	부동산 저가매입	158	31
	동원엔터프라이즈	이스텔시스템즈	ABS 고가매입	350	140
동원 소계				634	259
대성	대구도시가스	한국케이블티비 경기방송	예금담보 제공	343	240
합　　　　　계				23,993	3,569

② 기업집단 동부 및 부영에 대한 부당내부거래 조사

ⅰ) 조사대상 선정

2004년 6월 7일부터 7월 10일까지 기업집단 동부 소속 5개 회사 및 기업집단 부영 소속 2개 회사 등 총 7개 회사를 조사대상으로 선정하고 조사하였다.

ⅱ) 조사결과

부당지원행위에 대한 조사를 실시한 결과 동부화재해상보험 등 동부 소속 4개사가 총 1,200억 원 규모의 지원성 거래를 통하여 128억 원을 부당지원한 사실 및 부영 소속 3개 회사가 총 197억 원의 지원설 거래를 통해 8억 3,100만 원을 부당지원한 사실을 적발하였다.

기업집단 동부 소속 동부화재해상보험, 동부생명보험, 아남반도체 및 동부건설 등 4개사는 계열회사의 유상증자에 고가로 참여하거나 자신이 보유하고 있는 주식을 계열사에게 저가로 매각하는 방식으로 계열사를 지원한 것으로 나타났다. 한편 기업집단 부영 소속 부영, 동광주택산업, 부영파이낸스 등 3개사는 계열사에 대한 대여금 이자를 과소수령, 계열사의 차입금 상환에 사용할 수 있도록 선급금명목으로 자금을 지원, 또는 계열사에 무상으로 인력파견 등 다양한 방식을 통해 계열사를 부당지원한 것으로 나타났다.

<표 3-43> 법 위반 업체별 부당내부거래 내역

(단위: 백만 원)

지원주체	지원객체	지원유형	지원금액
동부화재해상보험 등 2개사	아남반도체	유상증자 고가 참여	6,000
아남반도체	동부전자	유상증자 고가 참여	6,000
동부건설	동부	주식 저가매각	759
동부 소계			12,759
부 영	동광종합토건	대여금 이자 과소수령	402
부 영	남광건설산업	차입금 상환에 사용용도의 선급금 지급	153
부 영	광영토건	부동산 무상임대	61
부영 등 3개사	광영토건	무상 인력파견	215
부영 소계			831

iii) 조치내역

기업집단 부영 소속 법 위반 4개사에 대해 당해 행위 중지의 시정명령을 부과하였고, 총 3억 4,800만 원의 과징금을 부과하였다. 기업집단 동부 소속 회사들의 부당지원 행위에 대해서는 증자 참여 시 지원객체가 비계열사였다는 점, 자율준수프로그램을 성실히 운영하고 있는 점, 지원객체가 합병예정인 기업이라는 점 등을 감안하여 당해 행위 중지의 시정명령을 부과하였다.

③ 기업집단 한진, 동양에 대한 부당내부거래 조사

ⅰ) 조사대상 선정

상시점검 결과 부실계열사에 대한 부당내부거래 혐의사항이 드러난 한진, 동양 소속 14개 회사를 조사대상으로 선정하였다. 한진에 대한 조사는 2005년 6월 22일부터 7월 5일까지, 동양에 대한 조사는 2005년 11월 1일부터 18일(동양)까지 하였다.

<표 3-44> 한진, 동양 부당내부거래 조사대상 회사 선정현황

기업집단	조사대상회사
한 진	대한항공, 한진중공업, 한진, 한국공항, 정석기업, 동양화재해상보험, 한진관광, 거양해운, 한불종합금융 (9개사)
동 양	동양레저, 동양캐피탈, 동양메이저, 동양파이낸셜, 동양생명보험 (5개사)

ⅱ) 조사결과

ㅇ 부당지원 규모

조사결과 2개 기업집단 소속 11개 회사가 계열사 또는 관계회사에 대한 2,500억 원의 지원성 거래를 통해 140억 원을 부당지원한 사실을 적발하였다.

<표 3-45> 기업집단별 부당내부거래 규모

(단위: 개사, 백만 원)

기업집단	지원주체	지원객체	지원성거래규모	지원금액
한 진	6	1	13,155	3,026
동 양	5	3	236,935	11,238

ㅇ 주요 사례

2개 기업집단에 대한 부당내부거래 조사결과, 중견그룹의 계열사 간 부당지원행위가 아직도 계속되고 있는 것으로 나타났으며 그 방식에 있어서도 지원효과가 큰 유상증자 고가매입 등 직접적 자금지원방식을 통해 이루어지고 있는 것으로 드러났다. 부당내부거래의 주요 사례는 다음과 같다.

첫째, 비금융 계열사들이 시장에서 퇴출압력을 받고 있는 금융계열사를 부당내부거래를 통해 지원하였다. 구체적인 지원 내용은 대한항공 등 6개사는 계열회사인 한불종합금융의 BIS 자기자본 비율 확충을 위해 2000년 11월 20일 실시한 400억 원의 유상증자에 참여하여 2000년 12월 20일 재배정 기준일 기준 주가가 3,850원임에도 불구하고 액면가인 주당 5,000

원에 인수하여 부당지원을 하였다. 동양캐피탈, 동양파이낸셜 및 동양메이저는 2001년 8월 16일부터 2003년 5월 19일 기간 중 동양생명보험에게 4회에 걸쳐 신용등급에 비해 낮은 금리로 후순위 대출을 하였다.

<표 3-46> 계열 금융사에 대한 지원 내용

(단위: 백만 원)

지원주체	지원객체	지원유형	지원금액
대한항공 등 6개사	한불종합금융	실권주 고가매입	3,026
동양캐피탈 등 3개사	동양생명	후순위자금 저리대여	6,500

둘째, 부실계열사의 유상증자 참여 및 기업어음 매입 등을 통해 부당내부거래를 하였다. 동양레저는 동양메이저가 실시한 일반 공모 방식의 유상증자에 참여하여 공모가보다 높게 주식을 매입하였고, 동양생명보험은 동양매직이 발행한 기업어음을 정상금리보다 높게 매입하여 계열사를 지원하였다.

<표 3-47> 계열사 및 관계회사에 대한 직접 지원 사례

(단위: 백만 원)

지원주체	지원객체	지원유형	지원금액
동양레저	동양메이저	유상증자 고가 참여	4,593
동양생명	동양매직	기업어음 저리매입	145

iii) 조치 내용

법 위반 11개 기업에 대해 당해 행위 중지의 시정명령을 부과하였고, 동양소속 5개사에 대해서는 17억 2백만 원의 과징금을 부과하였다.

6) 종 합

부당내부행위 규제제도에 대한 정권별 변화를 요약하면 다음과 같다.

〈표 3-48〉 부당내부거래 규제제도의 정권별 변화

정 권	내 용
전두환	제도 도입 전
노태우	「대규모기업집단의 불공정거래행위에 대한 심사기준」 제정 (1992년)
김영삼	자금·자산·인력의 부당지원을 규제할 수 있는 근거 마련 -「부당한 지원행위의 심사지침(내부지침)」 제정 (1997년)
김대중	• 30대 기업집단 계열사 간 부당한 자금·자산 지원행위에 한정해서 금융기관의 장에게 '금융거래정보 요구권' 도입 (1999년) • 부당내부거래 사전예방을 위한 내부거래 이사회 의결 및 공시제도 도입 (1999년) • 부당내부거래 조사 실시 (1998년, 1999년, 2000년)
노무현	• 선별적 수시조사 방식으로 변경 (2004년) • 직권조사 면제제도 도입 (2004년)

07 금융·보험회사의 의결권제한제도

대규모기업집단 소속 금융·보험회사가 보유하는 국내계열회사 주식에 대하여 의결권 행사를 제한하는 제도는 경제력집중억제를 위한 방안의 일환으로 1986년 12월 31일 공정거래법 제1차 개정 시 지주회사제도, 상호출자금지제도, 출자총액제한제도와 함께 도입되었다. 이 제도는 산업자본에 의하여 지배되는 금융자본이 산업자본의 계열 확장 내지 계열 강화의 확대재생산 통로로 이용되는 것을 차단하는 데 취지가 있다.

(1) 전두환정권(1981.02.~1988.02.)

금융보험회사는 불특정다수의 고객으로부터 거대한 자금을 조성·운용하는 기관으로서 이들이 계열사 주식취득 등으로 계열 확장이나 계열지배 강화에 동원되는 경우 심각한 경제력집중의 폐해를 야기하게 된다. 따라서 금융보험회사의 과다한 계열회사 주식취득에 대한 규제의 필요가 있으나, 금융보험업의 특성상 주식의 취득·처분은 금융보험회사의 주요한 자산운용 수단인 점, 자본시장의 수급조절기능 측면을 감안하여 주식보유 자체는 제한하지 않되, 국내계열회사 보유주식에 대해 의결권만을 제한하는 최소한의 규제방식을 택하게 되었다.

(2) 노태우정권(1988.02.~1993.02.)

정권 내내 변화가 없었다.

(3) 김영삼정권(1993.02.~1998.02.)

노태우정권과 마찬가지로 정권 내내 변화가 없었다.

(4) 김대중정권(1998.02.~2003.02.)

그동안은 기업집단 소속 금융·보험사가 계열사의 주식을 소유하는 것은 막지 않았으나 의결권은 갖지 못했다. 그러나 김대중정권에서 큰 변화가 일어난다.

2002년 1월 26일 제10차 공정거래법 개정을 통해 금융·보험사의 계열사에 보유 주식에 대한 의결권을 30%까지 허용해 준 것이다. 이에 따라 상호출자제한 기업집단 소속 계열 금융·보험사는 보유하고 있는 상장·등록 계열회사 주식에 대하여 특수 관계인과 합하여 30%까지 의결권 행사가 가능하게 되었다.

(5) 노무현정권(2003.02.~2008.02.)

제11차 공정거래법 개정(2004.12.31.) 때 김대중정권 때 만들어 준 계열금융사의 의결권 행사한도는 다시 축소된다. 자산 2조 원 이상의 대규모기업집단 금융사의 계열사 주식에 대한 의결권 행사범위를 이전의 30%에서 단계적으로 축소하여 2006년 4월 1일부터 25%, 2007년 4월 1일부터 20%, 2008년 4월 1일부터는 15%까지 축소되도록 하였다.

(6) 종 합

금융·보험사의 의결권 제한제도에 대한 정권별 변화를 요약하면 다음과 같다.

〈표 3-49〉 금융·보험사의 의결권 제한제도의 정권별 변화

정 권	내 용
전두환	주식보유 자체는 제한하지 않되, 국내계열사 보유주식에 대해 의결권만을 제한하는 최소한의 규제제도 도입
노태우	변화 없음
김영삼	변화 없음
김대중	◦금융·보험사의 계열사 보유주식에 대한 의결권을 30%까지 허용 -상호출자제한 기업집단 소속 계열 금융·보험사는 보유하고 있는 상장·등록 계열회사 주식에 대하여 특수 관계인과 합하여 30%까지 의결권 행사가 가능하게 됨
노무현	◦의결권 행사한도의 단계별 축소 -자산 2조 원 이상의 대규모기업집단 금융사의 의결권 행사범위를 단계적으로 축소 -2006년 4월 1일부터 25%, 2007년 4월 1일부터 20%, 2008년 4월 1일부터 15%까지 축소

08 채무보증제한제도

채무보증이란 금융기관으로부터 여신(대출 및 지급보증)을 제공받아 채무를 지게 되는 경우 제3자가 그 채무에 대하여 변제할 것을 보증하는 행위를 말한다. 따라서 금융기관이 직접 여신의 한 형태로서 일정한 수수료를 받고 고객의 지급채무를 보증해 주는 지급보증이라는 말과는 구별된다.

우리나라에서의 채무보증은 자금수요가 늘 초과상태에 있는 상황에서 기업이 보다 많은 자금을 쉽게 확보하려는 형태와 금융기관이 기업의 재무상태나 사업성 등 신용보다는 담보나 연대보증에 근거하여 대출을 하는 전근대적인 관행이 결합되어 나타난 합작품이라는 특징을 보이고 있다. 따라서 제3자의 보증을 세울 수 없거나 자체 담보가 충분치 않은 기업의 경우 금융기관으로부터 여신을 받는다는 것이 상당히 어렵게 된다.

반면에 많은 계열회사들로 기업집단을 이루어 계열회사 간 상호채무보증을 하는 기업집단의 경우에는 쉽게 금융기관의 여신을 받게 되어 여신의 편중이 심화되었다. 이는 결국 기업집단을 이루지 못하고 있는 독립기업들 특히 능력 있는 중소기업의 여신활용기회를 제약하게 되어 자금운용의 효율성을 저해하고 기업집단 내 경쟁력이 없는 부실계열기업이 시장에서 퇴출하지 못하게 하여 원활한 산업구조 조정을 제한하며 나아가 채무보증으로 거미줄같이 연결된 기업집단이 어느 한 계열회사가 도산할 경우 도미노 식으로 연쇄 도산하는 운명을 초래하여 엄청난 사회적 비용을 야기하는 등 효율적인 국민경제 발전에 걸림돌로 작용하게 되었다.

따라서 이러한 문제를 해결하기 위해 1993년 4월 공정거래법에 경제력집중억제시책의 일환으로 대규모기업집단의 계열회사 간 채무보증제한제도를 도입하게 된 것이다.

(1) 전두환정권(1981.02.~1988.02.)

이 시기엔 채무보증제한제도가 없었다.

(2) 노태우정권(1988.02.~1993.02.)

이 시기도 제도가 도입되기 전이다.

(3) 김영삼정권(1993.02.~1998.02.)

채무보증제도는 김영삼정권이 등장하자마자 시작한 제도이다. 당시 도입된 내용을 보면 대규모기업집단 소속회사는 동일 기업집단 계열회사에 대하여 채무보증을 할 때 그 한도를 자기자본의 200%를 초과할 수 없도록 제한하였고, 도입 당시 한도를 초과하는 기업에 대해서는 그 충격을 최소화하기 위해 경과 기간으로 3년을 부여하여 1996년 3월 31일까지 한도 이내로 해소하도록 하였다.

동 제도에도 예외가 있는데 우선 금융업 또는 보험업을 영위하는 회사에 대해서는 영위업종의 특성과 각 개별법령에서 이미 제한받고 있다는 점을 감안하여 적용을 하지 않았다. 또한 제한을 받는 채무보증의 범위와 관련하여서는 채무보증의 제한이 되는 여신의 성격, 기업의 국제경쟁력 강화를 위한 지원 필요성에 따라 일부 예외를 인정하고 있다. 즉 산업합리화에 따라 인수되는 회사의 채무, 국내 금융기관의 해외지점여신, 해외건설 입찰보증, 수출금융 등과 관련된 보증은 채무보증한도의 적용을 받지 않는 제한제외대상 채무보증으로 분류하고 있다.

도입 당시의 이러한 내용은 1996년 말 공정거래법으로 일부 수정되어 채무보증한도를 자기자본의 200%에서 100%로 낮춰 1998년 3월 31일까지 해소하도록 하였으며 제한제외대상이 되는 채무보증 중에서 국내은행의 해외지점 여신과 관련된 채무보증을 삭제함으로써 이를 제한대상에 포함시켰다.

대규모기업집단의 채무보증 현황은 매년 기업집단이 자체적으로 금융기관의 확인을 받아 제출한 자료와 공정거래위원회가 직접 금융기관으로부터 제출받은 대규모기업집단에 대한 채무보증내역을 상호 확인작업을 통하여 파악하고 있다.

1993년 4월 제도도입 당시 제한대상이 되는 채무보증금액은 120.6조 원으로 자기자본 대비 342.4%에 달하였다. 이후 제도의 도입과 운영을 통하여 1996년 4월에는 제한대상이 되는 채무보증이 35.2조 원으로 자기자본대비 55.9%로 낮아지는 성과를 거두었다.

〈표 3-50〉 대규모기업집단 채무보증 변동현황

(단위: 조 원)

구 분	자기자본 (A)	채무보증금액			자기자본대비 비율	
		계(B)	제한대상 (C)	제외대상	B / A	C / A
1993.4.1.	35.2	165.5	120.6	44.9	469.8	342.4
1994.4.1.	42.8	110.7	72.5	38.2	258.1	169.3
1995.4.1.	59.7	82.1	48.3	33.8	161.9	95.2
1996.4.1.	62.9	67.5	35.2	32.3	107.3	55.9
1997.4.1.	70.4	64.9	33.6	31.3	92.2	47.7

또한 제도도입 당시 채무보증한도를 초과하는 회사는 170개사에 초과
금액은 67조 원에 이르렀으나 3년의 경과 기간이 끝나는 시점인 1996
년 4월 1일에는 한도초과회사가 14개사로 축소되고 그 금액도 1.9조
원에 불과하였다. 특히 14개 한도초과회사 중에서도 법 위반이 발생한
회사는 한보철강 1개사에 초과금액 658억 원에 불과하였으며 나머지
13개사는 자기자본 감소나 신규로 대규모기업집단으로 지정됨에 따라
예외인정을 받은 경우로 법 위반이 아니었다.

한도초과 채무보증의 해소요인을 보면 1993년 제도도입 당시 제한대
상 채무보증금액이 120.6조 원에서 1996년 4월 1일 35.2조 원으로 85.4
조 원 감소하였다. 그 주요인은 여신상환(41.6%), 입보대체(25.5%), 중
복과다보증 축소(23.2%) 등으로 나타났으며 또한 같은 기간 동안 자기
자본이 35.2조 원에서 62.9조 원으로 27.7조 원 증가하여 채무보증한도
가 55.4조 원 증가한 것도 간접적으로 채무보증비율을 낮춤으로써 채
무보증 해소에 기여한 것으로 밝혀졌다. 채무보증 현황의 몇 가지 특
징을 살펴보면 우선 기업집단 규모에 따라 하위기업집단일수록 채무보
증비율이 높은 것으로 나타나고 있다.

<표 3-51> 기업집단 규모별 채무보증 현황

(단위: 조 원)

구 분	자기자본 (A)	채무보증금액			자기자본 대비 비율(%)		
		제한(B)	제외(C)	계(D)	B / A	C / A	D / A
1~10대	51.2	21.2	22.3	43.5	41.5	43.6	85.1
11~20대	7.8	7.7	7.8	15.5	99.5	100.3	199.8
21~30대	3.9	6.2	6.2	8.4	156.9	56.1	213.0

또한 각 기업집단 중 채무보증 상위 3개사(주기업체)에 의한 채무보
증이 제한대상 채무보증 총액의 85.8%를 차지하여 채무보증이 3~4개
의 중핵기업을 중심으로 이루어지고 있는 것으로 나타나고 있다.

〈표 3-52〉 주기업체 채무보증현황

(단위: 조 원)

구 분	제한대상 채무보증금액(A)	주기업체 채무보증금액(B)	B / A
1996.4.1.	35.2	30.2	85.8%
1997.4.1.	33.6	27.6	82.1%

이러한 변화를 기초로 지난 3년간 채무보증제한제도를 평가해 보면 채무보증을 통한 여신을 대폭 축소하여 대규모기업집단에 대한 편중여신을 간접적으로 방지하도록 기여한 것으로 보인다. 즉 채무보증을 통한 여신규모가 제도 도입 시에 99.7조 원에서 39.2조 원으로 대폭 감소하였으며 은행권 전체 대출에서 차지하는 30대 계열기업군의 대출 비중도 1996년의 16.6%에서 1996년 6월 말 기준 14.2%로 감소하였다.

또한 이와 같이 과도한 차입을 억제함으로써 재무구조의 건실화를 촉진하여 자기자본비율이 1993년의 19.9%에서 1996년에는 22.6%로 2.7%가 증가하였다. 아울러 금융기관으로 하여금 담보나 보증에 의한 대출관행을 억제하고 신용에 의한 대출관행을 정착시키는 데 기여한 것으로 평가된다.

〈표 3-53〉 대규모기업집단의 여신구성비 변동 현황

(단위: 조 원)

구 분	채무보증을 받는 여신	신용대출	담보재출	해외차입	기 타	계
1993.4.1.	69.5	14.7	5.8	5.0	5.0	100.0
1996.4.1.	23.4	49.3	7.2	7.3	10.8	100.0

제도도입 당시 자기자본의 200%로 채무보증한도를 정하면서 부여했던 3년의 경과 기간이 1996년 4월 1일자로 끝남에 따라 채무보증 제한제도를 도입했던 취지와 그동안의 성과를 바탕으로 1996년 하반기 법 개정 작업을 하였다.

채무보증제한제도가 금융기관의 불합리한 관행을 개선하는 등 소기의 성과를 거둠으로써 향후 채무보증 제한제도를 강화하여 1998년 3.월 1일까지 채무보증한도를 자기자본의 200%에서 100%로 축소토록 하였다. 아울러 제한제외대상이 되는 채무보증범위를 조정하여 국내금융기관의 해외지점 여신과 관련한 채무보증을 제외대상에서 삭제함으로써 동 제도의 취지와 성과를 보다 확고히 다지도록 하였다.

(4) 김대중정권(1998.02.~2003.02.)

외환위기를 초래한 주요 원인은 대기업집단의 연쇄도산이 거미줄같이 얽혀 있는 계열사 간 채무보증에 기인하였다는 인식이 확산되었다. 이에 따라 1998년 2월 공정거래법을 개정하여 기업구조조정의 중요한 장애요소인 계열사 간 채무보증을 1998년 4월 1일부터 전면 금지하고, 기존 집단의 채무보증과 1998년 이후 신규 지정된 기업집단의 채무보증을 2000년 3월 말과 2001년 3월 말까지 각각 해소토록 하였다. 아울러 채무보증의 조속한 해소를 위해서는 기업 측뿐만 아니라 금융기관의 대출관행의 개선도 중요하다는 인식하에 은행여신관리업무 시행세칙(현 은행감독규정)을 개정, 1998년 4월 1일부터 신규 채무보증을 금지하였다.

2002년 4월 1일부터는 공정거래법 개정으로 종전 30대 기업집단 지정제도가 일괄지정방식에서 상호출자 및 채무보증제한, 출자총액제한 등 행태별 규제방식으로 전환됨에 따라 채무보증제한대상 대규모기업집단도 종전 30대 대규모기업집단에서 2조 원 이상의 기업집단으로 확대되었다. 그리고 채무보증 해소시한을 지정일부터 종전 1년 이내에서 2년 이내로 연장하였다.

일부 예외가 있는데 금융업 또는 보험업을 영위하는 회사에 대해서는 영위업종의 특성과 각 개별법령에서 이미 제한받고 있다는 점을 감안,

채무보증제한제도를 적용하지 않는다. 또한 제한대상 채무보증의 범위와 관련하여서는 채무보증의 대상이 되는 여신의 성격에 따른 예외, 기업의 국제경쟁력 강화를 위한 정책적 배려에 따른 예외를 일부 인정하고 있다. 즉 산업합리화에 따라 인수되는 회사의 채무, 해외건설입찰보증, 수출금융 등과 관련된 보증이 제한제외대상 채무보증에 해당한다.

◦ 운용실적

대규모기업집단 소속회사는 매년 4월 1일을 기준으로 채무보증 현황자료를 금융기관의 확인을 받아 5월 말(2001년부터는 4월 말)까지 공정거래위원회에 제출토록 되어 있으며 필요시 공정거래위원회가 직접 금융기관을 통해 채무보증내역을 확인하는 등의 절차를 거쳐 채무보증현황을 파악하고 있다.

특히 1998년 1월 13일 김대중 대통령 당선자와 5대 재벌 간에 합의한 5대 원칙의 하나로 '상호채무보증의 해소'가 채택됨에 따라 채무보증의 조속한 해소를 통해 원활한 기업구조조정을 추진하기 위하여 매 분기별로 채무보증현황을 파악하여 해소실적이 부족한 기업에 대해서는 조기해소를 독려하였다. 한편 금융기관 측에 중복·과다보증, 포괄근보증 등 불합리한 채무보증의 조기해지를 요청하여 채무보증의 기한 내 차질 없는 해소를 위한 여건을 마련하기 위해 노력하였다.

한편 채무보증 해소를 위한 금융기관들의 협조분위기를 조성하고, 기업과 금융기관 사이에 채무보증해소와 관련한 협의를 촉진시키기 위해 1999년 12월 금융감독원과 협의, 조기해지가 가능한 채무보증에 대한 해지원칙을 마련하여 금융기관에 통보·시행하였다.

이러한 결과, 1993년 4월 채무보증제한제도 도입 당시 약 120.6조 원에 달하던 제한대상 채무보증은 2000년 3월 말까지 사실상 완전 해소되어 2000년 4월 1일 현재 법에 의해 해소시한이 연장된 기업집단 및 1998년 이후 신규 지정된 기업집단 등 해소시한이 2001년 3월 말인 기업집단의 채무보증 1.5조 원만 남게 되었으며, 동 채무보증액도 상당부분 해소되어 2000년 말 현재 3,894억 원으로 축소되었다.

한편 2002년 4월 1일 현재 신규 지정된 기업집단의 제한대상 채무보증금액은 5개 기업집단의 5,873억 원으로 집계되었으며, 기존 기업집단의 미해소 또는 계열편입회사의 보증액 8,697억 원을 합하여 총 1조 4,570억 원에 대한 해소를 지속적으로 추진하였다. 2002년 12월 말 현재 제한대상 채무보증액 중 5,448억 원이 해소되어 9,122억 원이 남아 있으나 해소시한인 2004년 3월 말까지 여신상환, 물적 담보로의 대체, 개인입보, 청산 등의 방식으로 해소될 예정으로 해소시한까지 연도 중 계열사 신규편입으로 발생한 보증금액 일부를 제외하고는 완전해소 될 것으로 예상된다.

〈표 3-54〉 대기업집단 채무보증 현황

(단위: 조 원, %)

연 도	자기자본 (A)	채무보증금액			자기자본 대비율	
		계(B)	제한(C)	제한제외(D)	B / A	C / A
1998.4.1.	68.1	63.5	26.9	36.6	93.1	39.5
1999.4.1.	100.4	22.4	9.8	12.6	22.3	9.8
2000.4.1.	132.2	7.3	1.5	5.8	5.5	1.1
2001.4.1.	154.8	4.9	0.4	4.5	3.2	0.3
2002.4.1.	281.5	4.6	0.6	4.0	1.6	0.2

또한 불합리한 채무보증관행의 근절을 위한 노력의 결과 공정거래법상 규제대상이 아닌 제한제외대상 채무보증도 1999년 4월 36.6조 원에서 2000년 4월 5.8조 원, 2001년 4월 4.5조 원, 2002년 4월 4.0조 원 등 지속적으로 감소하고 있다.

〈표 3-55〉 대기업집단 채무보증 해소 현황

(단위: 조 원)

구 분	1998.4.1.	1999.4.1.	2000.4.1.	2001.4.1.	2002.4.1.
보증금액	26.9	9.8	1.5	0.4	0.7
• 미해소	24.1	9.5	1.3	0.1	0.0
• 신규지정 계열편입	2.8	0.3	0.2	0.3	0.7
해소금액	9.5	17.4	8.5	1.4	0.4
해소율(%)	28.3	64.7	86.7	93.3	100.0

2001년 4월부터 2002년 3월 말까지 채무보증의 해소사유를 살펴보면, 여신상환이 34.6%, 청산 22.1% 및 합병 20.9%, 개인입보 대체 8.4%, 담보 대체 10.2%, 신용전환 3.7% 등의 순으로 나타나고 있다. 또한 2002년 4월부터 2003년 3월 말까지 해소된 채무보증의 해소사유를 살펴보면 여신상환 50.2%, 신용전환 34.0%, 개인입보 대체 14.8% 등으로 나타나고 있는데 여신상환이나 청산·합병으로 인한 해소비율이 높게 나타나는 것은 바람직하다고 할 수 있다. 즉 피보증사의 재무능력 개선으로 여신을 조기에 상환함으로써 부채비율 감축 등 기업건전성이 제고되고 있음을 알 수 있으며, 청산·합병을 통한 해소비율이 높은 것은 구조조정을 통해 부실계열사를 정리하고 있음을 보여준다.

(5) 노무현정권(2003.02.~2008.02.)

2005년 4월 1일 현재 55개 채무보증제한 기업집단의 채무보증금액은 총 3조 9,601억 원으로서 전년도 3조 7,761억 원에 비해 1,840억 원(4.6%) 증가하였으며, 이 중 법상 제한대상 채무보증금액은 1조 2,628억 원으로 전년도 4조 5,131억 원보다 8,115억 원(179.8%) 증가하였다. 또한 제한대상 채무보증금액은 3조 3,248억 원에서 2조 6,973억 원으로 6,275억 원(23.3%)이 감소하였다.

<표 3-56> 채무보증제한 기업집단의 채무보증 현황

(단위: 억 원)

구 분	2004.4.1. 현재	2005.4.1. 현재	증 감
제한대상 채무보증금액	4,513	12,628	8,115
제한제외대상 채무보증금액	33,248	26,973	△6,275
합 계	37,761	39,601	1,840

2005년 제한대상 채무보증금액 1조 2,628억 원 중 기존 지정 기업집단의 채무보증금액은 2,539억 원, 신규지정 기업집단의 채무보증금액은 1조 89억 원이다. 특히 2005년의 제한대상 채무보증금액이 전년도에 비해 179.8%나 증가한 것은 기존에 지정된 기업집단의 제한대상 채무보증금액이 감소하였음에도 불구하고 신규지정 기업집단의 제한대상 채무보증금액 1조 89억 원이 포함되었기 때문이다.

<표 3-57> 제한대상 채무보증액의 구성 내역

총 제한대상 보증액	신규 기업집단	기존 기업집단
12,628억 원	10,089억 원	2,539억 원

2005년에 신규 지정된 기업집단의 제한대상 채무보증금액 세부보증금액 세부내역을 보면, 2005년 4월 1일 기준으로 GS 1,072억 원, STX 4,533억 원, 이랜드 4,484억 원 등 1조 89억 원이다. 또한 2004년에 이어 연속 지정된 기업집단 중 제한대상 채무보증이 있는 7개 기업집단의 채무보증금액은 2,539억 원으로 2004년 4월 1일 지정 당시 존재했던 채무보증(총 4,513억 원) 중 1,974억 원을 해소하여 해소율은 43.7%이다.

〈표 3-58〉 7개 기존 기업집단의 제한대상 채무보증 현황

(2005.4.1. 기준, 단위: 억 원)

기업집단 명	포스코	금호아시아나	CJ	LS	세아	태광산업	하이트맥주	합계
제한대상 채무보증금액	1,550	200	400	24	31	118	115	2,539

제한대상 채무보증을 사유별로 살펴보면 산업합리화 관련 보증(84%), SOC투자관련 보증(9.7%), 해외건설 등과 관련한 보증(4.3%) 등의 순으로 나타났다.

〈표 3-59〉 제한제외 대상 채무보증의 사유별 내역

(2005.4.1. 기준, 단위: 억 원, %)

구 분	산업합리화	기술개발자금	SOC관련	수출입제작금융	해외건설 등	D / A, D / P, 로컬 L / C	계
금 액	22,656	85	2,626	229	1,166	141	26,973
비 율	84	0.3	9.7	1.1	4.3	0.5	100

2004년 4월 1일부터 2005년 3월 31일 기간 중 해소대상 채무보증액 4,513억 원 중 해소된 채무보증액은 1,974억 원(해소율: 43.7%)이며 2,539억 원 남아 있다. 또한 동 기간에 해소된 채무보증액 1,974억 원은 대부분 여신상환(1,799억 원), 신용전환(35억 원)의 방법으로 해소되었다.

〈표 3-60〉 해소대상 기업집단 채무보증 변동 현황

(단위: 억 원)

기업집단	2004.4.1.	2004.4.1.~2005.3.31.		2005.3.31.
		증 가	감 소	
KT	3		3	0
포스코	1,550	－	－	1,550
현대중공업	1,320		1,320	0
금호아시아나	200		－	200

기업집단	2004.4.1.	2004.4.1.~2005.3.31.		2005.3.31.
		증 가	감 소	
LS	75		50	25
CJ	695		295	400
현대백화점	14		14	0
대한전선	2.9		2.9	0
세 아	337		206	131
태광산업	172		54	118
하이트맥주	144		29	115
합 계	4,512.9		1,973.9	2,539

(6) 종 합

채무보증제한제도에 대한 정권별 변화를 요약하면 다음과 같다.

〈표 3-61〉 채무보증제한제도의 정권별 변화

정 권	내 용
전두환	제도도입 전
노태우	제도도입 전
김영삼	◦제도도입(1993년) －기업집단 계열사에 대하여 채무보증을 할 때 그 한도를 200%를 초과할 수 없도록 제한 －금융·보험사에 대하여는 예외로 함 ◦공정거래법 개정(1996년)을 통해 채무보증한도를 200%에서 100%로 낮춤
김대중	◦외환위기의 주요 요인은 대규모기업집단 소속 대기업의 연쇄 도산이 계열사 간 채무보증으로 인한 것으로 인식 ◦채무보증 거의 해소
노무현	채무보증제한제도 그대로 유지

09 금융산업법 제24조

　「금융산업이 구조개선에 관한 법률」(이하 금산법)은 1997년 1월에 「금융기관의 합병 및 전환에 관한 법률」이 전면 개정되면서 명칭이 바뀐 법이다. 금산법의 취지는 법 제1조 목적 조항에 나와 있듯이 금융기관의 합병·전환 또는 정리 등 금융산업의 구조개선을 지원하여 금융기관 간의 건전한 경쟁을 촉진하고 금융업무의 효율성을 높임으로써 금융산업의 균형 있는 발전에 이바지하는 것이다.

　금산법이 재벌정책의 일환으로 인식된 것은 바로 제24조의 내용 때문이다.

(1) 전두환정권(1981.02.~1988.02.)

제도가 도입되기 전이다.

(2) 노태우정권(1988.02.~1993.02.)

제도가 도입되기 전이다.

(3) 김영삼정권(1993.02.~1998.02.)

정권의 임기가 거의 끝나갈 무렵인 1998년 1월 8일에 금산법 제24조가 만들어졌다. 금산법 제24조의 내용은 다음과 같다.

제5장 금융기관을 이용한 기업결합의 제한

제24조(다른 회사의 주식소유한도)

① 금융기관 및 그 금융기관과 같은 기업집단에 속하는 금융기관(이하 "동일계열 금융기관"이라 한다)은 다음 각 호의 1의 행위를 하고자 할 때에는 대통령령이 정하는 기준에 따라 미리 금융감독위원회의 승인을 얻어야 한다. 다만, 당해 금융기관의 설립근거가 되는 법률에 의하여 인가·승인을 얻는 경우에는 그러하지 아니하다.〈개정 1998.1.8.〉

　1. 다른 회사의 의결권 있는 발행주식 총수의 100분의 20 이상을 소유하게 되는 경우

　2. 다른 회사의 의결권이 있는 발행주식 총수의 100분의 5 이상을 소유하고 동일계열 금융기관 또는 동일계열 금융기관이 속하는 기업집단이 당해 회사를 사실상 지배하는 것으로 인정되는 경우로서 대통령령이 정하는 경우

② 제1항에서 "기업집단"이라 함은 독점규제 및 공정거래에 관한 법률 제2조 제2호의 규정에 의한 기업집단을 말한다.

③ 금융감독위원회는 제1항의 규정에 의한 승인을 함에 있어서는 당해 주식소유가 관련시장에서의 경쟁을 실질적으로 제한하는지의 여부에 대하여 미리 공정거래위원회와 협의하여야 한다. 제1항 단서의 규정에 의하여 인가·승인 등을 하는 경우에도 또한 같다.〈개정 1998.1.8.〉

제6장 보칙

제24조의2(다른 법률과의 관계)

　금융기관의 합병 및 전환, 부실금융기관에 대한 조치, 금융기관의 청산 및

파산 등에 관하여 이 법에서 정하는 것을 제외하고는 당해 금융기관의 영업의 인가·허가 등의 근거가 되는 법률과 「상법」·「비송사사건절차법」 기타 관계법령의 규정에 따른다.(본조 신설 1998.9.14.)

이 같은 금산법 제24조가 만들어진 배경은 다음과 같다.

삼성생명이 1993년 6월경부터 기아자동차 주식을 1,662,280주 매입한 것을 시작으로 1993년 말 기준으로 삼성생명 8.0%, 삼성화재 1.6%, 삼성증권 0.04% 등 삼성의 계열금융기관들이 기아자동차 주식을 9.6% 이상 보유하게 되었다.

이러한 사건과 관련하여 정부에서는 30대 재벌계열 보험, 단자, 종금사의 상장주식 보유한도는 현행대로 10% 이내로 하되 의결권을 행사할 수 있는 주식보유는 5% 이내로 제한하겠다고 국회에서 당시 재경부장관이 밝혔다. 그 대책으로 의결권제한은 시행령 개정을 통해 시행하고, 재벌의 기업 확장에 대한 대책은 공정거래법 개정을 통해 시행하겠다고 하였다.

그러나 「금융기관을 이용한 기업 확장 방지대책」은 공정거래법 개정 시 반영되지 않았다. 대신 1997년 1월 「금융기관의 합병 및 전환에 관한 법률」을 전면 개편한 「금융산업의 구조개선에 관한 법률」의 개정 시에 반영되어 금산법 제24조가 만들어져 1997년 3월부터 시행되었다.

(4) 김대중정권(1998.02.~2003.02.)

금산법이 1997년 3월부터 시행된 이래 금산법에 대한 벌칙조항이 없다는 입법미비점이 지적되었다. 그리하여 2000년 1월 벌칙 및 과태료 규정을 신설하여 금산법 제24조 위반에 대해 임원에 대해서는 1년 이하의 징역 혹은 1천만 원 이하의 벌금, 금융기관에 대해서는 2천만 원 이하의 과태료를 부과할 수 있도록 개정되었다.

김대중정권의 임기는 2003년 2월까지인데, 2003년 1월 삼성카드와 삼성캐피탈, 현대카드와 현대캐피탈의 합병과정에서 삼성의 에버랜드, 현대의 기아차, INI스틸 등이 금산법 제24조를 위반했다는 사실이 지적되었다.

(5) 노무현정권(2003.02.~2008.02.)

2004년 4월 금융감독원은 금산법 위반에 대하여 일제조사를 실시하여 13개 사례를 적발하였다. 그해 7월 금감원은 해당 금융기관에 공문을 보내 7월 말까지 법 위반에 대한 해소계획을 제출토록 지시했다.

〈표 3-62〉 금산법 위반 사례 13건(2004년 12월 현재)

재벌명	금융회사	주식보유 대상기관	취득일자	보유규모	취득경위	비고
삼 성	삼성카드	에버랜드	'98.12.31.~ '99.4.17.	25.64%	-계열분리 및 실권주 취득	금산법 벌칙조항 신설 이전 취득
	삼성생명	호텔신라	'98.10.24.~ '99.8.27.	7.30%	-지분취득	금산법 시행 이전 승인 ('98.12.5. 보감원, 생보510-23069 승인)
현 대	현대캐피탈	기아자동차	'99.3.30.~ '04.5.28.	6.82%	-지분인수 및 유상감자	2005년 1월 말 현재 4.95% 보유
	현대캐피탈	INI스틸	'03.12.31.~ '04.6.30.	5.90%	-유상감자	
동 부	동부생명	동부건설	'97.3.24.~ '01.5.10.	9.46%	-지분취득	
	동부화재	아남반도체	2002.7.25.	8.07%	-지분취득	2005년 3월 현재 2.9% 보유
	동부화재	동부건설	2001.3.26.	13.7%	-지분취득	
	동부화재	동부제강	2001.5.11.	7.7%	-지분취득	

재벌명	금융회사	주식보유 대상기관	취득일자	보유규모	취득경위	비고
기 타	쌍용캐피탈	아시아 신용정보	2003.3.30.	15.61%	-지분취득	
	흥국생명	태광산업	1997.10.16.	9.99%	-자산운용 목 적	벌칙조항 신설 이전 취득
	그린화재 해상보험	극동유화	2003.07.28.	14.89%	-유상증자 참여	2005년 3월 현재 4.99% 보유
	동양종합 금융증권	타이젬	2000.5.	9.90%	-동양메이저의 합병에 따른 지분취득	
	대우증권	델타 정보통신	2002.8.	68.10%	-구상권행사	불가피성 인정 (계좌도용사고처 리과정에서 주식 취득)

자료: 금감원, 국회 박영선의원실 발표자료, 2006.

삼성그룹의 삼성생명과 삼성카드는 이에 불복하는 내용을 보냈고, 동부그룹의 동부화재와 동부생명과 흥국생명은 법 개정 결과에 따르겠다고 했다. 그러나 정부가 입법예고한 내용에 따르면 2004년 현재 법 위반 상태에 있는 금융기관에 대해 1997년 3월 이전에 취득한 것에 대해서는 모든 권리를 인정해 주고, 법 시행 이후 취득한 경우에는 의결권만 제한한다고 하자, 매각의사를 밝혔던 동부그룹과 흥국생명도 매각하지 않고 사태추이만 살피고 있었다.

이러한 과정에서 2005년 6월 1일 박영선 의원, 2005년 7월 15일 정부, 2005년 10월 13일 심상정 의원이 각각 대표발의 또는 제출한 금융산업의 구조개선에 관한 법률 일부개정 법률안 3건 및 이상민 의원이 소개한 금융산업의 구조개선에 관한 법률 개정에 관한 청원 등이 국회 재정경제위원회(2006.2.27.)에서 위원회 대안으로 제안되었다.

개정 이유를 보면, 금융기관이 다른 주주의 감자(減資)로 인하여 일정 한도 이상의 다른 회사 주식을 소유하게 되는 경우 등 부득이한 사유가 있는 경우에는 사후에 금융감독위원회의 승인을 얻도록 하는 한편, 승인을 얻지 아니하고 일정 한도 이상의 다른 회사 주식을 취득한 금융기관에 대하여 금융감독위원회가 시정조치 및 이행 강제금을 부과할 수 있도록 하여 현행 제도의 운영상 나타난 일부 미비점을 개선·보완하며, 기존의 법 위반 상태에 있는 동일계열 금융기관에 대한 경과조치를 부칙에서 정하려는 것이다.

개정안의 주요 내용은 첫째, 금융기관이 일정 한도 이상의 다른 회사의 주식을 소유할 경우 다른 주주의 감자 등 부득이한 사유가 있는 경우에는 사후에 승인을 신청할 수 있도록 하고, 금융감독위원회의 재승인을 얻어야 하는 다른 회사 주식 소유 한도를 법에 명시하였다(제24조 제4항 및 제5항 신설).

둘째, 금융기관의 다른 회사 주식 초과소유에 대해 금융감독위원회가 승인함에 있어 그 심사요건을 법에 명시하였다(제24조 제6항 신설).

셋째, 금융감독위원회의 승인 없이 다른 회사의 주식을 소유하고 있는 동일계열 금융기관에 대하여 금융감독위원회가 임원·직원의 제재, 관련 주식의 처분명령 등의 시정조치를 할 수 있도록 하였다(제24조의2 신설).

넷째, 금융감독위원회의 주식처분명령을 이행하지 아니한 자에 대한 이행 강제금 제도를 도입하였다(제24조의3 신설).

다섯째, 법률 제5257호 「금융산업의 구조개선에 관한 법률」 개정법률 시행 당시 주식소유한도를 초과하고 있는 동일계열 금융기관에 대해서는 주식초과분에 대하여 의결권을 제한하되, 2년간의 유예기간을 주고, 그 이후부터는 공정거래법 제11조의 규정을 적용하도록 하였다(부칙 제4조).

여섯째, 법률 제5257호 「금융산업의 구조개선에 관한 법률」 개정법률 시행 이후부터 이 법 시행 당시까지 제24조 제1항의 규정을 위반하여 금감위 승인을 얻지 않고 다른 회사의 주식을 소유하고 있는 동일계열 금융기관은 자발적으로 이 법 시행일부터 5년 이내에 한도에 적합하도록 하고, 이를 준수하지 않을 경우에는 금감위가 처분명령을 내리도록 하였다(부칙 제5조).

이러한 내용의 동법은 국회 본회의에 2006년 12월 22일에 상정되어 의결되어, 정부는 2007년 1월 26일에 공포되었다. 시행은 공포 후 3개월이 경과한 날부터이다.

(6) 종 합

금산법 제24조에 대한 정권별 변화를 요약하면 다음과 같다.

<표 3-63> 금산법 제24조의 정권별 변화

정 권	내 용
전두환	제도 도입 전
노태우	제도 도입 전
김영삼	∘금산법 제24조 신설 －「금융기관 합병 및 전환에 관한 법률」을 전면 개편한 「금융산업의 구조개선에 관한 법률」의 개정 시에 '금융기관을 이용한 기업 확장 방지대책'이 반영되어 금산법 제24조가 신설됨 (1997년)
김대중	∘벌칙 조항이 없다는 지적에 따라 과태료규정 신설
노무현	∘2004년 3월 금산법위반에 대해 일제조사 실시: 13개 사례 적발 ∘금산법 개정 후 시행(2007년) －금산법 제24조를 위반한 기업에 대해 5년의 유예기간을 줌

제4장

재벌정책에 대한 평가

본 장에서는 각 정권별 재벌정책 대해 정책의 일관성과 정책의 효과 등을 통해 평가해 보고자 한다. 대표적인 재벌정책으로는 대규모기업집단제도, 업종전문화제도, 지주회사제도, 출자총액제한제도, 상호출자금지제도, 부당내부거래 규제제도, 금융·보험사의 의결권 제한제도, 채무보증제한제도, 금산법 제24조 등 총 9개의 제도에 대한 것이다.

정책을 평가할 때는 평가대상에 기초하여 목적과 내용을 바탕으로 준거(criteria)를 설정하여야 한다. 정책을 평가하는 데 사용되는 기준은 평가자에 따라 다양하게 나타낼 수 있다.

본 연구인 재벌정책에 대한 정권별 평가는 효율성, 적정성, 일관성 등 세 가지 기준에 따라 평가하려 한다.

첫째, 효율성(efficiency)이다. 효율성은 최소의 비용으로 최대의 효과를 거두려는 의미로서 주어진 수준의 효과를 산출하기 위해 요구되는 투입의 양을 말한다. 투입 대 산출의 비율로 표현되는 정책의 효율을 판단하는 것이다. 재벌정책이 각 정권에서 효율적으로 집행되었는지를 살핀다.

둘째, 적정성(adequacy)이다. 적정성이란 제기된 어떤 문제에 대한 해결 정도를 의미한다. 즉 정책의 집행결과 처음에 제기된 문제가 어느 정도나 해결되었는가를 가리키는 기준이다. 다시 말하면, 법과 규정이 현실과는 괴리된 채 지나친 규제로 특정인·집단의 독점운영이 된다거나 또는 아무런 통제가 없는 현실에서 불공정한 경쟁으로 이어져 국민에게 불편을 초래하게 된다면, 이를 구제완화나 강화하는 개선이 필요하다. 이러한 경우에 그로 인해 어떠한 결과를 가져 왔는가 등의 기준이라 할 수 있다.

셋째, 정책의 일관성(consistency)이다. 동일한 정권 내에서 어느 정도 정책의 일관성이 유지되었는지를 살핀다.

01 전두환정권(1981.02.~1988.02.)의 재벌정책 평가

　전두환정권은 재벌정책의 효시라고 할 수 있다. 본 연구에서 재벌정책을 정권별로 평가할 때 전두환정권부터 시작하는 이유이기도 하다. 하지만 정권 말인 1987년에야 시작함에 따라 정책이 어떻게 집행되었는가를 평가하기가 쉽지 않다. 집행된 기간이 너무 짧기 때문이다.

　전두환정권 때 도입된 재벌정책으로는 자산 4천억 원 이상의 그룹을 대규모기업집단으로 지정하였다. 지주회사는 금지하였고, 출자총액제한제도는 대규모기업집단에 대해 한도를 두어 그 선을 40%까지만 허용하였다. 나아가 상호출자를 금지하기도 하였으나 3년간 유예기간을 둠으로써 자신의 정권 기간에서는 시행하지 못하기도 하였다. 금융·보험사의 의결권 제한에 있어서는 주식보유는 제한하지 않되, 국내 계열사 보유주식에 대해 의결권만을 제한하는 최소한의 규제제도를 도입하였다.

　전두환정권에서의 재벌정책을 요약하면 다음과 같다.

〈표 4-1〉 전두환정권의 재벌정책

제　도	내　용
대규모기업집단	자산 4천억 원 이상
업종전문화	제도도입 전

제　도	내　용
지주회사	지주회사 금지제도 도입
출자총액제한	자산 4천억 원 이상 기업집단, 출자한도는 40%까지 허용
상호출자금지	상호출자 금지, 3년간 유예
부당내부거래 규제	제도도입 전
금융·보험사의 의결권 제한	주식보유는 제한하지 않되, 국내 계열사 보유주식에 대해 의결권만을 제한하는 최소한의 규제제도 도입
채무보증 제한	제도 도입 전
금산법 제24조	제도 도입 전

이제 평가를 해 보면, 세 가지 기준인 효율성과 적정성 그리고 정책의 일관성을 집행 기간이 짧기 때문에 모두 적용하기 힘들다. 하지만 제도를 처음으로 도입한 취지는 높게 평가해야 한다고 본다.

선진국에는 존재하지 않는 우리나라에만 특수하게 존재하는 재벌에 대해 많은 논란이 있었다. 대부분의 취지는 재벌이 문제는 많지만 우리나라 경제성장의 주역이고 몇 가지 문제는 시간이 지나가면 해결될 것이기 때문에 재벌정책을 특정해서 만들 필요가 없다는 것이었다.

하지만 소수의 재벌이 우리나라 경제를 좌지우지하는 경제력집중의 문제는 당시로선 심각한 문제였다. 전두환정권은 이러한 점에 더 주안점을 두어 재벌정책을 만들게 되었다. 재벌문제가 여전히 사회적으로 큰 문제라는 점을 감안하면 당시 전두환정권의 판단은 적절했다고 보인다.

이렇게 볼 때 적정성에 있어서는 높은 평가를 받을 수 있다. 그러나 다른 평가 기준인 효율성과 정책의 일관성은 집행 기간이 짧기 때문에 평가를 내리기가 어렵다. 그렇다고 해서 재벌정책의 효시라는 측면을 간과할 수는 없다고 본다.

이렇게 볼 때 전두환정권의 재벌정책은 경제적 상황에 적절하게 대처하고 재벌정책의 시작이었다는 점에서 높은 평가를 받을 수 있다.

따라서 수우미양가의 평가방식을 따른다면 '수'라는 평가를 내린다. 대학의 학점방식을 따른다면 'A'라 하겠다.

02 노태우정권(1988. 02. ~1993. 02.)의 재벌정책 평가

노태우정권에서는 처음과 끝, 모두 재벌을 위한 정책을 구사했다는 것이 오히려 더 예외적이라 할 수 있다. 이전 정권인 전두환정권이 철권정치를 한 관계로 드러내 놓고 재벌정책에 대한 반대논리를 펴지 못했다. 하지만 노태우정권에 들어 재벌들은 전방위로 재벌정책의 부당성한 주장과 함께 정권에 압력을 가했다.

그 결과 재벌정책을 담당하던 공정위를 기업활동을 방해하는 규제의 본산으로 인식, '공정위 폐지론'까지 나왔을 정도다. 그래서일까. 지금은 여러 그룹으로 분산된 현대그룹 정주영 씨는 대통령 후보로 출마를 했고, 현재는 해체된 대우그룹 김우중 씨는 자신이 직접 정치인을 양성하겠다는 견해까지 밝혔다. 경제권력이 정치권력까지 가져보겠다는 욕심이 드러난 사례라 하겠다. 시사적인 것은 재벌에 대해 퍼주기 정책을 가장 많이 실시한 시기에 나타난 현상이라는 것이다.

노태우정권 시절 실시한 재벌정책에 대해 알아보면 다음과 같다. 대규모기업집단 지정제도는 자산 4천억 원 이상에서 자산 순위 30위로 대폭 완화된다. 경제성장에 따른 기업의 성장으로 너무 많은 재벌들이 기업집단에 지정되어 재벌정책의 대상이 된다는 지적이 있었다. 이는 한편으론 현실적인 측면이라는 것을 고려한 점도 인정된다 하겠다.

상호출자금지제도는 이전에는 금융·보험사는 해당이 되지 않았으나 재벌들이 고객의 돈으로 상호출자를 하면서 계열사를 늘리는 행동이 늘어남에 따라 이에 대한 규제가 불가피하였다. 그래서 상호출자금지 대상에 금융·보험사도 추가로 포함시켰다. 그리고 나머지 제도는 이전부터 해 오던 제도를 그대로 유지하였다.

노태우정권의 재벌정책을 요약하면 다음과 같다.

〈표 4-2〉 노태우정권의 재벌정책

제 도	내 용
대규모기업집단	자산 순위 30위까지로 완화
업종전문화	제도도입 전
지주회사	지주회사 금지제도 유지
출자총액제한	출자 총액은 지속적으로 감소하나, 예외인정금액은 증대
상호출자금지	금융·보험사 간 상호출자도 추가로 금지
부당내부거래 규제	「대규모기업집단의 불공정거래행위에 대한 심사기준」 제정
금융·보험사의 의결권 제한	주식보유는 제한하지 않되, 국내 계열사 보유주식에 대해 의결권만을 제한하는 최소한의 규제제도를 그대로 유지
채무보증 제한	제도 도입 전
금산법 제24조	제도 도입 전

이와 같은 노태우정권의 재벌정책은 전체적으로 시의 적절하게 새로운 제도를 도입하는 일이 거의 없었다. 그래서 적정성의 평가에서 낮은 평가를 내릴 수밖에 없다. 정책의 일관성이라는 측면에서는 제도를 없애거나 무력화시키지 않았던 점이 그나마 다행이라는 생각이 든다. 이에 따라 정책의 일관성은 중간 정도의 평가를 내릴 수 있다. 다음으로 효율성 측면에서는 재벌정책을 시행했으나 그에 대한 결과가 별로 없기 때문에 좋은 평가를 내리기 힘들다.

이러한 결과를 종합할 때 노태우정권의 재벌정책에 대한 평가는 수우미양가 방식으로는 '미'라고 평가할 수 있다. 대학의 학점평가 방법으론 'C'로 평가한다.

03 김영삼정권(1993.02.~1998.02.)의 재벌정책 평가

김영삼정권에서는 이전 정권과는 달리 초기에는 재벌개혁을 아주 강하게 주창하였다. 노태우정권의 친재벌 정책이 어떠한 결과를 초래하였는지를 실감했기 때문이다. 더욱이 대통령 선거에서 재벌 총수인 정주영 씨가 경제에만 전념하지 않고 정치에 뛰어들고 대통령 후보로 출마한 것에 대해 부정적인 시각을 가지고 있었다. 그래서 합리적인 측면보다는 감정이 다소 섞인 재벌정책을 초기에 실시했다고 볼 수 있다.

그러나 합리성을 결여한 정책은 실패하기 쉽다. 바로 그 대표적인 정책이 업종전문화시책이다. 이는 문어발식 경영으로는 전문화된 세계적인 기업과 경쟁할 수 없다는 정책적 판단에서 추진되었다. 그런데 공정위가 아닌 산자부가 주도하는 재벌정책인 탓에 정책추진에 문제가 생기기도 했다. 결국 몇 년 헤매더니 정권 말에 슬그머니 폐지시켰다. 최초의 실패한 재벌정책으로 평가받을 수 있다.

대규모기업집단제도는 거의 그대로 유지되었다. 자산 순위 30위까지 지정하였다. 재벌들의 소유분산 및 재무구조개선을 유도하기 위해 소유분산이나 재무구조가 우량한 재벌은 기업집단지정에서 제외한다는 혜택을 시장에 던졌으나 이에 호응한 재벌은 거의 없었다. 재벌에 대해 다소 어설픈 대응이라는 지적을 받을 수 있다.

지주회사 금지제도는 그대로 유지되었다.

출자총액제한제도에 있어서는 변화가 생겼다. 집권 초에는 출자총액제한제도를 더욱 강화하여 자산 4천억 원 이상 기업집단에 대해 출자한도를 40%에서 25%로 낮추었다. 이러한 면만 보면 출자총액제한제도를 더 강화한 것으로 평가되겠으나 정권 말에는 다시 완화시키는 결과를 초래하고 만다. 그것은 예외인정 범위와 예외인정 기간을 확대하여 결과적으로 출자총액제한제도가 완화되었다.

상호출자금지는 지속적인 제도시행으로 인해 거의 해소수준이 되었다. 생산적인 제도가 있다면 채무보증제한 제도를 도입한 것과 금산법 제24조를 신설한 것이다. 1993년에 새로 도입한 채무보증제한제도는 재벌의 계열사끼리 채무보증을 할 때 그 한도를 200%가 넘지 않도록 하였다. 그리고 1996년에는 채무보증한도를 더 강화하여 100%로 낮추었다.

금산법 제24조는 1997.3월부터 시행되었으나 그에 대한 성과는 없었다.

다음은 김영삼정권의 재벌정책을 요약한 것이다.

〈표 4-3〉 김영삼정권의 재벌정책

제 도	내 용
대규모기업집단	자산 순위 30위까지는 유지하면서, 소유분산 및 재무구조가 우량한 기업집단은 제외
업종전문화	업종전문화 제도를 의욕적으로 시도했으나, 2년 만에 폐지하여 실패한 제도가 됨
지주회사	지주회사 금지제도 유지
출자총액제한	자산 4천억 원 이상 기업집단, 출자한도는 40%에서 25%로 낮춤, 예외인정 범위 및 기간 확대
상호출자금지	상호출자 거의 해소
부당내부거래 규제	자금·자산·인력의 부당지원을 규제할 수 있는 근거 마련
금융·보험사의 의결권 제한	주식보유는 제한하지 않되, 국내 계열사 보유주식에 대해 의결권만을 제한하는 최소한의 규제제도 그대로 유지

제 도	내 용
채무보증 제한	◦ 제도 도입(1993년) －기업집단 계열사에 대하여 채무보증을 할 때 그 한도를 200% 초과할 수 없도록 함 －금융·보험사에 대하여는 예외로 함 ◦ 공정거래법 개정(1996년)을 통해 채무보증한도를 200%에서 100%로 낮춤
금산법 제24조	◦ 금산법 제24조 신설

앞서 논의했지만 김영삼정권은 초기에는 강력한 재벌정책을 실시한 듯 보였으나 정권 말로 갈수록 강도가 약해졌다. 업종전문화정책은 실패했고, 출자총액제한제도는 결과적으로 약화되었다. 생산적인 제도를 들자면 채무보증제한제도를 새로 도입하였으나 그 성과가 미미하였다.

더욱이 1997년 외환위기를 맞아 그 원인 분석을 할 때 재벌이 제1요인으로 지적되었다. 물론 재벌의 잘못된 경영행태가 김영삼정권에 들어 새롭게 등장한 것은 아니지만 정권 초와는 다른 정책행보로 인해 결과적으로 실패했다고 볼 수 있다. 정책의 일관성에서 낮은 평가를 받을 수밖에 없다. 그리고 효율성과 적정성의 측면에서도 좋은 평가가 나오지 않는다.

수우미양가 식의 평점으로는 '양'을 매길 수 있다. 대학학점 평가 식으로는 'D'라고 할 수 있다. 'F'로 평가하지 않는 것은 아직 회복할 여력이 남아 있었기 때문이다.

04 김대중정권(1998.02.~2003.02.)의 재벌정책 평가

김대중정권도 재벌개혁을 주창하기는 하였으나 일관성 있게 정책을 유지하지는 못했다.

정권 초에 IMF 외환위기라는 급박한 상황에서 매우 이상하고도 단호한 법 개정이 있었는데, 그것은 1998년 2월 출자총액제한제도를 폐지한 것이다. 그러나 그 이듬해인 1999년 12월에 출자총액제한제도를 재도입하기에 이른다.

폐지 전 2년간은 4조 원에 불과했던 출자액이 폐지 후 2년 동안 28조 원으로 무려 7배나 증가하였다. 문제는 이 증가율 자체가 아니라 7배나 증가한 출자액을 전혀 엉뚱한 곳에 이용하였다는 데 있다. 재벌들은 정부가 재무구조 개선을 위해 부채비율을 200% 이내로 줄이라고 하자 비핵심사업을 매각·처분하고 재무구조의 개선을 통하여 줄이는 것이 아니라, 출자액 대부분을 부채비율을 낮추는 데 썼다. 이러한 방법으로 서류상만의 부채비율 감소는 그 의미가 없는 일이라고 할 수 있다. 더욱이 이 기간 동안 폐지의 명분이었던 외국인에 의한 인수합병은 단 한 건도 없었다. 특히, 동일인과 특수 관계인의 지분율은 감소한 가운데 내부지분율이 높아짐으로써 동일인이 적은 지분으로 계열사 간 순환출자를 통하여 많은 계열사를 지배하는 구조가 심화되었다.

사태가 이 지경에 이르자 정부는 출자총액제한제도를 재도입하지 않을 수 없게 된 것이다. 재벌의 속성을 너무 몰라서일까 아니면, 경제위기라는 급박한 상황에서 재벌들의 투자유인을 위한 어쩔 수 없는 선택이었을까.

어쨌든 같은 정권 내에서 폐지도 하고 재도입도 하게 된다. IMF 외환위기가 아니었다면 재벌정책을 매우 부적절하게, 일관성 없게 실시한 정권으로 인식될 수밖에 없었을 것이다.

나아가 김대중정권은 2002년 1월 제10차 공정거래법개정을 통해 재벌들에게 획기적인 제도를 선사한다. 그것은 금융·보험사의 의결권제한을 완화한 것이다. 이전까지는 산업자본에 의해 지배되는 금융기관이 산업자본의 계열 확장 내지 계열지배 강화의 확대재생산 통로로 이용되는 것을 차단하기 위해 대규모기업집단에 속하는 금융·보험사는 자기 계열사에 대하여 의결권을 행사하지 못하도록 하였다.

그런데 외환위기 이후 대규모 우량 상장사들의 외국인 지분이 계속 늘어남에 따라 경영권방어 목적의 중요 결정사항에 대해서는 의결권을 행사할 수 있도록 해 준 것이다. 그런데 이 제도에 적용대상이 되는 재벌이 매우 한정되어 있는 상태였던 관계로 특혜시비가 일어나기도 했다.

대규모기업집단 지정은 그동안 자산 순위 30위까지였으나 제도를 대폭 개편하였다. 출자총액제한 기업집단과 상호출자제한 기업집단, 채무보증제한 기업집단을 서로 분리하여 기준을 만들었다. 자산 5조 원 이상 재벌은 출자총액기업집단으로 하고, 자산 2조 원 이상 재벌은 상호출자제한 기업집단과 채무보증 기업집단으로 지정하였다. 그 결과 출자총액제한 기업집단은 2002년의 경우를 보면 30대 재벌에서 19개로 줄어들었다. 반면 상호출자제한 및 채무보증제한 기업집단은 43개로 늘어났으나 채무보증제한이 거의 해소된 관계로 이러한 기업집단을 늘린 것에 큰 의미를 부여하기 힘들다고 하겠다. 결국 재벌정책 대상의 수를 대폭 줄인 결과가 된 것이다.

나아가 지주회사제도는 근본적인 변화가 일어났다. 그동안 재벌의 불합리한 경제력 집중의 수단으로 악용될 우려가 높다는 이유로 금지해 오던 지주회사 금지를 허용하는 것으로 바뀌게 되었다.

　　부당내부거래 규제는 금융기관의 장에게 '금융거래 정보요구권'을 도입하는 등 진일보했다고 볼 수 있다.

　　다음은 김대중정권의 재벌정책을 요약한 것이다.

〈표 4-4〉 김대중정권의 재벌정책

제　도	내　용
대규모기업집단	∘제도개편 －자산 2조 원 이상: 상호출자제한, 채무보증제한 기업집단 －자산 5조 원 이상: 출자총액제한 기업집단
업종전문화	사라진 제도
지주회사	∘제도개편 －지주회사 전환 금지에서 허용으로 바뀜
출자총액제한	∘폐지 후 재도입 －출자총액제한제도 폐지: 1998.2.24. －재도입: 1999.12.28, 순자산 25%까지 허용
상호출자금지	상호출자 거의 해소
부당내부거래 규제	∘30대 기업집단 계열사 간 부당한 자금·자산 지원행위에 한정해서 금융기관의 장에게 '금융거래정보 요구권' 도입 (1999년) ∘부당내부거래 사전예방을 위한 내부거래 이사회의결 및 공시제도 도입 (1999년) ∘부당내부거래 조사 실시 (1998년, 1999년, 2000년)
금융·보험사의 의결권 제한	∘제도개편 －금융·보험사의 계열사에 보유 주식에 대한 의결권을 30%까지 허용 －상호출자제한 기업집단 소속 계열 금융·보험사는 보유하고 있는 상장·등록 계열회사 주식에 대하여 특수 관계인과 합하여 30%까지 의결권 행사가 가능하게 됨
채무보증 제한	∘외환위기의 주요 요인이었던 대규모기업집단 소속 대기업의 연쇄도산이 계열사 간 채무보증으로 인한 것으로 인식 ∘채무보증 거의 해소
금산법 제24조	벌칙 조항이 없다는 지적에 따라 과태료 규정 신설

경제정책에 있어서 김대중정권은 타 정권과 다른 특별한 측면이 있다. 그것은 외환위기 극복이라는 국가운명을 건 시기였기 때문이다. 그래서 다른 정권에서 하지 못한 일들을 해야 하는 측면에선 재벌정책도 예외가 아니기 때문에 다소 다른 관점에서 볼 수도 있다.

그러나 출자총액제한제도를 폐지했다가 2년도 안 되어 다시 도입한다거나, 특정 재벌에만 해당되는 금융·보험사의 의결권 제한을 풀어 고객 돈으로 지배주주의 의결권 행사를 도와주는 것은 잘못된 정책이었다고 할 수 있다.

IMF 외환위기 극복은 재벌정책을 잘 사용한 결과라기보다는 우리 경제의 펀드멘탈이 튼튼한 상태에서 가혹한 구조조정 속에 수많은 국민들의 희생 위에 얻어진 결과라 할 수 있다. 외환위기 초기 재벌이 근본적인 원인이라고 진단하여 재벌의 구조조정을 단행했지만 결국 재벌을 위한 정책으로 다시 전환된 것은 김대중정권의 패착인지 아니면 우리 경제구조의 어찌할 수 없는 상황인지는 보다 더 정밀한 연구가 필요하다고 하겠다.

이러한 특수성을 인정한다 하더라도 김대중정권의 재벌정책을 높이 평가할 수는 없다. 출자총액제한제도나 지주회사제도에 있어서 정책의 일관성은 거의 없었다. 아예 재벌체제를 인정하고 도움을 주자고 작정한 것처럼 재벌정책을 실시하였다. 그러면서도 수시로 재벌개혁의 구호를 외친 것은 국민을 무시한 듯한 인상까지 받게 된다.

평상시의 정권이라면 수우미양가에서 '가'의 평가나 'F' 평가를 받을 것이다. 그러나 경제위기 상황이기도 한 점을 고려하여 '양'으로 평가한다. 학점으로는 'D'이다.

05 노무현정권(2003.02.~2008.02.)의 재벌정책 평가

　노무현정권에서는 재벌정책에 있어서는 큰 제도적인 변화 없이 정책을 시행했다고 볼 수 있다. 좌충우돌도 없진 않았다. 언론사인 신문시장도 일반시장으로 인식하여 독과점규제를 시행하려다 헌법재판소에 의해 제지를 당하기도 하였고, 신문업에 대한 신고포상금제도를 도입하는 등 정권과 메이저 신문사와의 마찰이 제도를 통해서 나타났다.

　야당과의 큰 마찰을 겪으면서도 2004년 12월 계열금융사의 의결권 행사한도를 축소하는 제11차 공정거래법 개정을 단행하여 재벌정책에 있어서 강경책을 쓴다는 인상을 남겼다.

　또한 지주회사제도에 역점을 두고 있고 그 성과를 기대하고 있는 것으로 보인다. 그렇지만 지주회사제도만으로 재벌의 소유지배구조를 개선하기에는 역부족일 것으로 판단된다.

　'2007년 대규모기업집단 소유지배구조에 대한 정보공개' 자료에 따르면 재벌의 소유구조 왜곡 현상은 더 심해진 것으로 나타났다. 상호출자제한 기업집단인 43개 재벌의 총수 일가는 4.90%의 지분을 소유하면서 계열사 지분(44.22%)을 통해 그룹 전체를 지배했다. 총수 일가의 지분은 2006년에 비해 0.15% 포인트 늘어났다. 특히 삼성그룹의 경우 이건희 회장의 그룹 계열사 지분은 고작 0.31%, 이재용 전무 등 일가를 포함한 지분율은 0.81%로 전체 재벌그룹 가운데 총수 일가 지분율이 가장 낮았고, SK그룹 최태원 회장 역시 직접 보유한 지분은 0.82%

(일가 포함 1.5%)에 불과했다.

또 총수 일가의 지분과 실제 영향력의 차이를 뜻하는 소유지배괴리도(자사주·우선주 등을 뺀 의결권지분 기준)는 31.28%로 전년보다 0.73% 높아졌다. 의결권지분율을 소유지분율로 나눈 의결권 승수는 6.68배에 달했다.

기업규모가 큰 자산규모 10조 원 이상인 출자총액제한 기업집단의 11개 재벌은 지배구조 왜곡 현상이 더 심각한 것으로 나타났다. 이들의 소유지배괴리도와 의결권 승수가 각각 31.36%, 7.54배로 출자총액제한 기업집단을 포함한 상호출자제한 기업집단 43개 재벌의 평균치가 31.28%, 6.68배인 것과 비교하면 왜곡 현상이 더 심각한 것을 알 수 있다. 의결권 승수가 가장 높은 곳은 동양으로 15.8배이고, SK 15.60배, STX 13.20배, 한화 10.87배, 두산 9.40배, 삼성 8.10배, 코오롱 7.65배, LG 6.78배 순이다.

그리고 고객 돈으로 지배력을 강화하고 있는 것으로 드러났다. 금융·보험사를 계열사로 거느린 재벌은 상호출자제한 기업집단 43개 중 절반을 넘는 23개이다. 이 가운데 14개 그룹은 29개 금융계열사를 통해 86개의 다른 계열사에 1조 7,567억 원을 출자했다. 삼성그룹은 에버랜드(삼성카드 25.64%), 삼성전자(삼성생명 6.28%, 삼성화재 1.09%) 등 핵심 주력 기업에 금융계열사들이 출자하고 있다. 한화그룹은 한화증권이 한화에 2.25%, 동양그룹은 동부건설에 동부생명 8.17%, 동부화재 11.86% 출자하고 있는 것으로 나타났다.

<표 4-5> 금융계열사의 비금융 주력회사에 대한 출자현황

(2007.4.1. 기준)

기업집단	피출자회사 (출자회사)
삼 성	에버랜드 (삼성카드 25.64%)
	삼성전자 (삼성생명 6.28%, 삼성화재 1.09%)
	삼성물산 (삼성생명 4.66%, 삼성투신 0.27%)
현대자동차	현대모비스 (현대캐피탈 1.00%) <07.5월 해소>
한 화	한화 (한화증권 2.25%)
현 대	현대엘리베이터 (현대증권 4.99%)
동 부	동부건설 (동부생명 8.17%, 동부화재 11.86%)
동 양	동양메이저 (동양생명 4.86%)
태광산업	태광산업 (흥국생명 9.99%)
교보생명보험	교보문고 (교보생명보험 85.00%)

이렇듯 지주회사제도를 권장한다 해도 소유지배괴리도는 개선되지 않는 것으로 나타났다. 지주회사제도가 정착된다 해도 오히려 재벌 총수 일가의 왜곡된 소유지배구조를 법으로 고착시켜주는 결과를 초래할 뿐이다.

노무현정권은 2004년 3월 금산법 위반에 대해 일제조사를 실시하여 13개 사례를 적발하였다. 그리고 올해인 2007년에 금산법을 개정하여 시행하였으나 금산법 24조를 위반한 기업에 대해서는 5년의 유예기간을 줌으로써 공은 다음 정권으로 넘어갔다.

다음은 노무현정권의 재벌정책을 요약한 것이다.

〈표 4-6〉 노무현정권의 재벌정책

제 도	내 용
대규모기업집단	◦제도개편 -자산 5조 원 이상인 출자총액제한 기업집단을 2005년에는 자산 6조 원 이상으로, 2007년에는 자산 10조 원 이상으로 상향조정
업종전문화	사라진 제도
지주회사	지주회사로의 전환을 권장
출자총액제한	◦출자한도 25%에서 40%까지 확대 허용 ◦기업집단 소속 모든 회사에서 102조 원 이상 기업 집단 중에서도 자산 총액이 2조 원 이상인 계열사만 해당
상호출자금지	상호출자 거의 해소
부당내부거래 규제	◦선별적 수시조사 방식으로 변경 ◦직권조사 면제제도 도입
금융·보험사의 의결권 제한	◦의결권 행사한도의 단계별 축소 -자산 2조 원 이상의 대규모기업집단 금융사의 의결권 행사범위를 단계적으로 축소 -2006년 4월 1일부터 25%, 2007년 4월 1일부터 20%, 2008년 4월 1일부터 15%까지 축소
채무보증 제한	◦채무보증제한제도 그대로 유지
금산법 제24조	◦2004년 3월 금산법위반에 대해 일제조사 실시: 13개 사례 적발 ◦금산법 개정 후 시행(2007년) -금산법 제24조를 위반한 기업에 대해 5년의 유예기간을 줌

노무현정권에서는 재벌의 요구에 의해 출자총액제한제도 출자한도가 다시 40%까지 높여지고, 그 대상범위도 대폭 축소됨에 따라 예외규정까지 포함하면 거의 폐지수준에 이르렀다고 할 수 있다. 출총제 대상 기업집단은 자산 10조 원 이상으로 11개 재벌이 이에 해당되나 해당 재벌은 6개에 불과하다. 6개 재벌 계열사 중에서도 23개사만 해당된다.

노무현정권에서 특징은 금융·보험사의 의결권제한을 강하게 밀어붙이면서도 정권 말에 가서는 다시 출자총액제한제도를 폐지수준까지 완화했다는 것, 그리고 효과 없는 지주회사로의 전환을 유도했다는 것을 특징으로 들 수 있다.

그리고 금산법 제24조에 대해서는 산업자본과 금융자본의 분리라는 측면에서 그 입장을 고수하는 것 같았으나 5년의 유예기간을 주면서 다음 정권으로 미룸에 따라 오히려 논란을 더 가중시켰다고 할 수 있다.

재벌에 대한 건전한 소유구조 및 재벌의 체질을 강화시킬 수 있는 좋은 기회였음에도 불구하고 이리저리 끌려 다니다가 재벌개혁을 한 것 같기도 하고, 안 한 것 같기도 하는 애매한 상태로 재벌정책을 이끌었다.

따라서 효율성 측면에서도 큰 효과를 보지 못했고, 적정성에도 높은 평가를 받기 힘들다. 정책의 일관성이라면 재벌정책을 완화시켜주거나 미루는 것이 정책의 일관성이라면 높은 평가를 받을 수 있으나 그렇지 않다면 좋은 평가를 받을 수 없다.

이러한 측면을 고려할 때 노무현정권의 재벌정책에 대한 평가는 '미' 또는 'C'라고 매길 수 있다.

06 종 합

재벌정책에 대한 각 정권별 평가를 종합하면 다음과 같다.

〈표 4-7〉 정권별 평가

정 권	평 가	근 거
전두환	수(A)	◦ 재벌정책의 효시
노태우	미(C)	◦ 사실상 재벌정책을 처음으로 집행했다고 볼 수 있으나 실적이 거의 없음 ◦ 재벌로 인한 문제가 계속 발생하는데도 새로운 정책발굴 미흡
김영삼	양(D)	◦ 업종전문화 제도 실패 ◦ 출자총액제한제도 훼손 시작 ◦ 재벌에 대한 적절한 정책미흡으로 IMF 외환위기 초래 ◦ 정권 초와 정권 말의 정책 일관성 결여
김대중	양(D)	◦ 출자총액제한 제도의 폐지 후 다시 도입: 정책 실패 ◦ 매년 법 개정을 통해 1년 앞도 예측하지 못하는 정책 구사 ◦ 특정 재벌을 위한 금융·보험사의 계열사 보유주식에 대한 의결권 허용 ◦ 지주회사제도 근간을 전환시킴: 그러함에도 소유지배 구조는 그대로 임 ◦ 정권 초와 정권 말의 정책 일관성 결여
노무현	미(C)	◦ 재벌정책의 무력화: 대규모기업집단제도, 출자총액제한 제도 거의 폐지수준 ◦ 지주회사로의 전환을 권장하는 것이 유리한 재벌정책 ◦ 정권 초와 정권 말 사이의 정책기조의 큰 변화

제5장

요약 및 정책적 시사점

01 전체 요약

제2장 '정권별 재벌정책의 변화'에서 논의된 내용을 요약하면 다음과 같다.

1) 1960년대와 1970년대에는 공정거래법 및 재벌정책을 위한 제도를 도입하기 위한 시도가 4번이나 있었으나 번번이 실패로 돌아갔다. 이는 고도성장을 위한 경제정책이 대부분 재벌 중심의 경제정책인 점과 당사자인 재벌들의 거센 반대 때문이었다고 할 수 있다.

2) 1981년 공정거래법이 어렵게 출범했지만 재벌정책은 전두환정권 말인 1987년에야 시행된다. 늦었지만 법을 통한 재벌정책이 시행된다는 점에 의의를 찾을 수 있겠다.

3) 노태우정권과 김영삼정권에서의 법 개정은 이후의 다른 정권에 비해 적은 편이다. 공정거래법과 이에 따른 시행령개정이 두 번씩 있었다.

4) 재벌정책이 포함된 공정거래법 개정이 가장 많은 정권은 김대중 정권이었다. 공정거래법이 개정된 횟수를 보면 법 개정이 5번, 시행령 개정이 7번 있었다. 시행령은 법 개정이 되면 자동적으로 시행령도 개

정되기 마련이지만, 국회를 거치지 않고 개정할 수 있는 시행령을 두 번이나 했다는 것은 김대중정권의 재벌에 대한 편향적인 사고를 짐작케 한다.

이렇게 공정거래법 개정을 통하지 않고서의 시행령 개정은 1999년 12월 31일 제9차 시행령 개정이 첫 번째로서, 통합법인 및 SOC법인을 기업집단에서 제외하고, SOC법인의 기업집단 계열제외 요건을 완화한 것이다. 두 번째는 2001년 7월 24일 제12차 시행령 개정으로 이때에도 계열제외 요건을 완화하기 위함이다.

김대중정권은 집권 내내 1년에 한 번씩 법 개정을 하였는데, 그만큼 재벌정책의 변화가 많았다는 것을 의미한다.

5) 그 다음으로 법 개정을 많이 한 정권은 노무현정권인데 특징은 정권 말인 2007년에 이르러 집중적으로 이루어진 점이다. 정권 중반까지는 초기에 설정한 재벌정책이 일관성 있게 유지되었으나 정권 후반에 그 기조가 무너지고 있다는 것을 알 수 있다.

제3장 '재벌정책의 주요제도'에서 논의된 내용을 요약하면 다음과 같다.

1) 대규모기업집단제도는 전두환정권에 자산 4천억 원 이상으로 지정되었다가 노태우정권 때는 자산 순위 30위로 바뀐다. 김영삼정권 때는 이 기조가 그대로 유지되다가 김대중정권에 이르러 대규모기업집단을 출자총액제한집단과 상호출자제한, 채무보증제한 기업집단으로 나누어서 출자총액제한집단은 자산 5조 원 이상, 상호출자제한 및 채무보증제한 기업집단은 자산 2조 원으로 대폭 완화된다. 그리고 이러한 완화추세는 노무현정권에선 더 강해져 출총제 집단은 자산 10조 원 이상이 된다. 대규모기업집단제도가 재벌정책으로서 의미가 거의 퇴색되었다 하겠다.

2) 업종전문화제도는 김영삼정권 초에 만들어지고 강력하게 추진되었으나 2년도 안 되어 폐지된다. 현실에 맞지 않는 탁상공론 성격이 강한 정책이었다고 할 수 있다.

3) 지주회사제도는 전두환정권 때 만들어져 지주회사금지제도로 시작했으나 어느 순간 재벌의 소유구조를 투명하게 한다는 이유로 전환이 허용되고 오히려 권장되는 제도로 바뀌게 된 제도이다. 가장 극적인 변화를 가져온 제도라 할 수 있다. 처음 제도도입 취지를 노태우, 김영삼정권까지는 처음 기조대로 이어갔으나 김대중정권 때 갑자기 전환을 허용해 주고 노무현정권 때는 더 나아가 재벌들에게 강력히 권장하는 제도가 되었다.

4) 출자총액제한제도는 재벌정책의 가장 대표적인 정책이라 할 수 있다. 이러한 대표 정책도 지주회사제도처럼 그 변화가 매우 많았다. 처음 전두환정권에서는 대규모기업집단에 지정된 모든 재벌, 즉 자산 4천억 원 이상인 재벌의 모든 계열사가 이에 해당하였고, 출자한도는 순자산의 40%까지였다. 노태우정권에서는 변화 없이 그대로 유지하다가가 김영삼정권에서 출자한도를 순자산 25%로 더 강화시킨다. 당시 재벌의 문어발식 기업 확장이 사회적으로 문제가 커진 결과이기도 하다. 출총제는 김대중정권에 이르러 큰 변화가 일어난다. 그것은 출총제를 폐지시켜 버린 것이다. 재벌들이 그들의 주장대로 투자에 전력했으면 출총제는 폐지된 채로 그대로 갔을 것이다. 그런데 재벌은 정부의 기대와 정반대로 움직였다. 폐지 전 2년간(1997~98년) 4조 원이던 출자총액은 폐지 후 2년 만에 28조 원으로 7배나 폭증했다. 이렇게 늘어난 출자 총액이 당초 재벌이 말한 대로 투자로 이어졌으면 문제가 없었겠으나 기업투자로는 전혀 사용되지 않고 재벌 총수 및 2세들의 계열사 지배력 강화에만 사용되어 국가경제에 큰 부작용을 초래하였다. 이에 깜작 놀란 김대중정권은 폐지한 제도를 임기 내에 다시 도입하는 자존

심 상하는 창피를 무릅쓰고 원상태로 복귀시키지 않을 수 없었다. 하지만 버스는 떠난 뒤였다. 재벌들은 폐지된 기간인 2년이 안 되는 기간에 총수나 그 일가의 지배력강화를 위해 하고 싶은 것을 모두 다한 뒤였기 때문이다.

노무현정권에서도 출자총액제한제도의 무력화는 계속되었다. 김대중정권에서 재도입할 때 순자산 25%까지 허용하던 것을 다시 40%로 올렸다. 또 그 범위도 대폭 축소하여 5조 원 이상 기업집단 소속 모든 계열사를 대상으로 한 것에서 기업집단은 10조 원 이상으로 상향조정하였고, 출자총액 기업집단이라 하더라고 자산 2조 원이 되지 않는 계열사는 모두 제외시켰다. 그 결과 출자총액제한집단에 해당되는 재벌은 6개에 불과하고 계열사도 23개로 대폭 줄어들었다.

5) 재벌정책 중에서 그나마 제대로 시행된 제도는 상호출자금지제도이다. 전두환정권 때 상호출자를 전면금지하는 제도를 시행했으나 3년간 유예하였기 때문에 실제로 제도가 집행된 시기는 노태우정권 때였다. 김영삼정권 때부터 상호출자는 거의 해소되어 김대중정권을 거쳐 노무현정권에까지 그대로 유지되었다.

6) 부당내부거래 규제제도의 도입은 노태우정권에서 이루어졌다. 그러나 심사기준은 마련하였으나 집행실적은 거의 없었다. 김영삼정권 때도 심사지침은 마련하였으나 집행실적이 없었다. 처음으로 집행된 것은 김대중정권에 이르러서인데, 이를 위해 재벌들의 계열사 간 부당한 자금·자산 지원행위에 한정해서 금융기관의 장에게 요구할 수 있는 '금융거래정보요구권'을 도입하였다. 그리하여 1998년, 1999년, 2000년에 부당내부거래에 대한 조사를 실시하였다. 노무현정권 때도 이 기조는 그대로 이어져 선별적 수시조사 방식으로 조사를 이행하고 있다.

7) 금융·보험사의 의결권제한제도는 전두환, 노태우, 김영삼정권에

서는 주식보유는 제한하지 않되, 국내 계열사 보유주식에 대해 의결권만을 제한하는 최소한의 규제제도를 유지하였다. 그런데 이 제도가 김대중정권에 들어 큰 변화를 맞이했다. 갑자기 외국의 적대적 M&A에 방어한다는 명분으로 고객이 맡긴 돈으로 계열사 주식을 사서 의결권을 행사한다는 것이다. 금융·보험사를 가지고 있는 재벌에게는 그야말로 큰 혜택이었다. 순환출자 등을 이용하여 아주 작은 지분만으로 그룹 전체를 지배하는 데에는 전혀 지장이 없었지만, 그 구조가 허술했기 때문에 M&A에 대해 안심할 수 없는 상황이었다. 그래서 고객 돈까지 끌어들인 것이다.

김대중정권에서 처음으로 만들어진 이 제도는 금융·보험사의 계열사 보유주식에 대한 의결권을 30%까지 허용하였다. 자세히 말하면, 상호출자제한 기업집단 소속계열 금융·보험사는 보유하고 있는 상장·등록 계열회사 주식에 대하여 특수 관계인과 합하여 30%까지 의결권 행사가 가능하게 한 것이다. 당시 이 제도는 국회 정무위에서 많은 논쟁을 벌였다. 의결권 허용은 정부제안으로 공정거래법 개정을 통해서 이루어졌는데, 당시 여당은 찬성 또는 기권하였다. 여당에서는 재벌개혁을 말로는 부르짖었지만 실제 법안에서는 전혀 다른 행동을 한 것이다. 오히려 재벌친화적이라고 평가받던 당시 야당이었던 한나라당 의원 2명이 반대를 하였다. 아이러니한 모습이었다고 할 수 있다.

이 제도는 노무현정부에 들어서 다시 축소하려 하였다. 이 과정에서 이를 반대하는 한나라당 의원들이 정무위를 점거하는 사태가 벌어지고 며칠간 파행을 거듭하였다. 결국 열린우리당 여당의원만으로 통과가 되었는데, 의결권 행사한도를 단계별로 축소한다는 내용이다. 그 내용은 현행 30%까지 허용해 주던 의결권을 2006년 4월 1일부터 25%, 2007년 4월 1일부터 20%, 2008년 4월 1일부터 15%까지 축소했다.

8) 채무보증제한제도는 성공적인 제도로 평가받을 수 있다. 김영삼정권인 1993년에 도입되었다. 내용을 보면 기업집단 계열사에 대하여 채

무보증을 할 때 그 한도를 200%로 제한하는 것이다. 그러나 200%만으로도 재벌 재무 건전성이 악화된 관계로 1996년에 다시 100%로 낮추었다.

김대중정권에 들어서는 더욱 강력히 시행하였다. 재벌소속 대기업의 연쇄도산이 외환위기를 불러왔고 연쇄도산에는 계열사 간 채무보증이 주원인인 것으로 파악했기 때문이다. 이 결과 채무보증은 거의 해소되었다. 그러나 실제로는 출자총액제한제도가 폐지된 기간 중에 출자를 높여서 채무보증을 100% 이내로 낮춘 것에 불과하다는 비판도 있다.

노무현정권은 이 제도를 그대로 유지하였다.

9) 공정거래법이 아닌 타 법으로의 대표적인 재벌정책이 「금융산업의 구조개선에 관한 법률」이다. 이 법이 재벌정책이 된 것은 제24조의 내용 때문인데, 이 조항에 금융기관을 이용한 기업 확장 방지대책이 반영되어 있어서이다. 보통 산업자본과 금융자본의 분리원칙이라 하는데, 이에 대한 규정이 금산법 제24조이다. 이 조항은 김영삼정권 때 신설되었다. 김대중정권에서도 그대로 유지되었고, 노무현정권에 들어와 일제조사를 실시하여 금산법 24조를 위반한 사례 13개를 적발하였다. 이에 따라 2007년에 주식처분 등의 시정조치가 포함된 금산법 제24조를 개정하였으나 5년간의 유예기간을 줌으로써 다음 정권인 이명박정권으로 미뤄졌다.

제4장 '재벌정책에 대한 정권별 평가'를 요약하면 다음과 같다.

1) 먼저 재벌정책을 법과 제도로 정착시킨 정권은 전두환정권이 최초다. 본 연구에서 재벌정책의 시작을 전두환정권으로 보는 이유이기도 하다. 평가하는 입장에서 보면 당시의 철권정치가 아니었다면 재벌들의 반대여론을 무마할 수 있었을까 하는 의문이 들기도 한다. 독재정권 옹호하는 것이 아니라 재벌들의 뜻에 반하는 정책을 만든다는 것이 얼

마나 어려운가를 절감하기 때문이다.

전두환정권 말에야 공정거래법에서 '경제력집중 완화책'으로 만들어졌기 때문에 전두환정권에서 이 법으로 재벌을 규제하고 정책을 집행한 실적은 거의 없다. 그러나 재벌정책의 효시라는 차원에서 높은 점수를 매겨 '수(A)'로 평가한다.

2) 재벌정책이 집행되기 시작한 것은 노태우정권에 이르러서이다. 그런데 노태우정권은 재벌정책에 매우 소극적으로 임했다. 집행 실적이 아주 미미한 것을 통해서도 알 수 있다. 재벌로 인한 경제문제가 계속 발생하는데도 새로운 재벌정책 발굴을 하지 않았다. 전두환정권 때 만들어진 재벌정책을 계승했다는 점에선 긍정적인 측면도 있으나, 초창기에 많은 정책이 발굴되어야 함에도 불구하고 이를 게을리한 것은 재벌친화적 정권이라는 평가를 받기에 충분하다. 이 같은 상황에서 공정거래위원회를 폐지하거나 재벌정책을 없애지 않은 것만도 그나마 다행스러운 일로 생각될 정도로 재벌우호적인 정권이었다. 노태우정권의 평가는 '미(C)'이다.

3) 김영삼정권은 정권 초에는 재벌개혁을 모토로 재벌정책을 의욕적으로 시작했다. 그러나 집권 기간이 흐를수록 재벌개혁은 흐지부지되어 갔다. 정권 초와 정권 말의 정책일관성이 결여되었다. 결국 의욕적으로 시작한 업종전문화 제도는 폐지되기에 이른다. 실패한 정책이 된 것이다. 또한 출자총액제한제도는 훼손되기 시작한다. 이러한 과정에서 재벌문제를 거의 포기함에 따라 IMF 외환위기의 주범인 재벌정책을 제대로 실시하지 못했다는 평가를 받게 된다. 이전 정권인 노태우정권은 아무것도 하지 않았지만 'C'의 평가를 받은 반면, 김영삼정권은 노력은 했으나 정책의지와 능력이 역부족했다고 볼 수 있다. 그리고 IMF 외환위기라는 초유의 경제위기 상황을 초래하였다는 점에서 좋은 평가를 내리기가 힘들다. 평가는 '양(D)'이다.

4) 김대중정권이 당면한 과제는 IMF 외환위기 극복이었다. 경제위기 극복에 나라의 모든 것을 걸어야 할 판이었다. 그러한 상황에서 경제체질을 변화시킬 절호의 기회였음에도 불구하고, 재벌들의 부도가 IMF 외환위기를 불러왔다는 점에서 재벌개혁을 할 수 있는 좋은 조건에도 불구하고 그 기대를 저버렸다. 오히려 더욱 재벌에 의존하는 경제체제를 더 견고하게 하였다.

출자총액제한제도는 재벌들의 요구대로 폐지시켰지만 문제점이 너무 많이 노출되자 자존심을 접고 2년도 안 되어 다시 도입하기에 이른다. 거의 매년 재벌정책에 대한 법 개정을 통해 재벌들을 위한 정책을 구사했다. 지주회사제도는 그 효과가 미미하고 성과를 알 수 없음에도 불구하고 이제까지 금지하던 제도를 허용하는 것으로 돌아섰다. 재벌의 가장 큰 문제점 중의 하나가 소유구조 왜곡을 막겠다고 했으나 성과는 거의 없었다. 또한 특정재벌을 위해 고객의 돈으로 계열사의 의결권을 허용한다. 금융·보험사의 계열사 보유주식에 대해 의결권을 준 것이다. 이 사항은 다음 정권인 노무현정권 초기에 다시 뒤집히는 결과가 되어 수모를 받게 된다.

경제위기는 극복되었지만 수많은 국민들의 희생 위에 가능했다. 외환위기 과정에서 몇 재벌은 망했지만, 나머지 재벌들 중심의 경제체제는 더 확고해졌다. 이제 재벌을 빼고는 한국경제를 논할 수가 없을 지경이다. 이렇게 된 것은 김대중정권의 재벌정책의 역할이 매우 컸다고 볼 수 있다. 정권 초와 정권 말의 정책일관성은 당연히 없었다. 이렇게 볼 때 좋은 평가는 어불성설이라고 단언할 정도이다. 평가는 김영삼정권과 마찬가지로 '양(D)'이다.

5) 노무현정권도 김영삼정권이나 김대중정권처럼 정권 초에는 재벌개혁을 주창한다. 하지만 이전 정권과 마찬가지로 초기에만 한정된다. 정권 초에는 강한 의지를 비쳤으나 금융·보험사의 의결권 제안을 강화한 이후로는 재벌정책이 없다고 해도 과언이 아니다. 출자총액제한제

도를 완전히 무력화시켜 버린다. 그리고 효과가 불분명한 지주회사로의 전환을 재벌들에게 요구한다. 유일한 재벌정책인데 재벌들이나 정책당국자나 국민들이 감흥이 없다. 색깔이 거의 없다고 볼 수 있다. 아마 정권 말에 재벌을 위해 무엇을 더 해 줄까 고민하지 않았을까 하는 상상까지 된다. 그러나 더 해 주려 해도 김대중정권에서 워낙 많이 풀어 준 관계로 추가로 해 줄 것이 별로 없었다고 볼 수 있다. 노무현정권의 재벌정책은 무색무취였다고 볼 수 있다. 평가는 '미(C)'이다.

02 시사점

재벌정책에 대해 정권별로 평가해 볼 때 재벌정책을 처음 만든 전두환정권을 빼고는 평가가 좋지 않다. '우(B)'가 하나도 없고 '미(C)'나 '양(D)'이다. 이렇게 재벌정책이 제도로 정착된 이후 거의 모든 정권이 능력이 없었든지, 정책의지가 없었든지 간에 좋은 평가를 받지 못한 것을 보면 앞으로의 정권에서도 마찬가지일 것이라는 생각을 하게 된다. 과연 향후에 재벌정책이 계속 존속할 수 있을까 하는 의문까지 든다. 이러한 추세는 재벌정책은 규제완화라는 차원에서 고사될 가능성이 높고 명목상으로만 존재하는 제도가 될 수 있다.

이명박정권에서는 일단 출자총액제한제도는 폐지될 것으로 예상된다. 지금도 폐지한 거나 다름없기 때문에 굳이 유지할 이유가 없기 때문이다. 현재는 단순히 재벌정책의 대표주자로서 상징적인 의미만 있을 뿐이다. 그렇게 되면 대규모기업집단제도도 큰 변화를 가져올 것이다. 현재 대규모기업집단제도는 출자총액제한 기업집단과 상호출자제한 기업집단으로 구분되어 지정되기 때문이다.

이렇게 되면 공정거래법에서 재벌정책을 시행할 명분이 없어지고 실효성도 떨어지게 된다. 이에 따른 공정거래법의 개정수준이 아니라 제정수준의 전면개정이 있을 것으로 보인다.

금융·보험사의 의결권 제한제도도 손질을 하게 될 것이다. 노무현정권에서 의결권 비중을 줄인 것에 대한 금융·보험사를 가지고 있는 재벌들의 반격이 시작될 것이다. 이명박 정권은 투자증대와 경제활성화라는 측면에서 호의적으로 받아들일 가능성이 높다고 보인다.

국민들의 의식도 많이 바뀌었다. 예전에는 재벌개혁의 목소리에 동참하는 경향이 강했으나 이젠 재벌이 잘되어야 국가경제가 잘된다고 생각한다. 재벌 총수 몇 사람이 엄청난 부를 가지고 있다고 해서 흠은 아니다. 이뿐만 아니라 경영권까지 2세에게 세습하면 또 어떤가. 국가경제가 살아나면 되는 것 아닌가. 정부가 할 수 없는 일을 재벌이 해준다면 이는 공익적 차원에서 재벌을 옹호해 주어야 한다고까지 주장하기도 한다.

나아가 은행도 재벌이 경영할 수 있도록 금산분리원칙을 폐기하여야 한다고 주장한다. 특정 재벌이 은행을 경영하면 국제경쟁력이 높아질 것이라고 대놓고 주장하기도 한다. 전경련 등의 이익단체에서만 이렇게 말하는 것이 아니다. 금융정책을 총괄하는 고위 공무원이 이런 주장을 하기도 했다. 그들에게 묻고 싶다. 재벌들이 보험사나 제2금융권에 진출해 있는데 그들이 국내에서 말고 국제시장에서 얼마나 국제경쟁력을 갖추었는지 말이다. 금산분리가 무너지면 이제 재벌은 아무도 견제할 수 없다. 어떤 정권이 들어오든 재벌의 눈치를 보지 않고는 할 수 있는 일이 없게 된다. 아마도 세계에서 유례없는 '재벌 자본주의'가 탄생하게 되는 것이다.

'재벌 자본주의'하에서는 정부가 의욕적으로 산업정책을 실시할 때 재벌의 의사와 반하면 그 정책은 사장될 가능성이 높다. 재벌이 반발하여 투자를 늦추거나 고용을 늘리지 않으면 그 정권은 경기불황에 빠져 다시 재벌에게 구조요청을 하지 않을 수 없다. 투자를 늘려준다면 이러한 규제를 철폐하겠다, 이러한 제도적 지원책을 강구하겠다고 하면서 재벌 의사에 반하는 재벌규제정책은 고사된다. 정부 또는 한국은행이 적절하다고 판단한 금융정책을 실시하려 해도 만약 그 금융정책이 재벌의 의사에 반하면 시행되기 힘들어진다. 은행을 소유·경영하고 있는 재벌들이 여러 방법을 통해 그 금융정책의 허구성을 주장하고 반대하면 적극적으로 해당 정책을 밀어붙일 공무원이 없다.

한편으론 재벌 자본주의하에서는 이러한 논쟁도 의미가 없게 된다. 재벌의 의사에 반하는 경제관료가 등용될 가능성이 매우 낮기 때문이다.

그러다 한 재벌 총수의 잘못된 결정으로 인해 한 계열사가 도산하게 되면 그룹 전체가 해체될 위기에 빠진다. 정부가 나서서 공적 자금 등을 통해 구해주려 하지만 그마저 여의치 않아 그룹이 해체되게 된다고 가정해 보자.

이는 하청기업과 은행의 도산, 이에 따른 실직과 연쇄도산으로 이어지고 국가경제가 부도상황에까지 빠지게 된다. 정상적으로 열심히 일하던 국민의 의사와 반하여 단순히 한 재벌의 도산이 국가경제와 국민을 신음 속에 빠지게 만들어 버리는 것이다. 이 가정이 비현실적인 것만은 아니다. 바로 10년 전에 IMF 외환위기 상황에서 우리가 경험했던 일이다.

새로운 경제환경에 맞추어 재벌정책도 변화되어야 한다는 것은 당연하다. 하지만 이러한 경향에 편승하여 재벌정책 자체를 폐기하려 하는 시도는 국가경제 차원에서 제고되어야 한다고 본다. 이를 위해 산업자본과 금융자본의 분리원칙은 어떠한 일이 있더라도 계속 지속되어져야 한다. 그리고 논의만 하고 법 제도로는 정착되지 못한 순환출자 금지 및 제한을 본격적으로 시행할 수 있도록 준비하여야 한다. 금산분리와 순환출자 제한, 이 두 가지만 제대로 정책으로 시행되면 다른 재벌정책이 모두 폐기된다 하여도 재벌정책으로서의 가치는 충분하다고 판단된다.

재벌이 자신의 힘으로 돈을 벌고 국가경제에 기여하는 것에 대해 비난하는 사람은 아무도 없다. 문제는 국내시장의 독점적 운영을 통한 고성장, 국민을 볼모로 한 국제경쟁력 확보, 정부의 제도적 지원을 통한 재벌체제 유지와 같은 '재벌 자본주의'를 통한 재벌의 세 확장은 그 수명이 길지 않다는 데 있다. 세계경제의 글로벌화는 이제 우리의 일

상생활이 되어 버렸다. 비합리적인 운영체계로는 글로벌시대에서는 일시적으로는 좋아 보일지 몰라도 오랜 시간을 버틸 수 없기 때문이다.

재벌정책이 유지되어야만 하는 이유이다. '재벌 자본주의'가 우리 사회의 이데올로기로 정착되어서는 안 된다는 것이다.

문인철   (현) 정치경제평론가, 칼럼니스트
경실련 경제정의연구소 전임연구원
성균관대학교 경제학부 겸임교수
머니위크(머니투데이 경제주간지) 자문위원
한국생산성학회 이사
과학기술정책연구원(STEPI) 위촉연구원
건국대학교 경제학과 졸(경제학박사)

• 연구논문 •
「전자상거래에서의 소비자보호법 입법 방향」
「독과점규제정책의 성과에 관한 연구」
「남북한 과학기술 통합에 관한 연구」
「한국중소기업의 내부연구개발투자에 관한 연구」

• 저 서 •
『공정거래법 변천사 및 공정거래정책의 새로운 방향』(공저)
『한국경제바로알기』(공저)
『실버산업용어사전』(공저)

함시창   상명대학교 경제학 교수
서울대학교 경제학과 졸업(경제학 학사)
University of Wisconsin-Madison(경제학 박사)
경실련 경제정의연구소 소장
한국계량경제학회 위원

• 주요논저 •
「우리 기업들의 소유구조와 기업가치, 부채수준, 투자수준과의 관
계에 대한 연구」
「The Association of Korean Economic Studies」
「한·미·일 자동차산업에서의 개별기업별 효율성 비교연구」
「민영화 공기업의 기업지배구조에 대한 연구」
「우리나라 은행산업의 효율성 : Fourier Flexibl 비용함수의 분석을
중심으로」
「영국 공기업 민영화의 교훈」

서은숙   상명여자대학교 경제학과 졸업 (경제학사)
서강대학교 대학원 졸업 (경제학 석사)
The University of Texas at Austin (경제학 박사)
한국은행 금융경제연구원 금융연구팀 재직
한국증권연구원 연구위원 재직.
현 상명대학교 전임강사

• 주요논문 •
「채권시장 활성화 방안」 재정경제부, 한국증권연구원 공동주최 공청회, 2005.11.
「채권 장외시장 투명성 제고와 채권거래 활성화 방안」 증권업협회 학술용역보고서, 2006.1.(김필규, 오승현, 윤영환 공저)
「증권산업 지급결제서비스의 발전방향: 자본시장통합법 제정과 관련하여」 이슈페이퍼 06-01, 한국증권연구원, 2006.5. (송민규 공저)
「고객예탁금 보호제도에 대한 연구」 한국증권금융 학술용역보고서, 2006.9.(빈기범, 송민규 공저)
「채권전자거래 활성화 및 제도 개선방안」 금융감독원 학술용역보고서, 2006.10.(오승현 공저)
「주요국의 투자자 보호기금의 비교 및 국내에의 시사점」 자본시장 포럼 주요이슈분석, 한국증권연구원, 2006. 12.
「기업 현금성 자산보유와 기업가치에 대한 연구」 연구보고서, 한국증권연구원, 2006.12.(빈기범, 송민규 공저)

김희수   성균관대학교 경영학과 졸업(석사, 박사).
강남대학교, 인하대학교, 성균관대학교, 성균관대학교 대학원 출강
현 성균관대학교 학부 및 대학원 출강

• 연구논문 •
「해외투자 현지법인의 현지화 경영전략」
「한국투자 현지법인의 인재등용 방안」

• 저　서 •
『글로벌 경영론』(법문사)
『국제통상전략론』(도서출판 성균문화)

정권별 재벌정책과 그에 대한 평가

- 초판 인쇄　2008년 8월 10일
- 초판 발행　2008년 8월 10일

- 지 은 이　문인철 · 함시창 · 서은숙 · 김희수
- 펴 낸 이　채종준
- 펴 낸 곳　한국학술정보㈜
　　　　　경기도 파주시 교하읍 문발리 513-5
　　　　　파주출판문화정보산업단지
　　　　　전화　031) 908-3181(대표) · 팩스　031) 908-3189
　　　　　홈페이지　http://www.kstudy.com
　　　　　e-mail(출판사업부)　publish@kstudy.com
- 등　　록
- 가　　격　28,000원

ISBN　978-89-534-9904-1 93320 (Paper Book)
　　　　978-89-534-9905-8 98320 (e-Book)